Trevas sobre a luz

O underground do heavy metal extremo no Brasil

Diretoria Executiva
Maria Alice Rezende de Carvalho (PUC-Rio) – *Presidente*
Cícero Araujo (USP) – *Secretário Executivo*
Julio Assis Simões (USP) – *Secretário Adjunto*

Diretores
Carlos Arturi (UFRGS); Maria Stela Grossi Porto (UnB)
Rogerio Proença Leite (UFPE)

Conselho Fiscal
Lea Freitas Perez (UFMG); Ricardo Silva (UFSC)
Ruth Vasconcelos Ferreira (UFAL)

Equipe Administrativa
Berto de Carvalho
Bruno Ranieri
Cristina Sevílio
Mírian da Silveira

Acompanhamento Editorial
Mírian da Silveira

Associação Nacional de Pós-Graduação e Pesquisa em Ciências Sociais
Av. Prof. Luciano Gualberto, 315 – Cidade Universitária – Butantã
CEP: 05508-010, São Paulo – SP
Tel.: (11) 3091-4664/ 3091-5043
e-mail: anpocs@anpocs.org.br

Trevas sobre a luz

O underground do heavy metal extremo no Brasil

Leonardo Carbonieri Campoy

Prêmio de Melhor Dissertação de Mestrado no
"Concurso ANPOCS de Obras Científicas e Teses
Universitárias em Ciências Sociais – Edição 2009"

Copyright © 2010 Leonardo Carbonieri Campoy

Publishers: Joana Monteleone/ Haroldo Ceravolo Sereza/ Roberto Cosso
Edição: Joana Monteleone
Editor Assistente: Vitor Rodrigo Donofrio Arruda
Revisão: Íris de Morais Araújo
Projeto gráfico, capa e diagramação: Marília Reis

CIP-BRASIL. CATALOGAÇÃO-NA-FONTE
SINDICATO NACIONAL DOS EDITORES DE LIVROS, RJ

C218t

Campoy, Leonardo Carbonieri
TREVAS SOBRE A LUZ: O UNDERGROUND DO HEAVY METAL EXTREMO NO BRASIL
Leonardo Carbonieri Campoy
São Paulo: Alameda, 2010.
320p. : il.

Inclui bibliografia
Prêmio de Melhor Dissertação de Mestrado no "Concurso ANPOCS de Obras Científicas e Teses Universitárias em Ciências Sociais – Edição 2009"

ISBN 978-85-7939-056-2

1. Música e sociedade. 2. Heavy metal – História e crítica. I. Título.

10-4446.
CDD: 306.4842
CDU: 316.74:78

021404

ALAMEDA CASA EDITORIAL
Rua Conselheiro Ramalho, 694, Bela Vista
CEP 01325-000 São Paulo SP
Tel. (11) 3012-2400
www.alamedaeditorial.com.br

Meu filho. Não é automatismo. Juro. É puro jazz do Coração. É prosa que dá prêmio. Um tea for two Total, tilintar de verdade que você seduz, charmeur volante, pela pista, a toda. Enfie a carapuça.
E cante.
Puro açúcar branco e blue.

Ana Cristina Cesar

Sumário

Legenda — 9

Apresentação — 11

Introdução — 17

1 – Underground do Metal Extremo — 25

    1.1 – Metal extremo? — 29

    1.2 – Ingressando no *underground* — 36

    1.3 – Fazendo o *underground* — 43

    1.4 – Gravando o *underground*: EPs, LPs e demos — 50

    1.5 – Distribuindo o un*derground*: selos e distros — 58

    1.6 – Vendendo o *underground*: cartas, lojas e shows — 66

    1.7 – Economia *underground*: comércio? — 74

2 – "O Real Espírito Underground" — 81

    2.1 – *Underground* e *Mainstream* — 96

    2.1.1 – O *real* e o *falso* — 98

    2.2 – Aprendizado *underground*: a gradação da percepção e a modulação da escuta — 104

    2.3 – A ambivalência do *underground* — 115

    2.4 – Uma ou duas palavras sobre o debate frankfurtiano e suas leituras — 118

3 – Seres do Submundo : os Estilos de Metal Extremo — 125

3.1 – Estudando o *heavy metal*: o problema da diversidade — 127

3.2 – Patológicas: *gore/grind/splatter* — 136

3.3 – Pelo ponto de vista da sarjeta: *trash metal* — 144

3.4 – O horror da beleza e a beleza do horror: *doom metal* — 153

3.5 – O corolário musical do metal extremo *underground* nacional: *death metal* — 164

4 – A Extremidade do Extremo: Black Metal — 177

4.1 – Guerra contra o bem, estilizando o mal — 188

4.2 – As ramificações do mal: misantropia, luciferianismo, paganismo e nacional-socialismo — 197

4.3 – O horror! O horror! — 220

5 – Trevas na Cidade — 237

5.1 – O *underground* na cidade — 245

5.2 – O *underground* pelas cidades: o show como prática ritual — 254

5.2.1 – Preparando o ritual: organização e vivência do 'circuito' — 258

5.2.2 – Dramatização da negação: quando o *underground* vence o *mainstream* — 273

Pósfacio — 285

Bibliografia — 305

Legenda

Utiliza-se o *itálico* para referenciar palavras em língua estrangeira, nomes próprios de bandas e os codinomes utilizados pelos praticantes do *underground* do metal extremo.

Os termos entre uma aspa (") são ideias, noções e conceitos de autores.

Os termos entre duas aspas ("") indicam expressões dos praticantes do *underground* do metal extremo.

As imagens contidas neste livro são fotos tiradas pelo autor; *flyers*, cartazes, revistas e zines, capas de CDs e CDs digitalizados pelo autor ou fotos de outros cedidas ao autor e com sua veiculação autorizada pelos mesmos para esta publicação.

Apresentação

Trevas sobre a luz: O Underground do Metal Extremo no Brasil, de Leonardo Carbonieri Campoy, é um primoroso estudo de antropologia urbana sobre um tema desafiador. À primeira vista, o gênero musical abordado repele os não-aficionados. Esse é um efeito desejado e explícito da ideologia que o acompanha. O metal extremo produz um som pesado, isto é, radicaliza a elaboração artística de uma sonoridade brutal e acelerada, da afinação distorcida, do vocal gutural; vem acompanhado de um imaginário que estiliza o mal, o abjeto, o horror. Pouco a pouco, mas firmemente, tudo isso se torna objeto de um fascinante percurso antropológico pelos meandros desse mundo social. O *underground* emerge como prática urbana complexa e múltipla, organizada em torno da composição, audição, apresentação, gravação, distribuição e venda de certo estilo de música, o metal extremo, cuja natureza e particularidade se trata de compreender.

Uma saborosa etnografia nos apresenta a lógica e a dinâmica desse mundo social cujo centro nevrálgico é a produção e a vivência dos shows. Através de tardes inteiras passadas em lojas especializadas, de muitas conversas de bar, dos contatos travados nos shows, o autor descreve a organização social do *underground* onde a escuta significa socialização e aquisição de intimidade com um modo de vida profundamente ativo. Todo fã é um praticante, elo crucial numa cadeia relacional que engloba as muitas bandas com seus repertórios, histórias e CDs, e os principais zines, isto é, as revistas que, assim como as gravações, são imaginadas, editoradas, escritas, diagramadas, impressas e veiculadas pelos próprios praticantes. Percorremos diferentes cidades país afora (Juiz de Fora, Curitiba, Belo Horizonte, São Paulo, Rio de Janeiro, Fortaleza, entre outras), nós também, agora em busca da compreensão dessa felicidade infernal tão almejada pelos fãs/praticantes que só se realiza na experiência ritual (im)pura do show, verdadeiro centro nevrálgico de um circuito nacional de intensas trocas culturais.

Tudo que nos é narrado traz o gosto do intensamente vivido, sobre o qual, entretanto, se refletiu muito. Um olhar analítico acurado examina como esse estilo musical, que valora a sonoridade agressiva e uma temática e iconografia repulsivas, segmenta-se internamente em uma miríade de sub-gêneros: *black metal, death metal, doom metal, trash metal, gore/grind/splatter*. Essa elaborada construção de diferenças artísticas internas traz sempre consigo nuances de visões de mundo, de conduta, de ideologia. Mas tudo é *underground*, uma organização específica de mercado e de indústria da música que se deseja oculta na vida urbana, sempre a definir-se contra um inimigo externo: o mundo inautêntico e corrompido de modo geral contra o qual se combate.

Underground é luta e produção ativa e agressiva de diferenças que se voltam, no entanto, num efeito paradoxal, para dentro dele mesmo. O mundo corrompido – lá de fora – desdobra-se internamente em discurso acusatório dos fãs/praticantes. Há um segmento de *underground* visto como "falso", identificado como *mainstream* que, ao agredir, quer na verdade agradar e fazer sucesso, alcançar fama e o lucro no mundo lá fora. No *underground* "real", o som pesado, raivoso e beligerante quer mesmo só agredir, encampa ruídos, chiados, indistinções sonoras, e envolve, sobretudo, um modo de vida, o compartilhamento de "ideologia e atitude".

Essa paradoxal defesa da pureza do impuro aproxima os fãs/praticantes do metal pesado, e em especial do *Black Metal*, visto pelo autor como o extremo do extremo, do grande tema sociológico do individualismo moderno, compreendido como um sistema de valores históricos e de seu amplo campo de dilemas e tensões. Como nos diz Campoy, sob a roupagem dessa espécie de culto a imagens do Mal, desvenda-se uma proposição de auto-desenvolvimento afetivo-intelectual que não se curvaria a nenhuma ideologia, além do *Black Metal*. Como se dentro desse mundo social particular, imersos na utopia de uma comunhão sonora verdadeiramente infernal e autêntica, periodicamente experimentada nos shows, os indivíduos pudessem ser sempre e somente idênticos a si mesmos.

É verdade que a música, como todas as formas artísticas, fala por si e pode expressar o indizível, o que está além ou aquém do verbo. Mas palavras sempre podem dizer alguma outra coisa. A tese de que a música é atividade social por excelência e um modo de inserção no ambiente urbano encontra-se aqui exemplarmente demonstrada. O *underground* do metal extremo agrega pessoas em torno de um interesse em comum primordialmente musical; ao fazê-lo, configura laços afetivos, promove visões de mundo e instaura redes de troca e circulação específicas. Leonardo Campoy encontrou na perspectiva antropológica o caminho para a vigorosa expressão de uma experiência de vida transformada e traduzida em conhecimento agora compartilhado.

Este belo livro acolhe a sonoridade agressiva; revela a dimensão socializadora da sua escuta como aprendizado e aprimoramento; conversa amistosamente com dilaceradas imagens das trevas, sem nenhuma pretensão em desfazê-las; e aproxima todos nós, leitores, desse mundo social paradoxal, díspar e intenso que aspira à celebração musical da vivência solidária, exclusiva e auto-contida do *underground* como um modo de vida. Deleite infernal que, apreendido em escrita fluente, propõe uma leitura tão inquietante quanto envolvente. Deixemos que o livro fale por si.

Maria Laura Viveiros de Castro Cavalcanti (25/07/2010)

Introdução

O HEAVY METAL, ATUALMENTE E EM TODOS OS PAÍSES, é um gênero musical produzido e distribuído pelo que podemos definir como indústria fonográfica. Suas gravações são feitas por profissionais, cada etapa do processo ficando a cargo de um especialista. Devido às redes de distribuição das gravadoras ou a subsidiárias locais, o lançamento da gravação pode ser sincronizado, acontecendo simultaneamente em vários países. No mesmo dia, gôndolas de *megastores* na Hungria, na Argentina e na Malásia são ocupadas pelo último lançamento desta ou daquela banda.

Grande parte dos shows de *heavy metal* também é produzida e agendada pela indústria fonográfica. O departamento de eventos das gravadoras organiza as turnês das bandas, marcando as datas e planejando toda a estrutura da apresentação: o palco, as luzes e a acústica. O departamento de marketing cuida da divulgação, mandando para os principais meios de comunicação especializados em *heavy metal* exemplares das últimas gravações, bem como convites para os shows. Na turnê, uma extensa trupe acompanha a banda, composta de ajudantes de palco, técnicos de luz e som, seguranças, maquiadores e figurinistas.

O fã de *heavy metal* espera ansiosamente pelos resultados dessas produções. Ele acompanha pelos meios de comunicação o andamento das gravações, qual banda entrou em estúdio e qual está saindo. Ele guarda dinheiro para comprar as gravações, mesmo se ele já tenha as escutado através de programas de trocas de arquivos pela internet. Ele acessa as páginas eletrônicas de suas bandas favoritas para saber se há algum show agendado em sua cidade ou nas imediações. Se for preciso e se lhe for possível, viajará algumas horas apenas para comparecer ao show da sua banda favorita.

Nessas relações de produção e consumo, há uma diferenciação, relativamente precisa, entre músico e fã. O músico e os outros profissionais da música cuidam da produção, enquanto o grupo de fãs realiza o consumo. Os primeiros estão no palco, e os segundos, na plateia; os primeiros estão atrás da gôndola, digamos assim, enquanto que os segundos estão na frente dela. Dois processos distintos realizados por duas categorias distintas, porém, em conjunto, fundando um movimento que se pode definir como indústria fonográfica.

Em termos descritivos, não há nada problemático com este breve resumo do *heavy metal*. Quando sua produção, distribuição e consumo acontecem no registro da indústria fonográfica, eles se dão sob uma contundente divisão social do trabalho, na qual profissionais atuam de acordo com suas especialidades nos diversos momentos da confecção de uma gravação ou de um show. O fã nesta cadeia produtiva, longe de ser um agente passivo, é sua pedra de toque, pois garante a constante atualização do processo.

Em termos históricos, uma descrição do *heavy metal* a partir da sua posição enquanto um produto da indústria fonográfica não só não é problemático, como em boa medida desejável. Pois, se concordarmos com o sociólogo canadense Will Straw (1993), esse gênero musical nasce, nos primeiros anos da década de 70, dentro da indústria fonográfica. Diferentemente do punk, por exemplo, o *heavy metal* não emana "das ruas" de metrópoles inglesas e norte-americanas e daí vai para o estúdio. Cronologicamente falando, ele se realiza primeiramente como uma gravação distribuída por muitos países, em milhões de cópias, basicamente com o intuito de render dividendos.

Mais de trinta anos se passaram desde o lançamento da primeira gravação da banda inglesa *Black Sabbath*, aquela que a radical maioria dos músicos, fãs e críticos de *heavy metal* considera o debute desse gênero musical. Em todos esses anos e apesar da recente crise da música gravada, gerada pelas trocas de arquivos de áudio pela internet que não pagam direitos autorais, certamente o *heavy metal* sedimentou ainda mais sua presença na indústria fonográfica. Surpreende a pujança desse produto. São diversos os selos e gravadoras que se especializaram em produzir e lançar esse gênero musical. É incontável o número de bandas que fazem *heavy metal* ao redor do mundo e, sem exageros, a cada dia da semana, em alguma cidade, uma dessas bandas está subindo no palco para apresentar suas canções para os fãs. A história do *heavy metal*, assim como a da coca-cola, é uma história de sucesso comercial.

Todavia, esse *heavy metal* é o que aparece. Esse *heavy metal* é aquele que quer aparecer nas *megastores*, nos grandes festivais de música e nas mídias de grande veiculação, como no rádio e na tv. Esse *heavy metal* pede passagem e, mesmo que sua intensa e distorcida sonoridade seja escutada, às vezes, como ruído, mesmo que sua temática e iconografia produzam atritos com algum senso comum de normalidade, essa abertura lhe é dada. Contudo, quando abarcamos o *heavy metal* para além das suas manifestações mais nítidas, quando procuramos observá-lo em registros que não sejam suas prateleiras específicas, o *Rock in Rio* ou a série *The Osbournes* da mtv norte-americana, percebemos que sua profundidade abriga diversas e complexas práticas de composição, escuta e apresentação disso que chamamos de *heavy metal*.

Por um lado, essa condição múltipla do *heavy metal* se traduz em desdobramentos do seu próprio estilo, desaguando em uma miríade de "sub-gêneros" que seus interessados, músicos, apreciadores, críticos musicais e acadêmicos preocupam-se em cunhar. Desde o momento em que o termo *heavy metal* se estabilizou como uma maneira mais ou menos representativa de se referenciar um tipo de rock que diminui as possibilidades dançantes dessa música para acrescê-la com mais intensidade e altura, tornando-a mais rígida, outros termos foram surgindo para dar conta das variáveis estilísticas que essa ou aquela banda apresentava. Com efeito, foi assim que as bandas *Slayer*, *Metallica* e *Exodus*, da Califórnia, ficaram reconhecidas como expoentes do *thrash metal*; do mesmo estado norte-americano, *Poison*, *Motley Crue* e *Cinderella* semearam o *glam metal*; *Morbid Angel*, *Deicide* e *Death* da Flórida representando o *death metal*; *Candlemass*, na Suécia, o *doom metal*; *Iron Maiden* na Inglaterra, e posteriormente *Helloween* na Alemanha, o *melodic metal*; ainda na Alemanha, o *power metal* com *Running Wild* e *Rage*. E a lista poderia continuar até atingirmos os últimos rincões da capacidade de críticos, diretores de marketing das gravadoras, músicos e fãs em criar termos para as espécies da família *heavy metal*. No limite, essa diversidade de "sub-gêneros" gera discussões entre os interessados acerca da própria capacidade do termo *heavy metal* em abrigar suas diferenciações. Eles se perguntam: será que o *heavy metal* ainda existe ou agora seus desdobramentos já são autônomos?

Mas a principal diversificação do *heavy metal*, ocorrida ao longo de sua história, é sua extrapolação da indústria fonográfica. O *heavy metal* foi "às ruas" e se tornou, também, um fator de agregação social. Ao fã não basta ter o disco, ouvi-lo e, esporadicamente, comparecer a algum show de suas bandas favoritas. Ele deixa seu cabelo crescer, veste-se de couro negro e sai à procura de outros apreciadores do estilo. Pontos de referência se estabelecem em várias cidades. Lojas de discos, bares e casas de shows onde os apreciadores se encontram para vivenciar o *heavy metal*. O fã quer experimentar o *heavy metal* não só como um consumidor. Bandas "de garagem", formadas nesses pontos de encontro, ensaiam suas primeiras notas. Primeiro, aprendendo a tocar as músicas mais conhecidas para, depois, compor suas próprias. Com um repertório pronto, fazem seus shows em locais pequenos, para um público de no máximo quinhentas pessoas, com parcas condições acústicas e precários equipamentos de som. Depois de algumas apresentações e tendo certo domínio de suas composições, as bandas bancam gravações próprias de duas ou três canções que são divulgadas localmente através de uma fita K7 ou CD-demonstração.

Afora sua veiculação nas mídias populares e distante de sua produção profissional, o *heavy metal* é composto, distribuído e escutado por grupos locais, em lares e estúdios, algumas vezes em becos e bares, mas sobretudo no palco. Essa aproximação do *heavy metal* com o fã, se comparado com o mecanismo que acima definimos como indústria fonográfica, opera mudanças tanto no fã quanto no próprio *heavy metal*. O estilo musical não mais se resume a um produto a ser adquirido, uma gravação a ser escutada nas horas de lazer ou nas andanças pela cidade, tornando-se, para além disso, uma atividade que motiva o envolvimento prático dos fãs. Trata-se de uma prática social não-profissional, mas, não obstante, como veremos mais adiante, dotada de forte relevância identitária para quem a exerce. O fã, por sua vez, não é mais aquele consumidor de música, ávido colecionador de últimos lançamentos e raras gravações. Ele se torna executor da prática *heavy metal*, compondo músicas, produzindo shows e veiculando gravações. Constituinte de grupos locais e produtor de estéticas sonoras, ele faz do *heavy metal* uma ação social e um modo de inserção na cidade.

Para quem possui alguma familiaridade com o *heavy metal*, sua extrapolação das relações de produção e consumo da indústria fonográfica não é surpresa. Para além da superfície da sua comercialização em grande escala, se articulam "cenas" de feitura de tipos de *heavy metal* que não querem, necessariamente, aparecer. Grupos de músicos e apreciadores que estão interessados em praticar tipos de *heavy metal* não só como um produto comercial.

Se essas breves considerações sobre as particularidades do *heavy metal* nos possibilitaram apresentá-lo enquanto uma prática social urbana, no entanto, é justamente essa condição que instiga o estranhamento e demanda, assim, uma observação pormenorizada. Pois, se por um lado, pode-se dizer que essas práticas de *heavy metal* não se explicam pelas relações da indústria fonográfica, por outro, não sabemos como explicá-las. Dizer que o *heavy metal* se aproxima do fã enquadra o problema, mas não o resolve. Por mais familiar que se esteja com o *heavy metal*, não sabemos como esse estilo musical se transforma em fator de agregação social. Sendo assim, podemos dizer que esse é o problema geral desta pesquisa: como o *heavy metal* se transforma em uma vivência afetiva e em um modo de inserção na cidade? De outro modo, se concordarmos com Adorno e Horkheimer (1985) que a música, em contexto "ocidental", está radicalmente marcada pela "indústria cultural", então, qual é o significado dessa arte quando feita por outros propósitos? O que buscam na música, essas pessoas que não querem fazer dela um produto comercial? Ou seja, averiguando uma prática social de feitura de *heavy metal*, estamos explorando, em última instância, para além das luzes e sombras da "indústria cultural", a música enquanto uma mediação: como ela é feita e o que ela faz?

Para explorar esse problema, escolhemos uma prática que se auto-denomina o *underground* do metal extremo no Brasil. No primeiro capítulo, a pesquisa procura compreender, através de uma etnografia, como a organização de meios de comunicação específicos resulta na configuração de um espaço social de produção de metal extremo no Brasil. No segundo capítulo, intimamente imbricado com o primeiro, buscamos explorar as percepções dos praticantes do *underground* acerca desse espaço social de produção musical. Nos terceiro e quarto capítulos, procura-se compreender que tipo de música é o metal extremo a partir de uma etnografia das construções dos seus estilos, dando especial ênfase àquele que nos parece ser o mais representativo, o *black metal*. Finalmente, em um terceiro movimento analítico, busca-se apreender o *underground* do metal extremo como um modo de inserção na cidade. Para tanto, a etnografia privilegia a montagem, organização e vivência do show, o principal evento dessa prática urbana.

Talvez, o leitor não familiarizado com o *heavy metal* esteja se perguntando: mas o que é *underground*? O que é metal extremo? Afinal, se essa prática não se manifesta nos meios de comunicação populares, é difícil termos algum senso comum sobre ela. Pois bem, nessa introdução, preferimos lucrar com essa ausência de senso comum do que nos flagelar pela sua falta. Ao invés de explicar o que essas categorias significam, convidamos o leitor a acompanhar nossa busca por uma compreensão do *underground* do metal extremo no Brasil sem mais delongas. Se uma introdução é, como diz DaMatta, 'uma visita de consideração' feita pelo leitor ao livro, então, como construtor dessa 'casa', quero ser o mais hospitaleiro possível deixando toda a casa aberta a esses visitantes. Peço, aliás, que não fiquem somente na 'varanda' e conheçam a 'casa' inteira. Se por ventura o fizerem, por favor, reparem nos 'móveis', avaliem se a 'casa está limpa' e reflitam se o construtor é ou não é 'modesto e bem-intencionado'.

CAPÍTULO 1

UNDERGROUND DO METAL EXTREMO

Este trabalho trata daquilo que meus interlocutores denominam *underground*. Este termo é utilizado por grupos urbanos formados a partir de um tipo de música e em cada um encontram-se realidades distintas sendo nominadas por ele. Caiafa (1985) nos fala de um *underground* entre os punks e Ferreira (2006) nos fala de outro entre os apreciadores de música eletrônica e frequentadores de *raves*, por exemplo. Mesmo havendo possibilidades de traçarmos semelhanças entre os diversos tipos em evidência no Brasil, é preciso guardar que me reporto ao *underground* do metal extremo e, apesar de achar a proposta instigante, não anseio qualquer teoria geral deste fenômeno tão comum nas urbes nacionais.

Poderíamos, neste momento, partir para uma história do *heavy metal*, indicando suas origens e suas bandas seminais, traçando suas rupturas com o rock e suas continuidades com a contra cultura dos anos 60. Além de nos prover um recorte temporal e espacial do *heavy metal*, tal história nos localizaria melhor no tema em questão, familiarizando-nos com um fenômeno aparentemente pouco conhecido por quem não é seu apreciador. Porém, há dois senãos com essa possível história.

Primeiro, o que se pretende nesta pesquisa não é a elaboração de uma narrativa histórica de uma manifestação do *heavy metal*. Para tanto, enquanto abordagem acadêmica, tal tarefa demandaria um método historiográfico de pesquisa. Levantar dados históricos, vasculhar fontes e basear a pesquisa do material em alguma historiografia. Como estudante de antropologia, mesmo ciente da proximidade entre as duas disciplinas, entendo que apenas um historiador esteja capacitado para dar conta de tal empreitada.[1]

---

[1] Baseamos nossa percepção dessa complicadíssima relação entre história e antropologia principalmente nos dois clássicos textos de Lévi-Strauss sobre o ponto (1975 e 1983). Sobre a visão de

Segundo, e mais importante, a história do estilo é ponto de acalorados debates entre os interessados em *heavy metal*. Há consensos. Dificilmente um apreciador discordaria de que a inglesa *Black Sabbath* foi a primeira banda do estilo, por exemplo. Mas a regra é que cada um tenha a sua versão das continuidades e rupturas que teriam dado forma ao estilo, versões essas que estão em constante embate, seja nas páginas de uma revista especializada, em livros e mesmo em uma roda de conversa entre fãs. Bom exemplo dos dissensos é aquele gerado acerca das origens do próprio termo *heavy metal*.[2] Aliás, segundo Frith (1996), discutir a história do seu estilo favorito com seus pares é um dos prazeres dos fãs de música em geral. Portanto, defender uma versão da história do *heavy metal*, além de desautorizar a legitimidade daquela que parece ser uma das principais práticas dos interessados no estilo, implica em apresentar afirmações sobre o *heavy metal* não corroboradas pela etnografia ainda. Portanto, deixemos que a história do *heavy metal* seja relatada, neste trabalho, pelos agentes mesmos dessa história.

A questão que se impõe, neste primeiro momento, é nos perguntarmos se isso que meus interlocutores chamam de *underground* compreende algo mais do que música. Para tanto, exploro-o através das pessoas que dizem praticá-lo, das suas práticas e dos resultados e produtos destas práticas.

A etnografia foi realizada entre 2003 e 2007 em várias cidades do país; acompanhei shows, coletando material, conversando com participantes em lojas, bares, rodas de conversa e, algumas vezes, compus e toquei com eles.[3] Durante esses quatro anos me deparei com uma série de gravações, zines,[4] revis-

---

Lévi-Strauss sobre tal ponto, ver Schwarcz, 1999; Goldman, 1999 e Almeida, 1999.

2 Dissenso no qual alguns estudiosos mergulharam. Ver Walser (1993, p. 1-26), Weinstein (2000, p. 18-21) e Alvim (2006, p. 61-3).

3 Esta pesquisa é precedida por outra sobre o mesmo tema (Campoy, 2005). Parte do material que utilizo aqui foi levantada durante esta pesquisa inicial, tanto sob uma observação participante quanto uma participação observante. Na época, integrava a formação de uma banda como vocalista. Vale dizer ainda que, desde meus treze anos venho participando do *underground* do metal extremo. Toda a experiência acumulada nesses anos certamente se reflete nesta pesquisa.

4 Zine, ou fanzine, é uma pequena revista de difusão variável e periodicidade irregular, editorada e redigida pelos próprios apreciadores do metal extremo, mas muito comum em outros estilos de

tas especializadas e páginas eletrônicas que diziam ser do *underground* do metal extremo brasileiro. Todo esse material e toda a experiência adquirida em coletá-los estão, de alguma forma, influenciando meus argumentos e reflexões sobre o fenômeno. No entanto, para sermos mais precisos, elenquei algumas bandas e zines para balizar nossa entrada no *underground*. Os segundos: *Dark Gates* zine, de Juiz de Fora (MG); *Unholy Black Metal* zine de Lages (SC); *Anaites* zine de Fortaleza (CE); *Fereal* zine de Campo Grande (MS); *Total Destruction* zine de Curitiba (PR) e o zine/revista especializada em metal extremo *A Obscura Arte* de Curitiba (PR). As primeiras: *Sad Theory* e *Murder Rape* de Curitiba (PR); *Unearthly* do Rio de Janeiro (RJ); *Ocultan* de São Paulo (SP); *Miasthenia* e *Vulturine* de Brasília (DF); *Daimoth* de Recife (PE).[5] Esses zines e as gravações dessas bandas serão nossos principais interlocutores, mas sempre que conveniente for, abordaremos material adjacente.

1.1 – Metal extremo?

Maurício Noboro, 32 anos, doutor em História pela Universidade Federal do Paraná, escreveu e editou o *Total Destruction* zine de 1993 a 1996. Nestes quatro anos, lançou oito edições, uma marca que ele considera respeitável: "a maioria dos zines que eu recebia na época duravam no máximo duas edições. Era difícil encontrar zine com periodicidade e longevidade". Ele descreve assim, em entrevista concedida ao pesquisador, as razões que o levaram a montar um zine de metal extremo:

---

música também, principalmente no *punk*. A seguir, teremos mais espaço para tratar das especificidades dos zines de metal extremo no Brasil.

5 Procuramos escolher as bandas e os zines de modo que representassem as regiões do país. No entanto, tivemos pouquíssimo sucesso em coletar material oriundo dos estados da região norte. Também não foi possível assistir qualquer show de alguma banda desta região. Porém, acreditamos que essa falta não comprometa a validade dos argumentos quando defendidos como válidos para todo o país. As fortes semelhanças que iremos perceber entre os materiais de todas as regiões nos permite supor que no norte elas também possam ser verificadas. Contudo, essa verificação fica a ser feita.

Era muito difícil encontrar informações sobre as bandas que eu curtia. A maioria das revistas trazia informações sobre as bandas clássicas de metal, aquelas que todo mundo já sabia tudo sobre elas. Por outro lado, também era muito difícil conhecer pessoas na minha cidade que curtiam as mesmas bandas que eu. Isso porque aconteciam poucos shows e tinham poucos lugares onde o pessoal podia se encontrar, como lojas de CD e de roupas. Mas, além disso, creio que eram poucas as pessoas que naquela época, em Curitiba, curtiam esse tipo de som. Então o zine foi a forma que encontrei tanto para conseguir mais informações sobre as bandas que gostava quanto para conhecer pessoas que tinham os mesmos gostos que eu.

Nos primeiros anos da década de 90 circulavam no Brasil duas revistas especializadas em *heavy metal*, a *Top Rock* e a *Rock Brigade*. E de fato, Maurício está certo quando nos diz que as bandas veiculadas nessas revistas eram, na maior parte das vezes, as "clássicas", "aquelas que todo mundo já sabia tudo sobre elas". Bandas notórias do *heavy metal*, com um reconhecimento por parte do público já estabelecido ao longo dos anos. Bandas como AC/DC, *Black Sabbath* e *Iron Maiden* protagonizavam as capas dessas revistas em razões de um novo lançamento, de uma entrevista com algum membro da banda que a revista tinha conseguido ou por causa de um show recentemente feito no Brasil. "Nada contra essas bandas", nos diz Maurício, "mas eu estava a fim de ouvir e conhecer coisa mais pesada". E é justamente por isso que ele monta o zine *Total Destruction*, para estabelecer contatos com bandas, pessoas e outros zines que também estavam "a fim de ouvir e conhecer coisa mais pesada". Retrospectivamente, Maurício entende que seu objetivo foi alcançado: "eu recebia mais de duzentas cartas por mês, do Brasil e do mundo todo. Eu recebia material de Manaus, Bósnia e Malásia no mesmo dia. Chegou ao ponto em que eu virei referência para a galera de Curitiba. O pessoal vinha me pedir material, até mesmo o Carlão, produtor do programa de rádio sobre metal da época". Em 1996, Maurício entrou para a universidade, começou a achar que aquele "trampo do zine tomava muito tempo", e assim acabou com o zine. Mas valeu a pena? "Claro, é muito legal ver que em muita fita-demo e CD tem lá o agradecimento para o *Total Destruction*".

O que denominamos de metal extremo baseia-se nisso que Maurício chama de "coisa mais pesada". Como ele mesmo me explica: "é esse metal mais brutal, mais rápido [...], é *death, black, trash, grind, splatter, doom*, enfim, esse tipo de som". Mas Maurício, é mais pesado, mais brutal, mais rápido em relação a quê? "Cara, em relação a esse metal *mainstream*, cheio de solo, gritinho agudo e firula [...], é metal, mais um outro tipo de metal, mais extremo".

O termo *heavy metal* não representa um único tipo de música. Sob seu tímido abrigo, uma série de metais está em curso. Essa é a visão de Maurício, reverberada por outras vozes deste universo, seja no Brasil seja em outros países.[6] É simplesmente impossível especificar todos os metais do *heavy metal*. A segmentação do estilo, se formos acompanhar a criatividade das bandas na etiquetagem dos seus sons, parece não ter fim. No limite, cada banda está a compor um tipo de *heavy metal*, o qual será etiquetado por termos como *bombastic war black metal* ou *ultra noise porn splatter*.

Todavia, essas segmentações dos estilos de *heavy metal* parecem acontecer gradativamente, ou seja, uma dada segmentação só se desdobra a partir de outra, prévia. O relato de Maurício Noboro nos indica uma segmentação seminal do *heavy metal*. Ele inclui na categoria metal extremo toda uma série de estilos os quais seriam diferentes ("mais brutais, mais pesados, mais rápidos") do que chamou de metal *mainstream*. É nessa distinção inicial feita por Maurício, tão amplamente escutada em campo durante a pesquisa, que se define o tipo de *heavy metal* averiguado neste trabalho, qual seja, todo aquele que se define como extremo.

Assim como no relato de Maurício, o vendedor de CDs Mauro Flores, em entrevista concedida ao pesquisador, nos diz que seu interesse pelo *death metal* e suas constantes idas aos shows de bandas nacionais deste tipo de *heavy metal* deve-se a essa percepção:

---

6 A socióloga norte-americana Deena Weinstein (2000, p. 43-52) afirma que duas formas distintas de *heavy metal* se cristalizam a partir do final dos anos 80 no mundo todo: uma mais "comercial", outra mais "*underground*". Essas duas formas, segundo a autora, agrupariam qualquer tipo de metal feito a partir desses anos. O sociólogo inglês Kahn-Harris (2007) expõe argumentos semelhantes ao longo de todo seu estudo sobre o metal extremo a nível mundial.

> Eu comecei a curtir *death* quando um amigo do meu irmão foi lá em casa com um disco do *Coroner*. Faz tempo isso, devia ter uns 15, 16 anos, e já se vão aí mais 15 anos. Eu fiquei louco com aquele som, me lembro até que disco era, o *Mental Vortex*. Era lançamento [...] eu e meu irmão ouvíamos um *Accept* ali e um *Helloween* lá, gostávamos muito dessas bandas, até hoje gosto. Mas a intensidade daquele disco bateu mais fundo. Aquilo era brutal [...] não teve como escapar. Aí fui conhecendo mais coisa do tipo [...] *Cynic, Death, Morbid Angel*, esse *death* da Flórida que no início dos anos 90 tava explodindo. Ai eu me perguntei: e não tem ninguém fazendo esse som aqui em São Paulo? Pra minha grata surpresa tinha muita gente.

Mauro diz nunca ter participado de banda, mas se descreve como um "grande apreciador do *death* e *trash*". Essa apreciação, da qual "não teve como escapar", não só o tornou um *habitué* nos shows nacionais mas também fez com que ele estabelecesse relações de amizade com outros apreciadores do *death metal*. Relações essas que, segundo ele, lhe renderam um emprego:

> Eu nunca tive saco pra estudar música, nunca tive vontade de tocar em banda, mas eu comecei a ir direto nos shows do Vulcano, do MX e tal. Eu queria mais do que ficar em casa ouvindo meus discos [...]. E aí, com os shows, você conhece o pessoal, faz amigo, por aí vai. Acho que meu trabalho aqui na galeria tem tudo a ver com isso. Claro que tem. Eu só consegui esse trabalho porque sou amigo de anos do dono da loja, amigo de show, de buteco [...].

Notem o tipo de emprego que Mauro conseguiu. Vendedor de CDs em uma loja na galeria do rock em São Paulo. Ora, esse local é, como disse certa vez *King Diamond*,[7] "um verdadeiro shopping da música pesada". Localizada no centro da capital paulista, a galeria do rock é um prédio de quatro andares repleto de lojas especializadas em "culturas alternativas": no primeiro andar encontramos lojas de *hip hop* e cabeleireiros afro. No segundo lojas de roupas e materiais para skatistas. No terceiro e quarto, rock em todas suas vertentes. Mauro trabalhava em uma loja especializada em "*death, doom, black e trash*", como disse. Ele não só

---

[7] *King Diamond* é um célebre vocalista do *heavy metal*. Dinamarquês, além da banda homônima, cantava no *Mercyful Fate*. Ele teria dito isso em ocasião de uma tarde de autógrafos na galeria do rock em 1999.

se inseriu como um apoiador do *underground* do metal extremo nacional, como também deixou o metal extremo transbordar para sua esfera profissional. Gosta do trabalho, Mauro? "Porra, era tudo que queria. Tirando o salário baixo e a molecada que não sabe nada, que vem aqui querendo CD do *Dimmu Borgir*,[8] tá legal [...] paga as contas, rola uns CDs a preço de custo e ingressos pros shows".

No mesmo tom, o vocalista da banda catarinense *Havoc*, o *Demoniac*,[9] comenta sobre a relação que sua banda mantém com o *heavy metal* de modo geral. Em uma entrevista sua publicada no *Anaites* zine número oito, de 2005, lemos o seguinte trecho. Cito pergunta e resposta:

> **O Heavy Metal (old)** *representa algo para vocês ou vocês costumam ouvir somente* **Black Metal?**
> Demoniac – Sim, já representou muito, na época que eu tinha 13 anos ouvia com frequência Heavy Metal mas isso foi a cerca de 14 ou 15 anos atrás, agora só me dedico a cena extrema e a bandas extremas, sendo que meu gosto é bastante similar ao gosto musical dos outros integrantes da Havoc.

Este "velho" *heavy metal* que o entrevistador alude refere-se a todo o estilo que não seja *black metal*, tipo tocado e apreciado pelo *Havoc*. Sim, ele já representou muito para *Demoniac*, quando era mais novo, provavelmente em seus primeiros anos de apreciação do *heavy metal*. Mas agora, no momento da entrevista, seu gosto é reclamado como estando voltado totalmente ao extremo. Sua dedicação é para a cena extrema, a qual, mais adiante na entrevista, também chama de extrema cena *underground*. Segundo *Demoniac*, desde 2002 ele vem se dedicando ao *underground* como vocalista da banda *Havoc*.

Estes três relatos, de Maurício, Mauro e *Demoniac*, nos apresentam uma mesma representação do *heavy metal* cingido em dois. O *mainstream*, "velho"

---

8   *Dimmu Borgir*: banda norueguesa de *black metal* a qual, segundo grande parte do público deste tipo de metal, é "falsa". Eles teriam ficado muito conhecidos e teriam vendido muitos CDs. Para balizar, ver o interessante item sobre a trajetória do *Dimmu* na indústria fonográfica em Moynihan & Soderlind (2003, p. 265-9).

9   Os músicos de *black metal* usam codinomes. Além de *Demoniac*, o *Havoc*, na época da entrevista, contava com *Evil* na bateria, *Itrasbiel Zulphulas* e *Hell Knight* nas guitarras.

heavy metal o qual até apreciaram algum dia em suas vidas, mas que, em algum momento, não se interessaram mais. Por outro lado, o *death* e o *black*, o extremo metal que lhes atraiu, do qual "não havia como escapar". Para eles, é como se o *heavy metal* fosse um núcleo musical do qual emanam múltiplos feixes, porém, que se propagam em apenas duas direções, *underground* e *mainstream*.

Uma questão de gosto, poderíamos dizer. Uma questão de vontade estética, de deleite para com um tipo de organização sonora. Uma escolha de qual arte os apraz, seja lá qual for o critério desta escolha. Certamente, mas suas apreciações estéticas não são estáticas. Ver e ouvir o *heavy metal* dessa maneira, em dois, não é, de modo algum, uma representação inerte.

Perceber o *heavy metal* dividido em dois grandes tipos, um central, *mainstream*, outro extremo, *underground*, não só é uma representação do estilo como também articula a vinculação dessas pessoas no *underground*. Maurício monta seu zine por querer ouvir e conhecer "coisa mais pesada e extrema", inexistente, segundo ele, no *mainstream*. Mauro tornou-se frequentador assíduo dos shows locais, estabelecendo amizades e até mesmo angariando um trabalho, porque queria mais do que ficar em casa ouvindo seus discos. *Demoniac* diz que, agora, só se dedica a bandas extremas e à cena *underground* extrema. Seja comparecendo aos shows como um apreciador, montando e participando de uma banda ou ainda editando e escrevendo um zine, todos os três, para ouvir e conhecer metal extremo, se conectam a outras pessoas que também querem ouvir e conhecer metal extremo.

Começamos a vislumbrar no que consiste esse *underground* do metal extremo no Brasil. A princípio, podemos dizer que ele é um conjunto de relações instituídas a partir do interesse em compor, ouvir e apresentar esse tipo de *heavy metal*. Vimos como é essa vontade de vivenciar o metal extremo que levou e leva Maurício, Mauro e *Demoniac* a estabelecerem relações diversas com outras pessoas que também querem vivenciar o metal extremo para além de uma escuta caseira das gravações.

Poderíamos defender que aqui está uma primeira demonstração de que o *underground* do metal extremo no Brasil é mais do que música. Afinal ele também se constitui de relações sociais. Mas tal asserção é prematura se lembrarmos de uma condição essencial do fazer musical, por algum tempo relegada pelos estudiosos mas ultimamente relembrada com força:[10] música não é uma atividade autônoma praticada por um indivíduo autônomo. Práticas musicais, por mais musicais que sejam, são associações de pessoas com pessoas, com instrumentos, partituras, conservatórios, gravações e qualquer outro elemento propriamente musical ou não. Mesmo o mais solitário compositor se vê em associação com toda uma tradição desta atividade quando cria suas sonatas em um piano, quando anota suas criações em partituras e quando arranja sua apresentação, imaginando a cadência da regência, a disposição da orquestra e os aplausos no fim do ato. Isso para ficarmos em certo senso comum do fazer musical, pois poderíamos ainda lembrar do trabalho de Maurice Halbwachs (1980) no qual toda memória musical é uma construção coletiva da memória, ou do texto onde Schultz (1964) procura caracterizar por uma fenomenologia bergsoniana o caráter social da música. Enfim, música é mais do que harmonias, melodias e ritmos.

Sendo assim, qualificar o *underground* como relações nada mais é do que apontar seu estatuto de prática musical. Porém, não podemos esquecer que essas relações *underground* são tecidas a partir de uma representação dual do *heavy metal*. A participação e a prática do *underground* são explicadas como, em parte, resultado de uma rejeição do outro pólo, aquilo que chamam de *mainstream*. Seja porque falta metal extremo nele, seja porque seu *heavy metal* não é apreciado, o *mainstream* é repelido e negado pelos praticantes do *underground*. Os indícios até o momento nos apontam que o *underground* do metal extremo no Brasil enquanto relações só pode ser compreendido conjuntamente com uma averiguação das diferenças que *mainstream* e *underground* comportam. A questão que se impõe, então, é compreendermos como essa diferenciação articula a organização do *underground*. Balizando a etnografia nessa direção poderemos, ao mesmo tempo, compreender melhor no que consistem as relações *underground* bem como fundamentar uma caracterização dessa oposição binária *mainstream/underground*.

---

10 Essa lembrança é feita, por exemplo, em Menezes Bastos (1995) e Shepherd & Wicke (1997).

1.2 – Ingressando no *underground*

O *underground* do metal extremo brasileiro é algo no qual se ingressa. Em um dado momento de suas vidas, arrebatados pela música de alguma banda ou por ter acompanhado um show que lhes comoveu, seus praticantes passam a, paulatinamente, se inserir no *underground*. Participam de suas atividades, se dedicam a manter, como dizem, "a chama do *underground* acesa". Seja escrevendo um zine entre uma aula e outra, antes, durante ou depois do expediente, seja trabalhando em lojas e distribuidoras *underground*, alimentam suas insaciáveis vontades de se relacionar com o metal extremo por vias que não sejam aquela incômoda, para eles, de um ouvinte "consumidor passivo". Eles não querem apenas consumir metal extremo e sim, de alguma maneira, produzi-lo.

Em linhas gerais, é assim que seus praticantes descrevem seus primeiros contatos com o *underground*. Um encanto, um êxtase ignitor de um impulso incontrolável de saber mais, de ouvir e fazer mais metal extremo. Como o *mainstream* não satisfaz suas vontades, foi preciso procurar outros caminhos, outras direções para canalizar seus gostos. Vias subterrâneas nas quais, uma vez escolhidas, o gosto musical divide sua preeminência com a própria sustentação e manutenção dessas vias. Pois o que é o *underground* senão práticas musicais constitutivas do metal extremo, porém tecidas em contraposição ao *mainstream* do metal? Tanto a música que fazem quanto as formas pelas quais essa música é produzida, circulada e recebida tornam-se, assim, objetos de dedicação.

É interessante observar como os praticantes explicam suas inserções no *underground*. Descrevem-nas como consequências do arroubo que os primeiros contatos com o metal extremo produziu na pessoa. O impacto que esse tipo de música teve foi de tal modo, de tal força, que seria insuficiente relacionar-se com ela apenas enquanto um objeto de apreciação estética. Escutá-la de vez em quando, ir a um show ou outro e comprar um CD quando sobrasse dinheiro não seria o bastante diante da impacção que essa música lhes causou. Era preciso retribuir.

Cléverson, 35 anos, motorista de ônibus em Campo Grande, Mato Grosso do Sul, e baterista (mas quando conversamos não tocava em nenhuma banda), descreve seus primeiros contatos com o metal extremo de maneira semelhante àquela descrita por Mauro:

> No começo eu ouvia AC/DC, Iron e Nazareth, mas ai um colega me passou uma fita do Slayer. Pirei, era aquilo, era aquilo que eu tava procurando [...] não demorou nem duas semanas até eu estar gastando toda minha grana com aulas de bateria. Era aquele som que eu queria fazer, era aquilo que eu queria fazer da minha vida, descer o braço na batera [...] meu pai me bateu muito por causa da grana que eu gastava com as aulas, com camisetas e com discos e não ajudava em casa [...] sei lá, hoje eu rio disso tudo, mas tô aqui, no show, brutalizando [um largo sorriso toma seu rosto nesse momento, enquanto levanta sua lata de cerveja em minha direção, querendo brindar o show de seus amigos, sua presença ali, a brutalidade].
>
> *E demorou muito para você ter sua primeira banda?*
> Demorou porque demorou pra aprender o instrumento [...] convite tinha toda hora, todo dia neguinho me convidava pra fazer um som [...] claro, tava toda noite em show, bebendo com os caras, indo nos ensaios [...] mas eu queria fazer direito, queria tocar legal [...] comecei a fazer um som com uns caras depois de um ano ou quase isso.

Cléverson estabelece uma relação direta entre sua descoberta da música do *Slayer*, banda norte-americana pioneira do *trash* e do *death metal*, e suas primeiras aulas de bateria. Era isso que ele queria fazer da sua vida, o mesmo que "os caras" do *Slayer* faziam. Foi por isso que começou a tocar bateria e foi por isso que enfrentou as consequências de suas escolhas, como os conflitos com seu pai. Foi por isso que, como me disse em trecho da conversa não citado acima, largou os estudos. Para ser um músico de metal extremo.

Cléverson tem plena noção de suas escolhas. Apesar de parecer um pouco magoado, ele entende que a vida de um músico de metal extremo não traz significativas retribuições financeiras:

No começo eu até sonhava com a vida de *rock star* [...] fama, viagem, fazer o que eu quisesse (...) ilusão, pura ilusão. Isso aqui não dá nada [tocar em uma banda de metal extremo], você até paga pra tocar e sem ajuda de ninguém, todo mundo pensando no seu [...] quem quiser fazer tem que fazer pelo som, tem que fazer por que gosta e não vive sem a barulheira na cabeça [...] tem que fazer por orgulho.

Cléverson diz que já faz "uns vinte anos" que ele está "nessa", tocando em shows e comparecendo nos de seus colegas, para "apoiar". Seus amigos, ele me disse, são todos da "cena" e até mesmo sua esposa, ele a conheceu "andando com a galera". Mas sua constância no *underground* ele explica por não viver sem "a barulheira na cabeça", por orgulho.

Escutar o metal extremo não é uma atividade qualquer, frívola e momentânea. É isso que Cléverson quer nos dizer quando sublinha o impacto de suas primeiras audições da música do *Slayer*. Ter escutado essa banda foi de tal modo significativo que ele define esse momento como crucial para suas escolhas subsequentes. Ele se encantou por essa música de tal maneira que decidiu aprender um instrumento para tocá-la também. Daí sua orgulhosa inserção no *underground*. Para além das desilusões, a necessária "barulheira" o manteve em contato com os shows e eventos do *underground* do metal extremo em sua cidade.

Importante precisar o mecanismo que buscamos esclarecer aqui. Os praticantes do *underground* relacionam sua inserção neste espaço com um encanto que o metal extremo teria lhes causado. Essa música ultrapassou a condição de produto; ela dotou-se de um significado a mais para estes ouvintes, para além de um bem comercializável. Ela se transformou em um sentido, em algo pelo qual quiseram se dedicar de alguma maneira, fazendo-a também, ouvindo-a em shows, produzindo esses shows e estimulando sua circulação. O ingresso no *underground* é o início dessa dedicação.

Essa maneira de explicar suas ingressões no *underground* não aparece apenas em suas descrições dos primeiros contatos com o metal extremo. Com efeito, os praticantes dizem que é assim que deve acontecer o conhecimento do metal extremo pela pessoa.

Guga, 30, vocalista da banda curitibana de *death metal Sad Theory*, salientou em várias conversas que tivemos que "o *death* se conhece sozinho, eu não mostro pra ninguém, o cara tem que chegar nele por conta". Mas por que, Guga? "*Death* não é uma coisa que você sai por aí mostrando pra galera, ou o cara descobre por conta e vai atrás da parada [o *death metal*], ou fica do jeito que tá. A parada é para poucos, é pra quem pode". De fato, Guga se mostrou um tanto receoso quanto a mostrar sua coleção de CDs, tida por seus colegas como "muito boa": "cara, eu até te mostro, mas digo desde já, eu não vou gravar nada pra você e muito menos te emprestar. Tem CD ali que nem eu ouço".

Apesar de aparentemente contraditórias, as posições de Guga e Cléverson coadunam-se. Mesmo que para o segundo o metal extremo tenha sido apresentado por um amigo e para o primeiro ele deve ser descoberto sozinho, ambos apontam para o caráter afetivo que esse tipo de música tem entre os praticantes do *underground*. Para Guga, a individualidade da descoberta enfatiza a apreensão dessa música em um registro outro que não o da música como produto, descartável e/ou utilitária. O metal extremo é pessoal, e sua descoberta é a culminância de uma procura afetiva da pessoa. Descobrir por conta o metal extremo é dar total vazão a essa relação contínua entre música e subjetividade. Daí o extremo cuidado de Guga com seus CDs. Para ele, sua coleção vai muito além de um aglomerado de CDs. Ela é o resultado de sua trajetória no *underground* do metal extremo. Aí ele achou a música e essa descoberta o ajudou a se achar. Professor de história e caçula entre seus quatro irmãos, Guga mora com os pais e faz questão de sublinhar a importância material do metal em sua vida: "cara, eu trabalho para bancar os ensaios e gravações da banda e os meus CDs".

Arroubo, impacto, significado. O metal extremo para os praticantes do *underground* não é um produto alienável, uma "curtição" das horas vagas, um som ambiente. Como muitos nos disseram, desta música um poder muito forte emana e portanto, todo o cuidado em se aproximar dela. Se ela lhe tocar, se ela ultrapassar a aparência e ressoar em sua essência, estará imbricado nela, estará entrelaçado nela e assim, tudo que pode fazer é retribuir aquilo que ela lhe está dando pelo arroubo, pelo impacto e pelo significado.

Em uma entrevista ao sítio eletrônico *Metal Attack*, o músico *Mantus*, da já inativa banda carioca de *black metal Mysteriis*, expressa de modo exemplar essa relação que o praticante do *underground* tece com o metal extremo: "Eu costumo dizer que não é a pessoa que escolhe tocar *Black Metal*, mas sim o *Black Metal* escolhe aqueles que possuem o necessário para o representar". Para *Mantus* é como se não houvesse outra escolha ao apreciador de *black metal* a não ser praticá-lo. O contato com o estilo é como um chamado. Se a pessoa responde é porque possui os atributos para representá-lo, ela está apta a praticá-lo.[11] Esta representação, esta retribuição, dar-se-á por uma dedicação ao *black metal* e ao seu espaço de existência, o *underground*.

Dissemos acima que o *underground* se constitui a partir de uma rejeição daquilo que seus praticantes denominam *mainstream*. Essa aversão começa a ser construída desde o momento no qual a pessoa entra no *underground*. Segundo seus praticantes, como pudemos observar, a forma como eles escutam a música é diferente da forma como ela seria escutada no *mainstream*. Enquanto aqui a música é um produto, lá é um sentimento, enquanto lá ela está inextricavelmente conectada à pessoa, aqui ela está descolada de qualquer afeto. Para os praticantes do *underground* o metal extremo é virtude, é forte, é uma verdade, e o metal *mainstream* é fingimento, é fraco, é falso. Não seria um exagero afirmar que, para eles, se trata não só de formas diferentes de escutar música, mas também de músicas de diferentes qualidades.

A diferença entre essas músicas, esses tipos de metal, opera o ingresso da pessoa no *underground*. O fato de que seus praticantes explicam suas inserções no *underground* por um arroubo afetivo que o metal extremo teria lhes causado nos parece ser um dado de extrema importância para a pesquisa. Primeiro porque começamos a vislumbrar uma característica central do *underground*, qual seja, um severo zelo na transformação daquilo que lhe é estranho, externo, naquilo que lhe é próprio, interno. A dinâmica constitutiva do espaço do *underground* parece tomar extremo cuidado em como se dará

---

[11] Agradeço a Claudia Azevedo por ter me indicado a leitura da entrevista citada. Em um de seus textos (2007), ela também analisa a mesma entrevista, procurando refletir sobre a construção das fronteiras dos múltiplos estilos de metal extremo no Brasil, especialmente no Rio de Janeiro.

seu metabolismo, em como aquilo que lhe é diferente torna-se semelhante. Desse ponto de vista, o ingresso da pessoa é uma espécie de rito de iniciação no qual a tarefa que o aspirante precisa cumprir é a transformação de sua escuta da música. Em meio a infindável gama de estilos musicais presentes na urbe, dentro deste vasto gradiente de músicas veiculadas nos mais diversos meios de comunicação, o aspirante precisa descobrir o metal extremo e escutá-lo para além de uma música ambiente, como um som afetivo, logo significativo. Se de fato essa significação se processou, dizem os praticantes, a entrada no *underground* acontecerá de modo "natural".[12] Todavia, devido à sua crucialidade, deixemos a questão apenas levantada. Dados subsequentes nos ajudarão a aprimorá-la.

A segunda questão, que nos encaminhará aos desenvolvimentos seguintes, refere-se ao próprio papel da música. O *underground* certamente é um espaço organizado a partir da música. Compô-la, escutá-la, apresentá-la, em um termo, experienciar a música não só é a pulsão originária do *underground* como também, como acabamos de ver, é um modo específico de escutar a música que opera a entrada da pessoa neste espaço. O termo práticas musicais cabe de modo vernacular em uma definição inicial do *underground* do metal extremo brasileiro. Neste sentido, nossa pesquisa corrobora exemplarmente a frase de Tia DeNora: 'música possui propriedades organizacionais'[13] (2000, p. 151).

Contudo, afirmar que a música tem propriedades organizacionais é dar o primeiro passo, é enquadrar o nosso problema. O trabalho está em descrever como essa organização acontece. Como a própria socióloga inglesa diz, o trabalho está em descrever como as relações de produção da música operam na construção de pessoas, sujeitos, categorias e vice-versa (DeNora, 2000, p. 156). É preciso localizar como e onde a música é feita, circulada e apresentada. É preciso nos perguntar de que modo a música

---

12 Aliás, essa é a palavra mesma que *Mantus* usa, na mesma entrevista já citada, para traçar sua aproximação do *black metal*: "*Black metal* não foi uma escolha! Foi algo natural visto que a maioria das bandas que me influenciaram tocam e pregam o estilo".

13 Tradução livre de: "music has organizational properties".

entra nos ouvidos e quais técnicas são investidas para ela sair, observando quais transformações, articulações, continuidades e rupturas acontecem nesses processos. Mas é preciso também ter cuidado com a veemência da afirmação. Incluir a música, esse elemento estético, no rol de fatores organizacionais de uma sociedade, da subjetividade e de eventos não quer dizer que ela seja protagonista de toda a história. Se, por um lado, restaura-se a qualidade agenciadora da música, dando-a sua importância devida, relegada certas vezes por uma visão da estética como um elemento descolado da fruição social, por outro é preciso manter a perspectiva pela qual o social nunca é tomado como resultante de um único fator preponderante. Ou seja, desenvolver o projeto maussiano intensa e extensivamente: deliberadamente *não* deixando de lado o aspecto estético desses fatos sociais, justamente por serem fatos sociais totais.

Mesmo que esta pesquisa não pretenda sequer entrar no espinhoso debate acerca das diferenças entre sociedades 'tradicionais' e 'modernas', vale apontar para um argumento pertinente de DeNora acerca do lugar da música em ambas. A autora defende que etnomusicólogos e estudiosos da música em geral entendiam que enquanto nas sociedades 'tradicionais' a música tinha um fator operante, nas 'modernas' ela era efêmera, 'apenas para ouvir'. O estatuto dessa diferença, diz DeNora, baseia-se em certo pressuposto implícito de nossa percepção ocidental na qual o desencantamento do mundo teria também descolado a música ocidental de qualquer responsabilidade na constituição do social. Assim, o que os estudos tentavam explicar é porque lá, na tribo, a música importa e aqui, na cidade, não. É contra essa forma de abordagem que DeNora, amparada por sua pesquisa na sociedade 'moderna', argumenta que as diferenças entre ambas talvez não seja a importância organizacional da música, mas sim como ela organiza os social (2000, p. 151-63). O argumento da autora nos parece ser produtivo para uma antropologia da música nas sociedades complexas, na cidade, pois aponta para uma postura pela qual, quando a música é objeto, a teoria musical é muito mais um dado do que um método. O som não precisa, necessariamente, ser abordado em si, pois ele é tomado como mais um elo de tantos outros das relações e associações que passam, de alguma maneira, pela música. Sendo assim, produção de música pode ser tomada não só como emissão de sons e sim como todas as ações investidas na sua articulação, bem como os efeitos dessa articulação em outros elementos que não a coligação de sons.

Observar essa precaução epistemológica em uma antropologia do *underground* do metal extremo brasileiro se faz necessário devido aos dados que a etnografia vem nos apresentando. Referimo-nos ao *underground*, até o momento, como um espaço justamente porque suas atividades estão interessadas em uma conformação, em uma delimitação de um ambiente específico, próprio. É por isso que seus praticantes dizem ingressar nele. Mas de modo algum podemos entender a demarcação desse espaço como, apenas, a definição de lugares e regiões física e geograficamente específicos. Por mais que ele tenha locais, eventos e pessoas específicos como referência em cada cidade, o *underground* tende a se consolidar como um espaço de troca, de circulação de bandas, produtos e pessoas em nível nacional e quiçá internacional. Neste sentido, a música certamente possui sua centralidade. Afinal, é por metal extremo que essas pessoas, bandas e produtos circulam. No entanto, para que a música circule, e para que ela circule da forma como querem seus praticantes, uma série de outras ações é investida, outras práticas que claramente articulam e caracterizam o *underground* tanto quanto sua música. São essas práticas que passamos a observar adiante.

1.3 – Fazendo o *underground*

Cara, eu não venho aqui pra curtir, eu não venho aqui pra festar. É claro que eu quero ver meus amigos, ouvir um som, tocar minhas músicas, beber, sair de casa, dar um tempo do trampo, é claro que tudo isso é legal, é bom, é um prazer. Mas não é esse o esquema do *underground*, pelo menos não é esse meu esquema com o *underground*. Minha vontade aqui não é curtir, isso é consequência [...], o que eu quero é fazer o *underground* e eu acho que todos aqui pensam ou deveriam pensar assim também. E no fim das contas toda essa dedicação acaba sendo um grande prazer também. Um prazer de me orgulhar em fazer algo que acredito.

Houve um momento da pesquisa no qual percebi claramente que dependendo de como me apresentava aos praticantes do *underground* do metal extremo brasileiro a recepção que me ofereciam era diferente. Mais precisamente, percebi que haviam duas formas distintas de abordá-los e a cada uma correspondiam respostas diferentes. Se eu me apresentasse como um antropólogo interessado em pesquisar o *underground* geralmente recebia olhares desconfiados, respostas evasivas e recusas para entrevistas e conversas. Uma descrença, uma suspeita se expressava quando deixava claro, no primeiro contato, que meu interesse era obter dados para minha dissertação – que originou este livro. Por outro lado, quando me apresentava como um praticante de metal extremo, um ouvinte, ex-integrante de banda e conhecedor das bandas e das gravações *underground*, a recepção era outra. Eu era aceito, simplesmente aceito como mais um deles, um *insider*. E a recepção tornava-se mais interessada ainda se eu dissesse que era de Curitiba, cidade natal de algumas bandas "clássicas" do metal extremo nacional, como o *Infernal*, o *Amen Corner* e o *Murder Rape*.

No entanto, ao longo da pesquisa, fui percebendo que, ao invés de ter que escolher entre essas opções de abordagem, a melhor postura, mais ética e ao mesmo tempo mais eficaz, estava a meio caminho entre ambas. De início, agia como sempre agi, como um praticante, interessado em conhecer mais sobre o trabalho da banda, em estabelecer contato. Nos shows, assistia às apresentações e quando conseguia, acompanhava e participava de rodas de conversas. Em um segundo momento, quando o contato estava estabelecido e/ou quando me parecia interessante aprofundar alguma questão em uma conversa, dizia que estava fazendo mestrado em antropologia e minha dissertação trataria do metal extremo no Brasil. Essa postura, de algum modo, eliminou possíveis desconfianças quanto à minha pesquisa. Ao invés de ser tomado como um estrangeiro, *persona non grata* no *underground*, me vi sendo tomado como alguém altamente preocupado com o *underground*, um super-praticante, tão dedicado, que resolveu fazer de seus estudos uma maneira de "lutar pelo *underground*". Em certas ocasiões, essa transformação de um possível defeito em virtude foi extremamente benéfica para a pesquisa.

Maio de 2006. Show em São Paulo do *Anathema*, banda inglesa de *doom metal*. Como era feriado, resolvi ir assistir ao show, passar na galeria do rock e visitar alguns conhecidos da cena metal paulista. Cheguei ao local do show, no *Hangar 110*, acompanhado por alguns colegas. Estávamos todos muito animados com o evento. Além de gostarmos muito da banda principal, haveria quatro apresentações prévias de bandas brasileiras, todas voltadas ao *doom*. Faltando algumas horas para o local abrir, o bar logo à frente já estava repleto de homens e mulheres de preto, todos obviamente presentes pelo show. Aconchegamo-nos em uma mesa, pedimos uma cerveja e dissolvemo-nos no aglomerado negro, conversando e apreciando o som ambiente, *Candlemass*, banda sueca unânime entre fãs de *doom*.

Entramos na casa de show e logo percebemos que algo não estava certo. Os banheiros estavam lacrados e o bar não estava funcionando. Apesar da indignação e das reclamações de vários presentes o primeiro show, de uma banda brasileira, começou. Show rápido e tenso: a banda parecia não conseguir desenvolver sua música. Tocaram não mais do que meia hora e, logo que deixaram o palco, o organizador do evento falou ao microfone que devido a "problemas técnicos" as outras bandas brasileiras não iriam mais tocar, e o palco estaria sendo preparado para o *Anathema*. Estranho; ainda era cedo, a acústica do recinto estava boa e não parecia haver nenhum problema com o equipamento de palco. Não passaram dez minutos desse primeiro comunicado quando o organizador voltou ao palco para anunciar aquilo que já se pressentia: a banda principal não se apresentaria por problemas da casa de show com a vigilância sanitária da capital paulista. Após certo pandemônio generalizado, com alguns gritando "quero meu dinheiro de volta" e outros lamentando apaixonadamente a perda do show, conseguimos sair de dentro da casa, não sem antes trocar umas palavras com os próprios integrantes do *Anathema*, também pegos de surpresa pelo cancelamento em cima da hora. De fato, o problema todo era da casa para com a burocracia municipal. Mas a noite estava apenas começando e o melhor que tínhamos a fazer era sentar em um bar, falar mal do *Hangar 110*, reforçar nosso apreço pelo metal e botar a conversa em dia.

Éramos seis pessoas na mesa, cinco homens e uma mulher, todos morando em São Paulo, menos eu. Como conhecia apenas um deles e estava conhecendo os outros naquela noite, não demorou muito para que a conversa rumasse para uma avaliação descompromissada das cenas paulista, curitibana e carioca, pois na época já estava morando na capital fluminense. A conversa estava boa e como todos ali tinham alguma inserção no *underground*, como membro de banda ou editor de zine, resolvi arriscar e comentei que minha mudança para o Rio se devia a minha intenção de realizar um estudo antropológico sobre o metal extremo no Brasil. E, grata surpresa, eles se mostraram extremamente interessados no assunto. O resto da noite foi gasto em cima desse tópico.

Para a pesquisa, a conversa daquela noite foi como que um grupo de discussão acerca do metal extremo e do *underground* nacionais. À medida que os tópicos surgiam todos davam suas opiniões, balizavam com as outras, ponderavam sobre as variáveis; raramente chegávamos a um consenso. Contudo, um ponto de vista, condensado na fala que abre esse item, dita nessa noite, se cristalizou unânime entre nós. Participar do *underground* do metal extremo nacional é, antes de tudo, uma responsabilidade.

Apesar de operar dentro de um dualismo prazer e dever, esforço e gozo, o ponto de vista não defende que o *underground* é uma responsabilidade no sentido de ser um fardo arduamente carregado pelos praticantes. Para eles, como fica claro na fala citada, certamente há uma esfera de prazer em participar do *underground*, na convivência com seus pares e no momento de distância dos "deveres da vida" que proporciona. Mas são consequências secundárias diante de um outro prazer, maior e, esse sim, visado, aquele resultante do "orgulho em fazer algo que eu acredito". E se o que eles acreditam é o *underground* em si, em tudo o que esse espaço, lócus e topos, representa, então cabe se dedicar a ele, inserir-se em suas atividades efetivamente, ativamente. O prazer virá, justamente, da sintonia entre ação e crença, algo que para eles é desarmônico no *mainstream*. Esta é a responsabilidade embutida na participação e imbuída aos participantes, aceita unanimemente na conversa daquela noite mas que surgiu em outros momentos da pesquisa também, sob outras formas, como neste e-mail de resposta que recebi de uma praticante, quando a perguntei se poderíamos conversar sobre seu gosto pelo *black metal*:

Olha, não tenho tempo para isso, me desculpe. Mas posso te dizer uma coisa? Meu interesse pelo metal negro não tem nada a ver com gosto. Não é só uma música, não é só um gosto. É um destino que só a mim concerne. Espero que compreenda. Sinceramente.

Novamente, é preciso ter em mente que tal postura é contrastante com a forma que eles percebem o *mainstream*. Neste a música é apenas para ouvir; é descolada de qualquer outro significado que o prazer corpóreo, auditivo ou dançante. A relação que a pessoa aí teria com a gravação, com o show, com os meios informativos, enfim, com todas as práticas do *mainstream*, seria a de um consumidor passivo. Tudo que a pessoa precisa fazer é pagar. Para ter sua música, sua "curtição", ela não precisa montar o show, escrever revistas ou ter sua própria banda. Daí sua passividade. Ela só recebe, não faz. No *mainstream*, a música é apenas uma questão de gosto. Já no *underground* a pessoa precisa ser um produtor ativo deste espaço. Ela precisa esforçar-se para mantê-lo, ela precisa lutar por ele. Com efeito, já que ele não é uma questão de gosto, já que praticá-lo é classificado pelos sues integrantes como um destino, então não basta apenas estar lá em seus eventos. Como dizem seus praticantes, não basta "dar as caras" de vez em quando. É preciso apoiar, é preciso fazer o *underground*.

Lembremos daquela definição inicial do *underground*: um conjunto de atividades interessadas em produzir, circular, apresentar e escutar metal extremo no Brasil. Consoante com essa definição, fazer o *underground* é se inserir de alguma maneira nessas atividades. A pessoa estará fazendo isso, aos olhos e ouvidos de seus praticantes, se participar de atividades que instalam e promovem a troca de metal extremo.

Flyer de divulgação do *Underground Fest*, show de metal extremo realizado em Bangu, zona oeste carioca, em 2006. No verso, o chamado de apoio ao metal nacional.

Show em Juiz de Fora, Minas Gerais, julho de 2005. Entrando no local, um estúdio de ensaio que em algumas noites recebe shows, chega-se numa pequena sala, ornamentada com pôsteres de filmes e shows, que serve como recepção. Além do porteiro que cobra a entrada e revista as pessoas que chegam, ocupa o recinto um casal jovem, ambos em preto. Estão sentados em frente a uma mesa coberta de CDs, fitas K-7 e *flyers*. Os primeiros e as segundas à venda e os terceiros de graça. O movimento está tranquilo, poucas pessoas circulam no local, a maioria provavelmente músicos e amigos das seis bandas que tocariam naquela noite. Como de costume, o horário divulgado para o início das apresentações já passou e não há nenhum sinal de que vão começariam

Os CDs e fitas dispostos na mesa são todos nacionais, alguns com capas em preto e branco, foscas, e outros com capas coloridas, brilhantes. A maioria das gravações estampa em sua contracapa um nome, *Nocturnal Age records*. Pergunto ao casal que cuida da mesa se este é o selo que lança essas gravações. O homem responde: "isso mesmo. É o selo do baixista do *Blasphemical Procreation*, que toca hoje. Além do material que ele lança, tem alguma coisa aqui que ele só distribui, um material do nordeste, do pessoal do *Suicide Apology records*". Passo os olhos nesse "material do nordeste" e como são de bandas que nunca tinha ouvido, pergunto se eles me recomendam algum. O homem continua respondendo: "depende do que você curte... esse aqui é mais brutal, um *death trash* rápido... esse tem um vocal foda, o cara é bom mesmo... esse já é mais técnico, muita guitarra trampada, *black* veloz e bem feito, eu gosto muito". Este último CD, com "muita guitarra trampada"[14] é o da banda *Daimoth*, de Recife, Pernambuco. A descrição me apeteceu e resolvi ficar com este.[15] Enquanto pagava pelo CD e coletava exemplares dos *flyers* dispostos na mesa, chegou uma outra pessoa perto de nós e assim que viu o CD em minhas mãos disse:

---

14 Trampada, de trampo, uma corruptela de trabalho. Na descrição, a palavra indicava que as guitarras da banda em questão eram virtuosas, com fraseados ao mesmo tempo velozes e cheios de notas.

15 O CD me custou doze reais. Valor de 2005.

– Tá levando o *Daimoth*? Muito boa essa banda, vai gostar.

– Ah, é? Ele comentou que os caras são bons, não conheço muita coisa do nordeste então resolvi ver qual é dos caras.

– É um pessoal novo, os bicho são empenhados mesmo. Eles gravaram em casa com Pro-tools e você vai ver, tá muito boa a gravação.

– Você conhece os caras então?

– É, eu distribuo o material do selo deles, o *Suicide Apology*.

– Então é você quem cuida da *Nocturnal Age*?

– É, eu e o vocalista do *Prophetical Age*, de Sorocaba. A gente já lançou algum material e estamos distribuindo o material do *Suicide*. Acabamos de lançar o CD da minha banda o *Blasphemical Procreation*... é esse aqui.

– Já ouvi falar de vocês... legal.

– Deixa eu ir que daqui a pouco vamos tocar. Vai assistir ao show?

– Vou sim, valeu pela dica. Bom show.

1.4 – Gravando o *underground*: EPs, LPs e demos

O CD do *Daimoth* em questão chama-se *Inquisition*, possui seis canções em um total de 16 minutos e 29 segundos. O produto em si oferece poucas informações. Na capa, um desenho em preto e branco de tom medieval, uma bruxa presa em um tronco sendo preparada para queimar na fogueira, é sobreposto pelo logo[16] da banda no canto alto à direita e pelo nome da gravação, centralizado embaixo. A contracapa é uma foto da banda, também em preto e branco, com o logo em menor tamanho inserido no topo. Mais abaixo o nome das seis canções, endereços de contato e a logomarca da *Suicide Apology Records*. O CD veio lacrado em uma mini *slipcase*.[17] Segundo o site da *Suicide* a tiragem do CD é de quinhentas cópias.

---

16 Logo ou logomarca é como as bandas chamam o desenho de seus respectivos nomes estilizados.

17 *Slipcase* é o nome comumente usado na indústria fonográfica para a caixa do CD, aquela mais utilizada, de acrílico. Mini *slipcase* é uma caixa desse tipo em menor tamanho.

TREVAS SOBRE A LUZ 51

Capa e contracapa do CD *Inquisition* da banda pernambucana *Daimoth*.

O CD em questão é considerado um EP,[18] uma gravação de curta duração. Pelo número de canções e pela duração ele difere de um CD completo, *full length* ou *long play*, de longa duração. É uma gravação de uma banda só, ou seja, não é nem um *split*, uma gravação dividida por duas bandas, muito menos uma coletânea, uma compilação de canções de várias bandas. Pela sua produção "bem feita", com capa impressa em papel *couché* e CD prensado industrialmente, difere também de um CD ou fita *reh*,[19] uma gravação de um ensaio que a banda resolve lançar, e um CD ou fita demo, de demonstração.

Esses tipos de gravação, todos utilizados pelas bandas, diferem quanto ao tempo de duração, ao número de bandas participantes e principalmente quanto à sua produção. Compreenderemos melhor essas diferenças balizando-as com uma descrição do CD do *Daimoth*.

O *Inquisition* foi gravado, como indicado no diálogo transcrito acima e depois confirmado pela banda, com o *Pro Tools*. A principal característica desta forma de gravação digital, lançada inicialmente em 1989, é que ela permite uma produção caseira da música. Ela não demanda um estúdio de gravação (apesar de ser também muito utilizada por profissionais), não requer outras tecnologias além de um computador e um microfone e, apesar de ser um tanto complexo seu manuseio, pode ser gerenciada por um não-especialista. Basta que a pessoa tenha paciência para aprender a usá-la bisbilhotando-a.[20]

---

18 EP, sigla para *extended play*, termo da indústria fonográfica para uma gravação de curta duração, geralmente contendo de quatro a seis canções. Diferente de um *single*, com uma ou duas canções no máximo.

19 *Reh* de *rehearsal*, ensaio em inglês.

20 Essas informações foram retiradas do sítio eletrônico da companhia que produz o *Pro Tools*, www.digidesign.com, e de uma conversa com Murilo Da Rós, produtor musical, músico e proprietário do estúdio de gravação *Clínica PRO Music* em Curitiba. Nessa conversa Murilo também comentou sobre as controvérsias emergidas entre músicos e produtores com o advento desta tecnologia. Segundo ele, a principal revolução tecnológica deste programa, além de ser o primeiro a cumprir com os três processos básicos da produção eletrônica da música (apreensão do som, mixagem e masterização), está na possibilidade de gravar uma nota de cada vez para depois compilá-las em uma faixa só. O programa corrigiria assim possíveis erros e deficiências de habilidade dos músicos. Apesar de estar

Foi dessa forma caseira que o *Daimoth* gravou o *Inquisition*. Literalmente. Em entrevista concedida por e-mail ao pesquisador, eles[21] dizem:

> **Como foi o processo de gravação do Inquisition?**
> Nós melhoramos a acústica de um quarto da casa de um dos membros da banda colando caixas de ovos na parede, colocamos o computador ali e começamos a gravar cada instrumento separadamente usando uma guia[22] gravada em estúdio de ensaio.
>
> **O processo de gravação foi difícil?**
> Nós nos batemos com o Pro Tools [...] mas depois que entendemos como funcionava o programa, ai foi fácil [...] a bateria também deu mais trabalho. Como tínhamos que microfonar cada parte dela, precisamos de um mesa de som de 8 canais e mais microfones.

Mesmo sendo gravado dessa forma, na casa de um dos integrantes e com a banda gerenciando todo o processo, eles gostaram do resultado:

> O *Inquisition* é um EP [...] a banda devia ter um ano no máximo quando começamos as gravações. E desde os primeiros ensaios sabíamos que nossa intenção era gravar algum material. As músicas foram saindo e chegou um ponto que achamos que tínhamos um bom material para gravar. Não é uma demo porque colocamos muito esforço na gravação e tivemos muito cuidado no acabamento do CD, mas também não é um *full* [...] é uma mostra do peso e da raiva que o *Daimoth* tem para despejar.

Notem a relação que a resposta faz. O *Inquisition* não é uma demo porque a banda teve "muito cuidado no acabamento". De fato, quando se compara o CD

---

sendo largamente utilizado por profissionais e não profissionais da música, as possibilidades que o Pro Tools oferece, segundo Murilo, permite que pessoas "sem talento e sem qualidade técnica" gravem e lancem música.

21 As respostas foram assinadas pelo *Daimoth*. Nenhum integrante se identificou.

22 Guia é como as bandas chamam uma gravação com todos os instrumentos juntos das canções que serão gravadas. No processo de gravação do CD em si cada instrumento é gravado separadamente e o músico ouve a guia enquanto grava suas partes.

com uma gravação considerada demo pela banda, percebe-se que *Inquisition* é tudo menos "tosco", adjetivo esse que *Lalas*, baixista do *A Tribute to the Plague*, usou em algumas conversas que tivemos para classificar a qualidade da fita K-7 demo de sua banda:

> A demo é muito tosca. A gravação foi ruim, a gente entrou no estúdio sem saber muito bem o que ia fazer e como tínhamos pouca grana a gente teve dois dias pra gravar. E ainda por cima copiamos as fitas em casa mesmo, no som de casa [...] é uma chiadera só [...] mas valeu pra aprender.

A demo em questão, sem título, foi gravada e lançada em 1998. Contém duas músicas num tempo total de 12 minutos e 14 segundos e foi gravada em estúdio, analogicamente[23] em uma mesa de oito canais. Apesar de não terem gostado do resultado final da gravação a banda resolveu lançá-la, todavia timidamente:

> A demo serviu mais para testar o som da banda, pra ouvir o que a gente tava compondo. E como tinha uma moçada querendo ouvir o som fizemos umas cem cópias em casa mesmo e vendemos nos shows, acho que por uns três reais.

Ambas as gravações foram totalmente financiadas pelas respectivas bandas e ambas enfatizaram que não houve lucro na venda; no caso da demo, "nem cobriu os custos". Aliás, essa é a tônica nas gravações do *underground* do metal extremo brasileiro. As bandas financiam suas gravações por conta própria na grande maioria das vezes.

Esse é o caso do *Madrigal of Sorrow*, segundo *full length* da banda curitibana *Sad Theory*. Lançado em 2003, o CD possui onze canções e um vídeo. As gravações aconteceram durante todo o ano de 2002 no estúdio *Clínica PRO Music*, em Curitiba, de propriedade do já citado Murilo Da Rós. Pude acompanhar todo o processo de sua feitura, desde os ensaios finais até o show de lançamento.[24]

---

23 Analógico, processo de gravação mecânico e não eletrônico. O som sai dos amplificadores direto para uma fita master via microfone, sem mediação de qualquer computador. A mixagem da fita, o processo de equalização do volume de cada instrumento, pode ser feito tanto de modo analógico quanto digital. No caso em questão, analógico.

24 Todo esse processo durou dois anos, 2002 e 2003. Tanta convivência junto, além de fazer com

Quando questiono porque o *Madrigal* é um *full*, Guga, o vocalista, me responde que "as músicas se completam, uma chama a outra [...] do jeito que compomos não tem como ouvir uma música só". E Carlos, baixista, complementa: "é um CD completo porque há um conceito que perpassa todas as músicas, um conceito trabalhado a partir do livro de Baudelaire, *As Flores do Mal*".

Olhando de fora o *Madrigal of Sorrow* não difere em nada de um CD da Madonna ou do U2, por exemplo. Guardado em uma *slipcase*, o CD traz uma estampa de flores verde e branca, as quais parecem ser extensões do desenho de um caule espinhoso que ilustra a capa, denunciando o motivo baudelariano da produção. O encarte de onze páginas começa com um poema de autoria do baixista da banda, evolui pelas letras das canções entremeadas por fotos dos integrantes e mais desenhos de flores, terminando em uma ficha técnica da gravação e nos agradecimentos. Os textos e as fotos estão nítidos e, algo raro nas produções do *underground*, as canções possuem *copyright*[25] identificado no encarte. O resultado da gravação, aqui também desempenhada através do *Pro Tools*, é considerado tanto pelo produtor do disco, Murilo, quanto pela banda como "muito bom". Sem chiados e sem ruídos indesejáveis, para Guga as canções "têm vida". Este CD, como qualquer outro produto da indústria fonográfica, nada mais é do que o cume de uma série de ações sincronizadas. No entanto, sua filiação *underground* se descortina quando compreendemos a articulação dessas ações.

A banda bancou a grande maioria das etapas de produção do CD. Quando não o fez foi porque algum amigo de algum dos integrantes "deu uma força". Totalizando 5 mil reais, o custo da gravação, diárias do estúdio e mão de obra do produtor, foi dividido entre os integrantes, 1250 reais para cada um, pagos em módicas parcelas durante todo o ano de 2002. As fotos do encarte foram feitas

---

que nos tornássemos mais amigos do que já éramos antes, culminou com uma parceria entre o pesquisador e a banda na composição de uma das canções da referida gravação, intitulada *Blinding Sun*.

25 Quando uma canção tem *copyright*, explica-me o guitarrista da banda, quer dizer que ela foi publicada oficialmente. A banda manda para o órgão oficial que cuida desses trâmites, controlado pela escola de música da Universidade Federal do Rio de Janeiro, partitura e letra das canções, paga uma taxa e garante os direitos de autoria sobre suas composições. De fato, a banda me cobrou uma taxa pela publicação da letra que escrevi junto com eles. Aliás, a taxa que me cabia pagar, equivalente a minha parte de composição no CD, era de 6,66 reais. O valor, significativo para um estilo de música que adora falar do diabo, foi objeto de algumas brincadeiras entre nós.

pelo amigo Otávio, o qual, nos shows, também é ajudante de palco da banda. As artes do CD e do encarte foram feitas pelo Juan II, irmão do guitarrista Juan I. O vídeo incluso no CD também teve seus custos de produção pagos pela banda, a não ser a locação, sítio do amigo Athos, também letrista de cinco canções, e o cachê da atriz Ana, a qual abriu mão de seu pagamento em razão de ser o vídeo da banda do seu então namorado, o Guga.

Nos três casos apresentados, o financiamento das gravações foi custeado pelas próprias bandas. É interessante notar que esse gasto, longe de ser um prejuízo, é percebido pelas bandas como um dispêndio positivo. No discurso do *Sad Theory*, apesar de enxergarem os custos da gravação como um mal necessário, não vêem outra forma de produzir sua própria música: "fazer música própria no Brasil é assim mesmo, ou você banca ou esqueça. Ninguém vai chegar pra você e bancar sua carreira", comenta Carlos. Guga complementa a resposta argumentado que "mesmo se alguém quisesse bancar, algum empresário ou gravadora, teriam que deixar todo o processo nas nossas mãos. Como isso não existe, sempre vão querer meter o dedo na sua música, deixa que a gente banca por conta".

O *Sad Theory* completava cinco anos de atividade na ocasião da gravação. Antes dela, já haviam lançado uma demo e um primeiro *full length*. Todo esse trabalho prévio, juntamente com os vários shows realizados por todo o país, emprestava à banda um reconhecimento positivo entre os apreciadores de metal extremo no Brasil. Este gozo de certa notoriedade levanta a possibilidade de acontecer com a banda aquilo que podemos chamar de uma profissionalização, ou seja, de ter seu trabalho financiado por outros atores e instituições da indústria fonográfica, como o empresário e a gravadora. No entanto, se isso ocorresse, a banda diz que perderia aquilo que lhe é essencial, o controle sobre sua música.

Para as bandas do *underground* do metal extremo brasileiro, profissionalização é sinônimo de perda de controle sobre sua música. Não há possibilidade de fazer metal extremo da maneira que querem, tendo o controle total da composição e da gravação, ao mesmo tempo em que são financiados para tanto por outrem. O empresário ou a gravadora invariavelmente demandaria alterações em algum desses processos, "meteriam o dedo", e isso é um problema para eles. Portanto, é essencial garantir a autonomia sobre todas as etapas de produção da música. Para tanto, arcar com os custos das suas gravações é condição *sine qua non*, seja para bandas mais notórias e com "longo tempo de estrada", seja para os iniciantes.

Mesmo com menos tempo em atividade e um menor reconhecimento no *underground*, a possibilidade de ter suas gravações financiadas por outrem também é tratada pelas outras duas bandas. Contudo, elas a levantam no intuito de explicitar a recusa de tal possibilidade. Lalas, baixista do *Tribute*, diz que "a princípio não vejo nenhum problema em ter minha música bancada por alguém de fora da banda, mas não é isso que buscamos [...] não é sobreviver de música que queremos e sim viver a música". Para "viver a música", para fazer dela elemento fundamental de suas existências, a banda "não está disposta a fazer concessões [...] se alguém quiser nos pagar tem que ser porque acredita no nosso som e não porque vê alguma chance de ganhar grana com a gente". A recusa mais veemente quanto a tal possibilidade é feita pelo *Daimoth*:

> *Como foi o financiamento da gravação do* Inquisition*?*
> A gravação saiu barata, não gastamos muito. Mas todos os gastos com a gravação foram pagos pela banda.
>
> *A banda possui empresário ou teve ajuda para arcar com os custos da gravação?*
> Não e nem queremos. Nós aliamos nossas forças apenas com pessoas, selos e distros que sejam totalmente *underground*. Desprezamos a fama e o lucro (doenças do judaísmo e do cristianismo) e só queremos que os fiéis seguidores do *underground* tenham acesso ao *Inquisition*.

Alterações nos processos de composição e gravação vindas de fora da banda é um problema porque, como as respostas do *Tribute* e do *Daimoth* esclarecem, essas mudanças teriam como intuito lucrar com o lançamento das gravações. O problema não é a venda em si, mas a venda com o intuito único e exclusivo de lucrar. E aos seus olhos essa é, sempre, a perspectiva do empresário e da gravadora, arautos da indústria fonográfica. Alterações que na verdade são deturpações, pois nada mais vil para um praticante do *underground* do que vender sua música por lucro. Se isso acontece se perturba aquilo que os músicos dizem ser o mais essencial de suas vidas, aquilo que os faz estarem no *underground* e os faz gastarem suas economias, a música, esta reprodução em alta fidelidade de suas subjetividades.

1.5 – Distribuindo o *underground*: selos e distros

Tão importante para as bandas do *underground* quanto a etapa de inscrição da música é o modo como farão o resultado dessas inscrições circularem. Após notarem suas canções em meios tais como uma fita K-7, um CD ou mesmo um vinil, elas precisam fazer com que esses produtos cheguem aos "fiéis seguidores do *underground*". No estágio de distribuição das gravações, diferentemente dos predecessores, a banda precisa se aliar a agentes externos. Todavia, externos à banda, não ao *underground*.

Travei o diálogo transcrito acima com Yuri D'Ávila, um dos idealizadores da *Nocturnal Age Records*. Yuri, quando morou no estado de São Paulo[26] conheceu e ficou amigo de Juliano *Sferatu*,[27] vocalista da banda *Prophetic Age*. Como é designer de formação, Yuri fez alguns trabalhos para a banda de seu amigo. Desenvolveu os projetos gráficos do sítio eletrônico, do CD-demo e do primeiro *full length* da banda. A produtiva parceria entre Juliano e Yuri deu um passo adiante quando ambos resolveram montar a *Nocturnal Age Records*. Como o próprio esclarece, a função desta instituição é "patrocinar em parceria com bandas, a prensagem de trabalhos gravados."[28] A banda paga a gravação e eles arcam com os custos da prensagem do CD. Nesta parceria, além de ter os custos da prensagem compartilhados, a banda se beneficia com a possibilidade de ter sua gravação distribuída, seja em sua própria localidade, seja em cidades e regiões que por si mesma teria muita

---

26 Yuri não identifica a cidade, mas certamente é Sorocaba, cidade da banda *Prophetic Age* e de Juliano.

27 Muito provavelmente o "sobrenome" de Juliano é seu codinome como *frontman* da banda.

28 Todas essas informações foram coletadas tanto no show em Juiz de Fora quanto em alguns e-mails posteriormente trocados com Yuri.

dificuldade em atingir. Eles, por sua vez, recebem em troca certa quantia de cópias para serem vendidas.

Arcando com todos ou grande parte dos custos da prensagem, podem ser considerados responsáveis pelo lançamento da gravação, ou seja, um selo. Com efeito, o *Nocturnal Age* é o selo do segundo *full length* da banda santista de *death metal In Hell* e do *debut*[29] da também santista banda de *black metal Empire of Souls*, dentre outros, pois arcou com toda a prensagem dessas gravações.

Yuri ainda nos diz que, com o passar do tempo a *Nocturnal Age* "firmou parcerias com outros selos e passou a distribuir outros lançamentos além de seus próprios". Essas parcerias compreendiam uma ajuda no financiamento da prensagem do lançamento de um outro selo ou simplesmente a distribuição dos lançamentos destes nas suas regiões, Juiz de Fora, Minas Gerais, onde Yuri atualmente mora, e Sorocaba, São Paulo, cidade onde habita Juliano. Nestas situações onde a *Nocturnal Age* não é mais um selo, principal financiador e distribuidor de um lançamento; ela é um distro,[30] distribuidor dos lançamentos de outros selos. Sendo assim, Yuri entende que a *Nocturnal Age Records* pode ser considerada um selo e um distro.

As diferenciações entre um selo e um distro ficam mais nítidas se as percebemos na dinâmica da parceria entre a banda *Daimoth*, o *Suicide Apology Records*, ambos de Recife, Pernambuco, e o *Nocturnal Age Records*, situado ao mesmo tempo em Juiz de Fora e Sorocaba, no contexto de lançamento do *Inquisition*. A banda arcou com a gravação, a *Suicide* prensou o CD e o vende no nordeste[31] e a *Nocturnal* o vende no sudeste. Logo, a *Suicide* é o selo, responsável pelo lançamento, e a *Nocturnal* seu distro oficial no sudeste. Diferenciação essa estampada no próprio CD:

---

29 *Debut*: primeiro *full length* de uma banda. Se lançaram alguma gravação antes do seu *debut* foi uma demo ou uma fita-*reh*.

30 Diminutivo de distribuidor. Vale lembrar que não encontrei gravadoras *underground*, ou seja, instituições que financiam a gravação das bandas. Esta etapa da produção de um CD, como vimos, fica totalmente a cargo das bandas.

31 A *Suicide* também oferece o CD em seu sítio eletrônico.

Os selos e os distros são os agentes externos aos quais, normalmente, uma banda do *underground* se alia com o intuito de fazer com que suas gravações circulem em um perímetro o mais amplo possível. Incansáveis copiadores e sagazes vendedores, os selos e os distros são espécies de *links* do *underground*. Clicando em seus ícones, tem-se acesso a uma série de outras possíveis relações dentro deste espaço. Os selos e os distros entendem que a matéria-prima do seu negócio, a distribuição, muito mais do que "boas bandas", são os contatos.

Edson é o idealizador, proprietário e único funcionário da *Mountain distro/prod*,[32] baseada em Nilópolis, Rio de Janeiro. Conhecemo-nos em um show realizado no clube Mackenzie, Méier, zona norte do Rio, em abril de 2006. Em uma ante-sala, na frente do salão onde as apresentações aconteciam, Edson e mais quatro pessoas expunham seus materiais à

---

[32] *Prod* de produção ou produtor. Os selos e distros geralmente são denominados, em seus "nomes fantasias", por *prod* ou *records*.

venda, cada um com sua mesa própria. Fiquei surpreso com a quantidade de CDs, fitas, vinis e zines que Edson estava ali expondo: "e olha que eu nem trouxe todo meu material, aqui só tem uma parte". Pergunto como conseguiu todo aquele material: "a maioria é eu mesmo que lanço. Faço o contato com a banda, fechamos um acordo na porcentagem das vendas e lanço o material. O que tenho aqui que não lancei, é material de outros produtores que trocaram comigo seu material pelo meu". Ele me dá um catálogo do seu acervo, me repassa seu endereço de e-mail e acabo comprando alguns zines com ele.

Impressiona a qualquer praticante do *underground* a quantidade de gravações e zines que Edson disponibiliza. Tamanho acervo se deve a duas razões. Primeiro, como pude atestar em conversas subsequentes que tive com Edson, ele não só é um fiel seguidor como também fiel promotor do *underground*. A *Mountain* é sua única atividade, "é meu trabalho", e ele passa a maior parte do dia estimulando seus contatos: respondendo cartas e e-mails, ouvindo gravações, convidando bandas para lançarem seus materiais com ele, oferecendo parcerias para outros selos e distros e atividades afins. Segundo, suas gravações não são prensadas industrialmente como são aquelas lançadas e distribuídas pela *Nocturnal*. Elas são gravações caseiras, feitas no "som de casa", copiadas em fitas e CDs virgens, desses que compramos em supermercados, lojas de informática e camelôs. A quantidade de bandas fazendo música própria no *underground* do metal extremo brasileiro é assustadoramente grande e Edson tem a capacidade de aglutinar boa parte dessa produção em um só catálogo:

Frente do catálogo da *Mountain distro/prod.*

TREVAS SOBRE A LUZ 63

Verso do catálogo. Cada linha refere-se a uma gravação disponibilizada pela *Mountain*.

A *Mountain distro/prod*, assim como a *Nocturnal Age Records*, é tanto selo quando distro. Lança gravações, arcando com os custos da prensagem, e distribui gravações lançadas por outros selos e bandas. Podemos dizer, a partir dos dados auferidos em ambos os casos, que os termos selo e distro, antes de denominarem instituições diferenciadas, referem-se muito mais a atividades mais ou menos distintas, executadas por uma instituição só. O que determina a condição de selo ou distro é, na verdade, a porcentagem paga na prensagem da gravação e a atuação em sua distribuição. As combinações que podem surgir daí são as mais variadas. Por exemplo: uma gravação pode ter vários distros oficiais, como é o caso do último lançamento da banda paulistana de *black metal Ocultan*. O *Profanation*, lançado em 2007, possui sete distribuidores oficiais identificados na contracapa do CD, dentre eles nosso *Nocturnal Age*. Ou o selo da gravação também é seu único distro, como é o caso do *Madrigal of Sorrow* da curitibana *Sad Theory*. A paulista *Die Hard Records* lançou e vende o CD. E um distro pode distribuir gravações de vários selos, como a carioca *Mountain* do Edson que distribui muito metal extremo nordestino oriundo dos mais diversos selos.

Muitas vezes essas instituições não restringem suas atuações aos trabalhos de prensagem e distribuição de gravações. Vão além, impulsionando o metal extremo *underground* por outras frentes promocionais. Essa é a postura do fortalezense Hioderman e seu complexo *underground*, o *Anaites* ZDP. O *Anaites* pode ser considerado um multi-complexo cultural do *underground* nacional, ou se preferir em termos althusserianos, verdadeiro aparelho ideológico do metal extremo brasileiro. Além de lançar e distribuir gravações, selo e distro, Hioderman lança compilações de bandas. Seu *Anaites Compilation* chegou à terceira edição em 2006. A compilação, dupla e veiculada em CD virgem, assim como as cópias vendidas por Edson, abriga canções de 34 bandas nacionais e estrangeiras, todas representantes de alguma verve do metal extremo. Além da compilação, Hioderman edita o *Anaites zine*, na décima edição em 2006. Como seu *flyer* anuncia, são quarenta páginas de "divulgação extrema do *underground*". Folheando o zine, descobrimos que Hioderman não só o editou como fez todas as entrevistas contidas no "artefato".

Além de compilações e zines, essas instituições também organizam shows. A "profanação sangrenta", show com seis bandas realizado em 2005 em Santos, foi organizada pela própria *Nocturnal Age*. Os responsáveis por essas instituições quase sempre são eles mesmos integrantes de bandas do *underground* do metal extremo nacional. Juliano da *Nocturnal Age*, toca no *Prophetic Age* e seu sócio, Yuri, toca baixo nas *Blasphemical Procreation* e *Sepulcro*.

Flyer de divulgação dos produtos da *Anaites-distro* e cartaz da "profanação sangrenta" organizada pela *Nocturnal Age*. No canto inferior direito do cartaz, a logo da instituição.

Muito mais do que prensar e distribuir gravações, essas instituições divulgam, no sentido forte deste verbo, o metal extremo *underground*. Seus eventos, produções, zines e gravações engendram uma circulação das pessoas e dos produtos *underground* por todo o Brasil. Portanto, como percebemos em suas atuações, é plenamente factível reportarmo-nos a um *underground* nacional. Apesar de haver cenas locais específicas, com pessoas peculiares, bares e casas de shows referenciais e histórias e "causos" conhecidos só aí, o *underground* enquanto um espaço de produção, apresentação e principalmente circulação de música, músicos e público, funciona em nível nacional. Circulação movimentada, articulada por essas vias agitadas e populosas que são essas instituições.

Daí a importância dos contatos. Essas instituições fazem o *underground* construindo suas vias de ligação, tecendo-o por cartas, e-mails, gravações feitas no nordeste, prensadas em São Paulo e adquiridas por um curitibano em Juiz de Fora. Sem os caminhos abertos e mantidos por estas instituições bandeirantes, o *underground* não seria apenas sossegado, calmo e desabitado. Ele simplesmente não existiria.

1.6 – Vendendo o *underground*: cartas, lojas e shows

Vimos no item anterior como as atividades de distribuição, divulgação e promoção das gravações *underground* engendram um circuito de trocas em nível nacional baseado nos contatos. Contudo, não podemos esquecer que elas ativam tal circuito e estabelecem tais contatos no interesse de tornar as bandas conhecidas perante seu público, como se fossem o marketing do *underground*. Como qualquer prática publicitária, essas atividades só terão êxito se alcançarem seu objetivo final, a venda. Nesse sentido, podemos tomar as instituições analisadas anteriormente tanto como agências de publicidade quanto seus clientes, uma vez que elas promovem os produtos *underground* ao mesmo tempo em que os disponibilizam à venda. Já perpassamos a primeira destas atividades. Vejamos agora como se realiza a venda no *underground*.

Todas as instituições analisadas anteriormente vendem seus produtos pelo correio. Desde que se tenha conhecimento delas, o mecanismo é simples.

A pessoa os contata por carta ou e-mail dizendo em quais produtos está interessado. Num segundo momento, eles repassam o valor total da compra indicando forma de pagamento, geralmente depósito bancário, algumas vezes pedindo que o valor seja "escondido no envelope" e raramente oferecendo possibilidades de pagamento por cartão de crédito. Efetuado o pagamento, é só esperar os produtos chegarem ao endereço indicado.

Adquiri alguns produtos *underground* dessa forma. Com Hioderman, proprietário do *Anaites*, comprei algumas de suas compilações e zines. Contatei-o por e-mail, através do endereço eletrônico indicado em seu sítio eletrônico, dizendo quais produtos estava interessado. No mesmo dia ele me repassou o valor total indicando forma de pagamento por depósito bancário e pedindo que lhe informasse quando o montante fosse depositado. Tudo feito, recebi por e-mail sua confirmação de que os produtos tinham sido mandados por correio em carta registrada. Em dois dias, um envelope com tudo que tinha pedido mais uma série de *flyers* chegou ao meu endereço.

A venda por correios é um desdobramento de uma prática que, num passado recente, foi muito comum entre os praticantes do *underground*, a troca de fitas K-7. Muitos contam que conheceram suas bandas favoritas de metal através de um disco que um amigo teria emprestado ou pela permuta de reproduções caseiras dos discos em fitas K-7. Em alguns zines dessa época era comum a publicação de anúncios de pessoas querendo trocar "listas de fitas". Trocavam por carta suas listas e se ambos se interessavam por algum material que o outro tinha realizavam a permuta. E como diz Maurício Noboro: "como não dava pra gravar disco em disco, grava em fita K-7 mesmo". Mesmo atualmente, principalmente entre os apreciadores de *black metal*, alguns praticantes gabam-se de ter "mais de quinhentas fitas K-7 só de material *underground*".[33] Foram justamente esses ávidos colecionadores de fitas os primeiros a vendê-las por correio. *Count Butcher*, praticante de longa data residente em Blumenau, Santa Catarina, contou-me que começou a vender fitas no final dos anos 80 porque:

---
33 Kahn-Harris defende que a prática de trocar fitas é comum no *underground* do metal extremo mundial (2007, p. 79-81).

cara, eu já tinha tudo, todas as listas que mandavam eu já tinha tudo, mas a galera não tinha o que eu tinha e ficavam pedindo pra que eu liberasse o material [...] aí eu comecei a pedir uma ajuda no custo da fita. A galera mandava grana na carta mesmo e eu mandava a fita pra eles.

O comércio do "Conde Açougueiro" deu tão certo que atualmente ele é proprietário da única loja de metal da sua cidade: "isso é legal, mas também é chato porque tenho que vender bandinha melódica pros *posers*[34] que vêm aqui".

Mas Conde também vende produtos do *underground* do metal extremo nacional, assim como toda loja especializada em *heavy metal* do país. São nessas lojas que tanto os selos e distros quanto as bandas encontram uma segunda maneira de vender seus produtos. Em quase todas as cidades que pude visitar durante a pesquisa encontrei uma loja especializada em vender produtos *heavy metal*. São recintos pequenos, equipados com mostruários de CDs, cabides de roupas e algumas prateleiras para os discos de vinil e revistas.

Não existem lojas *underground* e sim lojas especializadas em *heavy metal* nas quais, como indica a pejorativa frase de Conde, se vendem produtos *heavy metal* em geral. Desde gravações e revistas consideradas *mainstream* até os produtos dos selos, distros e bandas *underground*. Vale a pena ouvirmos Conde um pouco mais para entendermos como se dão as relações entre os praticantes do *underground* com as lojas especializadas:

> Esse pessoal que vende bandinha melódica tá sempre mandando catálogo, oferecendo produto sem eu pedir [...] os caras fazem de tudo pra vender. Eu só compro deles quando é lançamento de banda grande que vai vender muito ou banda clássica [...] *Iron, Black, Judas*, essas bandas tem que ter sempre na loja. Quando é metal extremo nacional aí é diferente [...] eu tenho que ir atrás e descobrir o que tá rolando e mesmo assim muitos nem mandam [...] já tive que pedir pra moçada de banda falar com eles que pode mandar que aqui é loja *real*.

---

[34] Com "bandinhas melódicas" conde refere-se às bandas do metal *mainstream*, as quais, segundo ele, "seriam mais voltadas à melodia do que ao peso". *Poser* é um termo muito comum entre os fãs de metal em geral. A palavra adjetiva alguém que se preocupa mais com a imagem, com as roupas, com o *look* do que com a música e os sentimentos que ela proporcionaria. O *poser* só faz pose, diferentemente de seu antônimo, o *headbanger*, que sente a música.

Algumas bandas que gravaram e lançaram por conta própria suas gravações deixam algumas cópias nas lojas de suas cidades para venda. Loja e banda chegam num acordo quanto ao valor do produto e a porcentagem que ficará com a primeira e o CD vai para a gôndola. Todavia, com os selos e distros é diferente. O interesse de comercializar esses produtos deve partir do proprietário da loja, pois dificilmente um selo oferece seus produtos por iniciativa própria.

O que me surpreendeu na loja do Conde foi a grande quantidade de produtos *underground* que raramente encontrava em outras lojas do país. Foram necessários dez minutos de conversa para entender as razões dessa especificidade: "cara, eu luto pelo *underground* faz vinte anos, brutalidade sonora é minha vida e a minha loja é uma extensão disso tudo". Conde mostrou interesse em vender produtos *underground* e, o mais importante, foi aceito como vendedor desses produtos justamente por fazer parte daquele circuito de contatos formulador deste espaço. Ele é um praticante do *underground* assim como Juliano *Sferatu*, Edson e Hioderman. Tão praticante que até codinome tem.

Os argumentos de Conde ressoam nos de Yuri. Indagado se a *Nocturnal Age* vende seus produtos para lojas, responde que:

> a princípio sim. Mas primeiro, tem que ser loja de *heavy metal*. Segundo, procuramos saber como funciona a loja, quais produtos ela vende. Terceiro, procuramos referências sobre o proprietário, geralmente através de conhecidos que moram na cidade da loja. Após termos essas informações decidimos se venderemos ou não. Loja grande, estilo Saraiva, nem pensar, fora de questão.

É interessante notar essa dinâmica no local onde mais se comercializa *heavy metal* no Brasil, nas galerias do rock, localizadas no centro de São Paulo capital, entre a avenida São João e a rua 24 de maio. Como são quase cinquenta lojas uma ao lado da outra, percebemos nitidamente que aquelas que vendem produtos *underground* são de propriedade de pessoas conectadas às atividades deste espaço. Por exemplo: a *Multilation* vende. Com efeito, seu proprietário não só é praticante como também fez de sua loja selo: a *Multilation Records*. Aliás, Mauro Flores, praticante que teve seu discurso analisado no início deste capítulo, trabalha lá. Quase ao lado da *Multilation* está a *Rock Animal*, que não vende produtos *underground*. Seu proprietário promoveu shows de bandas consideradas *mainstream* pelos nossos informantes. Atrás do balcão desta loja vemos uma foto do proprietário com os integrantes da banda norte-americana *Kiss*, tirada em ocasião do seu show em São Paulo em 1999. Ora, ninguém representa melhor o metal *mainstream* aos ouvidos dos praticantes do *underground* do metal extremo brasileiro do que o *Kiss* e o também norte-americano *Metallica*.

Seria difícil traduzir as vendas do *underground* em números. Porém, sua principal modalidade de comércio não é aquela feita por correio ou nas lojas especializadas. São importantes, mas não se comparam com as vendas feitas nos shows.

A apresentação ao vivo das bandas é o principal momento deste espaço. Mais adiante teremos melhores condições para tratar de tal centralidade. Por ora, podemos visualizá-la na forma como a troca acontece no âmbito deste evento. A venda no show não necessita das informações prévias que a venda por carta demanda. Ela também desarma as possíveis desconfianças de um praticante do *underground* em vender seus produtos para uma loja. Aos olhos de um praticante se você está no show é "natural" que você tenha alguma conexão com as atividades e eventos do *underground*. Logo, as trocas cuidadosas e desconfiadas das cartas e das lojas se transformam, no show, em trocas despreocupadas e garantidas.

As mesas com produtos à venda fazem parte da paisagem de um show. Verdadeiras feiras do *underground*, essas mesas são montadas pelos responsáveis dos selos e distros ou por qualquer um que queira vender gravações, zines e camisetas. Antes das apresentações começarem ou no intervalo de uma banda para a outra, o público se amontoa nelas querendo ver o que o Edson trouxe dessa vez, qual é o novo lançamento da *Suicide Apology* ou que vinil da *Genocide Productions* o Yuri trouxe. Foram em conversas nessas mesas que soube da existência de Hioderman e de seu complexo *underground*. Foi em uma delas que adquiri o CD do *Daimoth* e conheci Yuri e seu *Nocturnal Age Records*, assim como Edson e seu *Mountain distro/prod*. Ficamos sabendo de uma banda ou de um recente lançamento e conversamos com quem produz e distribui essas gravações. Trocam-se, sobretudo, informações. Como esses shows não acontecem todo dia e como sabemos que aquelas gravações são raras e difíceis de encontrar, gastamos mais do que o previsto.

Durante o ano de 2002, os curitibanos do *Sad Theory*, além de gravar seu segundo disco completo, fizeram alguns shows em cidades próximas. Um deles aconteceu em Ponta Grossa, 150 quilômetros ao norte da capital paranaense. Transcrevo abaixo alguns trechos do meu caderno de campo escritos em ocasião deste evento:

> Onze horas da manhã de um sábado de sol e cá estamos na Van alugada indo para Ponta Grossa. Além de mim, do motorista e da banda, acompanham-nos Raquel e Ester, respectivamente namoradas do Juan e do Carlos, Athos, André, Otávio e Jaison, amigos da banda. O evento vai ser numa casa de shows nova, comenta Guga em voz alta: "além de nós tocam uma banda de Cascavel, outra de São Paulo e a banda do Roger". Este último, conhecido de Guga, foi quem convidou o *Sad Theory*.
>
> Somos os primeiros a chegar. "O pessoal de Cascavel já tá chegando e os caras de São Paulo chegam mais à noite" informa Roger. Tudo estava por fazer, desde a montagem do palco até a organização do bar. O tradicional mutirão do show entra em cena.
>
> Lá pelo fim da tarde chega "o pessoal de Cascavel". Além dos integrantes da banda, um pequeno séquito veio do oeste paranaense, também formado por namoradas e amigos. Algumas horas depois "os caras de São Paulo" também aparecem com seus amigos e namoradas.
>
> Nenhuma das bandas está recebendo cachê pelos shows de logo mais. Roger, organizador, garantiu equipamento de amplificação e bar livre para todas as bandas. Elas, por sua vez, precisariam trazer instrumentos próprios e arcariam com o deslocamento até Ponta Grossa (O *Sad Theory* dividiu os custos da Van com seus amigos e namoradas). Mas em retribuição ao convite aceito, Roger ofereceu para todas as caravanas um jantar em um rodízio de pizza.
>
> Essa parte foi interessante, não pela pizza, mas pelas conversas entre os representantes de cada cidade. Intensa troca de informações sobre as cenas locais, quem saiu de qual banda, quem está gravando e quais shows vão rolar. Guga é sempre o melhor do *Sad Theory* nesses momentos. Por isso ele é o encarregado de realizar a tradicional troca de CDs. Deu para cada banda um CD do ST e em troca recebeu os CDs delas. Eu, como não fazia parte dos oficiantes da caravana de Curitiba, a banda, comprei os CDs dos paulistanos e cascavelenses. A banda do Roger ainda não tinha gravado nada.

Durante o show todas as bandas colocaram seus CDs à venda na sala de entrada da casa. Não deu outra: tudo vendido. Conversando com Juan sobre o sucesso das vendas ele diz: "é por isso que a gente toca de graça, não só pra vender CDs [...] nesses shows fora de Curitiba divulgamos a banda e abrimos chances de tocar em outras cidades. Os caras de Cascavel acabaram de convidar a gente pra ir tocar lá daqui alguns meses".

Raramente um show *underground* se resume a apresentação de uma só banda. A regra é uma composição de várias bandas provindas das imediações e em alguns casos, vindas de mais longe. Como as bandas não recebem cachê e, por outro lado, o organizador não lucra muito com esses shows, arma-se um conjunto de retribuições entre ambas as partes.

O organizador sempre deixa as bandas venderem suas gravações nos shows. Se essas vendas provêm à banda algum retorno por todo o gasto de ter se deslocado até a cidade do show, ela também é interessante para o organizador, tornando seu evento mais estimulante para o público. No cartaz do show de Ponta Grossa, Roger colocou a seguinte frase: "sorteio de tatuagens e piercings, venda de CDs das bandas".

Por outro lado, como essas bandas chegam no dia da apresentação e vão embora logo após o show acabar, o organizador oferece alimentação para as bandas. No show em Ponta Grossa, o *Sad Theory* resolveu, durante o jantar, dar um CD para Roger justamente por ter achado "muito legal" da parte dele oferecer aquele banquete de pizzas para nós todos. Afinal, como defendeu Carlos, "ele não tem nenhuma obrigação de pagar por isso aqui".

Retribuições como essas não acontecem apenas nas relações da banda com o organizador. Entre as bandas, há o costume de trocarem gravações e se convidarem para tocar em shows nas suas respectivas cidades. Podemos encontrar essas prestações e contra-prestações até mesmo entre a banda e o grupo de amigos que os acompanha. A divisão dos custos de deslocamento entre todos é retribuída pela banda por entrada livre no show, algumas bebidas de graça e talvez o melhor, o agradecimento pelo "apoio" feito no palco. No show de Ponta Grossa, por exemplo, Guga gritou algumas vezes, no intervalo entre uma canção e outra, o nome de todos nós, dizendo que éramos "foda, vocês são foda, valeu mesmo por toda a força".

Financeiramente falando, certamente essas retribuições ocupam uma função compensatória. Em um evento que demanda gastos expressivos e pouco retorno financeiro, todos os implicados procuram aliviar as despesas uns dos outros. "Dão uma força", contribuindo o quanto podem e fazendo aquilo que está ao seu alcance.

Porém o equilíbrio das expensas não é a única função dessas retribuições. Juan nos dá a chave para compreender o que mais elas articulam: "divulgamos a banda e abrimos chances".

Acima identificamos o *underground* como um sistema de circulação de pessoas e produtos em nível nacional, tanto formulado quanto estimulado pelos contatos. Ora, esses contatos são desdobramentos dos encontros acontecidos nos shows. Esses eventos são como as ilhas no Kula descrito por Malinowski (1983). Grupos provindos de diversas regiões do país se encontram para tocar e ouvir metal extremo *underground*. Situação ideal no entendimento de Juan para divulgar sua banda. Divulgar, novamente, no sentido forte deste verbo: vendendo gravações, firmando shows e acordos de lançamento em outras regiões, apresentando suas composições ao vivo; em um termo, mostrando que a banda está ativa e "batalhando" pelo seu devido lugar. A princípio, quem está presente, seja músico ou público, está ali "batalhando" pelo *underground*.

Mas essa suposição precisa se transformar em uma confirmação. O encontro precisa se transformar em contato. Daí a eficácia das retribuições. Recebendo e aceitando o convite para tocar no show, oferecendo banquetes de pizza e retribuindo com CDs e uma "apresentação fudida", os agentes do *underground* demonstram que estão compromissados com aquele espaço, que estão dispostos a "manter a chama do *underground* acesa". Os encontros furtivos dos shows se tornam contatos que "abrirão chances". A banda poderá tocar em outras cidades e ter sua gravação distribuída em locais onde jamais algum integrante esteve. O organizador terá prestígio entre o público, pois seu evento "deu certo", e ganhará confiança entre as bandas, pois não se mostrou um "mercenário que só pensa em grana". Os amigos, as namoradas(os) e os músicos que não tocaram naquele evento, aos quais coletivamente podemos nos reportar, por falta de outra palavra, como público, tiveram uma ótima noite. "Deram uma força" para as bandas de seus amigos, conseguiram comprar gravações raras há muito procuradas, ouviram um "som brutal" e colheram dados para suas pesquisas.

É assim que as compras e vendas efetuadas no show se tornam preeminentes em relação àquelas realizadas nas lojas ou pelo correio. Fazendo parte do todo um sistema de arregimentação de contatos, elas extrapolam sua condição de transações financeiras do tipo mercadoria pelo seu equivalente em dinheiro.

1.7 – Economia underground: comércio?

A partir dos três itens anteriores podemos concluir que as etapas de gravação, distribuição e venda da música, em conjunto, formam uma economia. Um sistema de circulação de bens materiais produzidos por músicos, distribuídos por intermediários e consumidos pelo público. Até aí, economia ordinária que se distingue muito pouco, diriam os economistas, de outros modos de produção, como a atividade petrolífera ou a de farinha de trigo, por exemplo. A não ser as especificidades que a manufatura requer, o processo que nela resulta é idêntico nestas três economias, qual seja, a conformação de um mercado a partir da produção, distribuição e consumo de um dado produto.

Não há nada de errado em definir o *underground* do metal extremo brasileiro como um mercado. Seguramente ele pode ser interpretado como um coletivo constituído por meio de relações de troca. Poderíamos até mesmo traçar as oscilações das ofertas e demandas que o pressionam. Afinal, dentro dos limites do *underground*, e em alguma medida estabelecendo suas demarcações, acontece um comércio.

Mas a imprecisão de tal definição advirá se adjetivarmos este comércio, esta forma de troca, da mesma maneira que os economistas fazem. Pois comércio, crescimento e lucro parecem ser sinônimos para esta doxa. Como argumenta Polanyi (1980), a linguagem dos economistas estende a qualquer atividade de troca que suas penas encontram os motivos quase instintivos do constante crescimento e de um lucro sempre maior. Os economistas tendem a definir toda troca como troca capitalista.

De modo algum se pretende aqui apontar as "falácias" do capitalismo e muito menos questionar epistemologia e método dos economistas. Mas, para sermos meticulosos na descrição do nosso tema, precisamos reconhecer, de saída, que nem toda troca envolvendo transações financeiras necessariamente é impelida por interesses de crescimento e lucro. Como tão bem nos mostrou Mauss (2003), só compreenderemos o significado das trocas se as percebemos em meio aos contextos nos quais se realizam. De modo que, a partir do já exposto, podemos sim nos reportar a uma economia do *underground*. Ela é o resultado de um processo baseado nas etapas de produção, distribuição e venda. Os próprios praticantes reconhecem tal condição. Reconhecem tão bem que eles mesmos enfatizam que o comércio *underground* não é um comércio como qualquer outro.

Na quarta edição do *Dark Gates* zine, de Juiz de Fora, Minas Gerais, lemos na entrevista dada por *Brucolaques*, membro da banda de *black metal Saevus*, da mesma cidade, o seguinte trecho. Reproduzo partes da pergunta e da resposta:

> *Existe uma preocupação de para quem e onde divulgar o material da banda? Você acha que é possível conciliar a ideologia e postura da banda com uma gravadora grande e capitalista, por exemplo? Ou preferem trabalhar com uma gravadora menor, porém restrita a seus ideais como a South Satanic Terrorists?*
>
> Brucolaques: Nós procuramos divulgar nossos materiais a pessoas que realmente façam valer a pena ter os mesmos em mãos. Inclusive, quando negociamos com alguma distribuidora a divulgação de nossos materiais em seu respectivo catálogo, temos a preocupação em saber se os mesmos estão indo em boas mãos e se depois irão seguir para boas mãos também. Quanto a assinar com um selo comercial, sem chance! Não faria sentindo se assinássemos com um selo que representa tudo contra o que lutamos. Os princípios do *black metal* estão distantes de vínculos direcionantes e mercantis.

Os discursos das bandas de *black metal* em especial são normalmente radicais e absolutos. A postura é apresentada como a única possível. Se houver alguma abertura, alguma relativização, as ações estão fadadas ao fracasso. Mas, sob essa caricata retórica, o trecho nos aponta uma característica da circulação das gravações de todos os estilos de metal extremo expressos no *underground*. Ela não pode extravasar os limites deste espaço.

O músico quer divulgar as gravações da sua banda. Ele quer negociar com selos e colocar seu material em circulação. Sabe que suas gravações precisam ser vendidas, que um valor em dinheiro será dado em troca por elas. Não é esse seu problema e sim como e com quem isso será feito.

As "boas mãos" às quais o entrevistado se refere são aquelas dos responsáveis pelos selos e distros tratados anteriormente. As pessoas para quem "realmente" vão fazer valer a pena divulgar o material da banda são aqueles praticantes que efetivamente demonstraram seu comprometimento e apoio para com as atividades da cena. Ou seja, as pessoas e instituições para as quais a banda procura divulgar suas gravações são essas do *underground*, única e exclusivamente. Já o comércio e o mercantilismo "direcionantes", tão veementemente refutados, seriam os modos de circulação do *mainstream*, capitalista, direcionado exclusivamente ao lucro, o qual, como o entrevistador levanta, é inconciliável com postura e ideal da banda.

Os agentes do *underground* demonstram um severo zelo quanto ao âmbito de circulação de suas gravações. Pelos seus discursos, as gravações não podem ser produzidas por "grandes" gravadoras assim como não podem ser comercializadas em "grandes" lojas. O acesso a elas é restrito, apenas permitido aos "fiéis seguidores" do *underground*.

É importante ressaltar que estamos tocando em ponto delicado da pesquisa. O discurso dos praticantes é pavoneado, defendendo uma postura radicalmente hostil ao "mercado" e ao "comércio". Entrevistas como a de *Brucolaques* estão recheadas de afirmações como a que transparece no trecho citado. Sente-se certa competição interna entre eles, cada um tentando ser mais eloquente e incisivo no extremismo com o qual negam o "lucro" e a circulação irrestrita de suas gravações. Interna pois essas afirmações, de fato, não são feitas em "grandes" revistas ou em meios de comunicação massivos. São feitas de praticante para praticante, veiculadas em zines, conversas de shows e nas apresentações das bandas, quando estão em poder do microfone. Além do trecho citado, lembremos aqui dos dizeres dos integrantes do *Daimoth*, explicando que a tiragem de quinhentas cópias do *Inquisiton* se deve as suas vontades de que o mesmo seja apenas para os "fiéis seguidores" do *underground* e as condições que Yuri diz demandar das lojas que querem vender as gravações da *Nocturnal Age*. O proprietário precisa ter "referências".

Podemos listar uma série de fatos que expõem a favor dos praticantes, confirmando que essas gravações circulam apenas no perímetro *underground*. Como observado anteriormente, essas gravações são financiadas pelas próprias bandas. E não adianta procurarmos suas gravações nas populares lojas de departamento do nosso país. O *Inquisiton* não está à venda na Saraiva e mesmo o "bem produzido" *Madrigal of Sorrow* do *Sad Theory* não está disponível nas Lojas Americanas. Essas lojas não possuem as "referências" exigidas pelos praticantes. A própria quantia de cópias por si só já restringe o tamanho da circulação dessas gravações. A tiragem, quando prensada industrialmente, dificilmente passa de quinhentas cópias e quase nunca chega a mil. Existe até um prestígio na comprovação de uma prensagem pequena. O selo de Brasília *Genocide Productions*, no *flyer* de divulgação do *full length* da banda de *death metal* baiana *Impetuous Rage*, diz que além do CD, lançou uma versão "para os maníacos", em vinil e limitada a quinhentas cópias numeradas à mão.

Flyer de divulgação do álbum *Inverted Redemption* dos baianos do *Impetuous Rage*.

Quando as cópias são feitas em fitas e CDs virgens, o controle da tiragem é inexistente. Edson, que tem na *Mountain distro/prod* seu modo de vida, diz que as cópias podem variar "de cem a mil, depende do título". Aliás, como em ambos os casos, prensagens caseira e industrial, os lançamentos são resultados de acordos entre selos e bandas, cabe questionar como é feito o controle de cópias vendidas. O número dessas vendas deveria ser importante, pois determina a porcentagem a ser paga para a banda.

Porém, estatisticamente, esse controle não é feito. As gravações não possuem numeração e os acordos feitos entre bandas e selos são "de boca", verbalmente decididos. São contatos fechados e não contratos assinados.

Não poderia ser de outra forma. Os selos e distros não são pessoas jurídicas, não possuem número de CNPJ.[35] Não adianta pedir nota fiscal no *underground*. Por outro lado, as bandas não garantem seus direitos autorais nos órgãos oficiais responsáveis. Elas não podem requerer a observância da autoria de suas canções. Acordos não cumpridos no *underground* não resultam em multas rescisórias. Usando o jargão econômico, podemos dizer que a troca promovida no *underground* do metal extremo é informal. A circulação de seus produtos não é constrangida pelas estipulações jurídicas nacionais.[36]

Eles estão certos. A circulação das gravações é discreta, restrita ao perímetro do *underground* e regida por suas próprias regras. É despropositado questionar se ela ocorre de maneira distinta da qual eles argumentam. Podemos até lançar uma fórmula econômica para o *underground*: o aumento de suas vendas é totalmente determinado pelo crescimento dele próprio. O primeiro é diretamente proporcional ao segundo.[37]

Mas isso não refuta todos os dados apresentados nesse capítulo. Pelo contrário. Confirma ainda mais uma característica que paulatinamente vem se apresentando. Se o *underground* é composto por um sistema de trocas, é um sistema específico de trocas. É esta especificidade que precisamos compreender. Daí a delicadeza no tratamento do discurso de seus praticantes. Ao invés de medirmos a veracidade contida nele, procurando saber o quão próximo da realidade ele está, precisamos tomá-lo como parte da realidade deste espaço e averiguar como se articula e o que é articulado por ele.

---

35 Cadastro Nacional de Pessoa Jurídica.

36 Uma ressalva. Os selos surgidos de lojas, como a *Die Hard Records* e a *Multilation Records*, são pessoas jurídicas.

37 Cabe balizar essa restrição da circulação *underground* pela seguinte reflexão. Será que ela se manteve restrita única e exclusivamente pela vontade de seus praticantes? Será que sua manutenção também não resulta, pelo menos em parte, do fato de que o *underground* do metal extremo brasileiro nunca em sua história teve sua produção almejada pelas "grandes" gravadoras e pelo "público de massa" aos quais são tão avessos? Colocando de outro modo, será que eles suportariam a força da demanda externa? Contudo, como não há dados empíricos para desenvolvermos tais questões elas ficam apenas como reflexão paralela.

A continuação da entrevista de *Brucolaques* é elucidativa. Após fazer duas refutações semelhantes, que sua banda não assinaria com um selo comercial porque este representaria tudo aquilo contra o que eles lutam e depois, na frase seguinte, dizendo que os princípios do *black metal* estão distantes de vínculos mercantis, o entrevistado declara com quem sua banda se filia: "nós trabalharemos apenas com selos que tenham honestidade e que possuam o *real espírito underground*".

Capítulo 2

"O Real Espírito *Underground*"

MARSHALL SAHLINS, no seu *La Pensée Bourgeoise*, entende que o materialismo histórico e o pensamento burguês, notadamente o pensamento econômico, compartilham um ponto central de suas teorias acerca da produção econômica. Quando optam por uma explicação prática do sistema econômico ambas encobririam o sistema significante contido na práxis da produção. Concebendo a produção de bens apenas pelas movimentações das leis de oferta e demanda, valor de troca na linguagem marxista, ignorariam o "código cultural de propriedades concretas" que determinariam a utilidade daqueles bens, ou seja, aquilo que, para o antropólogo norte-americano, produz o ao mesmo tempo em que é produzido no mercado. Para Sahlins, os dois grandes concorrentes da explicação do sistema econômico de mercado falham em suas tarefas por caírem em erro metonímico. Tomam esse sistema como o cerne da sociedade ocidental quando ele seria na verdade parte desta forma cultural[1] (1976, p. 166-7).

Na progressão dessa crítica, Sahlins instaura uma perspectiva propriamente antropológica acerca da produção de bens. Segundo ele, precisaríamos entender a produção material como um constante processo de definição recíproca entre homens e objetos. Essa via de mão dupla na qual a produção se torna também produto é ao mesmo tempo permeada e organizada por aquilo que o autor chama de sistema de códigos simbólicos. Sahlins defende sua posição teórica argumentando que as preferências dos norte-americanos pela

---

[1] Para sermos condizentes com Sahlins, vale ressaltar que ele livra Marx desse erro. O alemão teria percebido que a reprodução material é uma reprodução social mesmo mantendo a naturalidade do valor de uso (a casa agrega valor por ser um abrigo). Daí a preferência de Sahlins por materialismo histórico ao invés de marxismo.

carne de boi e de porco ao invés das do cachorro e do cavalo não se devem pelas melhores qualidades nutritivas dos primeiros e sim pela maior 'humanidade' dos segundos. Assim como a saia é uma vestimenta feminina e a calça masculina não porque essas peças melhor ajustam-se aos respectivos corpos de seus portadores e sim pelas diferenças de gênero da sociedade norte-americana. Não só o valor de troca é arbitrário, ponto esse que economistas e materialistas históricos concordariam, como também o próprio valor de uso de um produto. São essas aspas que Sahlins coloca na "utilidade" do bem que o distanciam de uma análise puramente prática do mercado na sociedade ocidental e da troca como fenômeno humano.

A proposta de Sahlins vai bem além do que esse vago resumo indica. Mas não nos interessa discutir o estatuto de sua teoria, suas lacunas e contribuições. Trouxemos um movimento de sua argumentação à baila por entender que ele oferece uma interessante dica de procedimento para continuarmos averiguando o *underground* do metal extremo brasileiro. É sobretudo isso que nos interessa em Sahlins. Seu enfoque.

No capítulo anterior percebemos como as práticas de gravação, distribuição e venda do *underground*, em conjunto, conformam um sistema de trocas com dimensões econômicas. São gravações produzidas por músicos, distribuídas e vendidas por intermediários e consumidas pelo público. É um sistema com dimensões econômicas singulares não só pelas peculiaridades dos bens aí circulantes mas pelas características dessa circulação. Seus agentes não são tão diferenciados entre si. Dependendo do contexto, um músico pode ser intermediário, o qual, por sua vez, pode ser público. Seus produtos não são financiados a não ser pelos seus produtores e para comercializá-los, seja vendendo seja comprando, é preciso ter "referências". Restringida em todas as etapas de seu processo, a circulação *underground* procura manter uma autonomia financeira e seu âmbito nos limites deste espaço.

Mas, como começamos a entrever no final do capítulo precedente, estas práticas não serão compreendidas se mantivermos a descrição apenas no nível de seu funcionamento. O discurso dos praticantes, utilizando o formato *underground* de circulação como recurso, parece indicar que a realidade social deste espaço abrange mais do que a formatação de um mercado de gravações. Colocando a questão à Sahlins, podemos dizer que parece haver mais do que bens sendo produzidos nesta economia. A produção desses bens é uma espécie de ossatura; contudo, precisa ainda de órgãos e músculos para se sustentar, e descargas elétricas para se locomover. Precisa, sobretudo, de um espírito.

Nada de metáforas aqui. No trecho citado que termina o capítulo anterior, o entrevistado deixa bem claro qual é a referência que seus possíveis parceiros precisam possuir, o "real espírito *underground*". Do que se trata este espírito? Como esse *mana* anima a troca *underground*?

* * *

A existência de uma banda de black metal é (ou deve ser) ligada apenas às suas ideologias e satisfação própria, pouco se importando com dinheiro e fama. Mas talvez recentemente isso tenha dado lugar à busca pela promoção através da mídia e pelo dinheiro. O que acha, enfim, da popularização e comercialização maciça do estilo nos últimos tempos?

Doom-Rá - O nascimento de uma horda[2] de *Black Metal* deve ser motivado primordialmente por prazer de fazer algo que se identifique, por parte dos guerreiros a que integram, por realizar seus ideais, forma de narrar seu ódio e náusea da sociedade judaico-cristã, forma de honrar o conhecimento luciferino, narrar em seus hinos[3] suas práticas ocultas, suas visões pessoais sobre tudo, sobre a realidade de cada um... Resumindo, *Black Metal* de verdade é a prática de Ideologia e Atitude, eu pessoalmente penso assim, agora sobre as bandas que se dizem *Black Metal*, mas só estão na cena para buscar fama, $$$, acho isso deprimente, o verdadeiro *Black Metal* é feito nos subterrâneos, criptas do *Necro-Underground*, para satisfação própria, forma de honrar seus demônios pessoais, como forma de combate as utopias tão achadas "normais" hoje por muitos que antigamente defendiam uma postura mais séria, radical... O escroto é que muitas dessas ditas bandas hoje mercenárias, posers, e que ainda assim são chamadas de *Black Metal*, começam por muitas vezes dentro do *Underground*, onde ficavam com discursos radicais anti isso, anti aquilo, "usando" zines,

---

2 Os apreciadores de *black metal* referem-se a bandas como hordas.

3 Assim como se referem a suas canções como hinos ou *opus*.

flyers, para firmar seus nomes entre os maníacos hellbangers,[4] mas com tempo, mudam os discursos, mudam os meios de divulgação, seguem modas ditas lá fora, por grandes selos, mudam totalmente suas sonoridades por achar que assim ganharão a tão sonhada "fama", se expõem em revistinhas de metaleiros (que divulgam juntos com merdas como White-Metal, Un-Black,[5] Gothic, Merdas, Merdas...), tocam em festivais ao lado de bandas cristãs, isso é deprimente... Penso que, se desde o início queriam apenas "fama", "$$$", não deveriam ter surgido dentro do *Underground*, que fossem homens para assumirem seus reais interesses dentro do *Black Metal*, e que se afastassem dos eventos dedicados as verdadeiras hordas *Black Metal*.

Este trecho é de uma entrevista dada por *Doom-Rá*, membro e idealizador da banda goiana *Uraeus*, ao *Black War webzine*. Podemos dizer que ele resume exemplarmente todas as questões vinculadas ao *underground* do metal extremo brasileiro. Mas, antes de prosseguirmos com uma análise de suas palavras, cabe nos determos no meio pelo qual suas palavras foram expressas, os zines.

Se os praticantes inscrevem suas canções nas gravações é no zine que eles escrevem suas opiniões. Zine ou fanzine, corruptelas do termo inglês *magazine*. Enquanto esta última seria uma revista profissional, feita para o fã, aquele seria amador, feito pelo fã. O zine não é uma invenção dos praticantes do *underground* do metal extremo brasileiro. Segundo Duncombe (1997, p. 1-17) desde os anos 30, principalmente nos Estados Unidos e Inglaterra, esse tipo de revista vem sendo produzido pelos mais diversos movimentos sociais, desde os aficionados por filmes de ficção científica até as distintas facções do Partido Comunista italiano, passando pelos movimentos ecológicos e feministas dos anos 60. Segundo o mesmo autor, a utilização dos zines por apreciadores de certos estilos de música se deve, principalmente, ao movimento punk inglês irrompido no final dos anos 70.

---

4 Hellbanger é um equivalente de *headbanger* entre os apreciadores de metal extremo. É pouco utilizado, mas preferível ao pejorativo metaleiro.

5 *White-metal* e *un-black metal* são estilos de metal idênticos na sonoridade com o *black metal*, mas totalmente diferentes nas letras. Enquanto o segundo trata do maléfico, os primeiros versam sobre o lado benéfico do cristianismo. Como o entrevistado deixa claro, os praticantes desses estilos não apreciam a sonoridade alheia.

Não temos conhecimento de nenhuma pesquisa feita no Brasil especificamente sobre os zines. Contudo, ele é tratado em pesquisas acerca dos punks nacionais, como em Caiafa (1985) e Abramo (1994). É muito provável que os praticantes do *underground* do metal extremo se basearam nos zines punks nacionais para fazerem os seus.

Os zines do *underground* do metal extremo brasileiro são revistas idealizadas, editadas, escritas, diagramadas, impressas e veiculadas pelos próprios praticantes, muitas vezes uma pessoa só. Toda sua produção é caseira. Quando digitados no computador, são nele diagramados, impressos em preto e branco, copiados em folhas A4 e veiculados entre os praticantes, seja pela venda ou pela permuta por outros zines. Quando datilografados, seguem o mesmo processo, a não ser pela diagramação, que neste caso é feita pela colagem dos textos e fotos em folhas que servirão como matriz de todas as cópias. Sua periodicidade é irregular e o tamanho da tiragem de cada número depende da demanda, uma vez que seu editor o copia em máquinas de xerox. Raramente passam de vinte números, normalmente se extinguindo em dez edições.

Seria redundante fazer uma análise extensiva dos meios de produção, distribuição e comercialização dos zines. Seguem os mesmos processos das gravações averiguadas no primeiro capítulo e neles encontramos as mesmas características. Auto-financiamento, restrição de sua distribuição ao âmbito do *underground* e comercialização feita no show ou a partir de informações adquiridas nos shows. Também são "informais". Não possuem editoras, jornalistas responsáveis e nem ISSN.[6]

Contudo, um exame dos zines traz maior nitidez a uma característica já apresentada pelas gravações, qual seja, o âmbito nacional do *underground*. Por mais que eles tenham suas sedes estabelecidas nas cidades onde moram seus idealizadores, todo seu conteúdo é organizado por entrevistas com bandas e resenhas de shows e lançamentos oriundos e realizados pelo Brasil todo. No número oito do *Anaites* zine, por exemplo, Hioderman publicou entrevistas

---

6   *International Standard Serial Number*. Número de série de padronização internacional que toda publicação "formal", livro ou periódico, geralmente possui.

com bandas dos seguintes estados: Minas Gerais, São Paulo, Bahia, Rio de Janeiro, Ceará, Recife, Santa Catarina e até mesmo com uma de Portugal.

Além de oferecer certo panorama do *underground* pelas entrevistas, os zines ajudam a sedimentar o circuito nacional deste espaço trazendo em suas páginas finais endereços de bandas, selos, distros e outros zines também. As quatro últimas páginas do zine editado por *Countess Death*, *Unholy Black Metal* de Lages, Santa Catarina, contêm endereços de "hordas" e zines do Brasil todo, inclusive do *Anaites* zine e do *Uraeus*:

Uma outra característica dos produtos *underground* que os zines nos ajudam a compreender é sua pessoalidade. Eles carregam consigo algo de seus produtores.

O zine certamente cumpre uma função informativa. Ele transmite aos seus leitores uma visão do *underground* em certos períodos de tempo, uma espécie de fotografia, informando quais bandas estão na ativa e quem está lançando gravações. Oferece endereços para contato de bandas, selos e distros assim como anúncios de apreciadores procurando apreciadores e músicos procurando músicos. Alguns deles ainda trazem históricos de bandas, pôsteres e traduções de letras. Mas a função informativa deste meio de comunicação não corresponde a uma impessoalidade no tratamento do seu conteúdo. Pelo contrário. O zine tem um dono e é, como dizem, o "artefato" desse dono. Se os jornais de grande circulação do Brasil concorrem segundo o critério da independência, o zine é explicitamente compromissado com as ideias e intenções de seus donos e totalmente partidário do *underground*. *Countess Death* deixa bem claro no editorial do seu zine quais são seus objetivos com o *Unholy Black Metal*:

> foi elaborado a partir da necessidade de expandir minhas ideias, experiências e ideologia, com reais guerreiros e guerreiras que estão fazendo algo pelo movimento *underground*, pois é através do *Black Metal* que mostraremos a todos que somos fortes, inabaláveis e que jamais seremos corrompidos pela maldita escória oportunista.

O próprio teor das entrevistas está regulado de acordo com essa expansão das "ideias, experiências e ideologia" dos seus donos e únicos "jornalistas". *Countess Death*, mulher, perguntou a todos os entrevistados o que achavam da inserção das mulheres no *underground*. Já Bernardo, idealizador do *Dark Gates* zine de Juiz de Fora, Minas Gerais, estimula em suas entrevistas discussões filosóficas acerca do material das bandas em questão. Na quarta edição, ele faz a seguinte pergunta para os catarinenses do *Goatpenis*:

> A banda sempre apresentou uma postura ideológica contra a raça humana, demonstrando ódio e repúdio pela mesma. Com certeza muitos filósofos e pensadores, como Nietzsche, Schopenhaeur e outros, bem como experiências pessoais influenciaram a banda. Que tipo de ideias levou a banda a este caminho ideológico? Como seria o processo de "Inhumanization"?[7]

Lord Chax e seu *Fereal* zine de Campo Grande, Mato Grosso do Sul, estão interessados em questionar seus entrevistados sobre as relações que

---

7 Título da gravação lançada em 2004 pela banda.

bandas de *black metal* teriam com o nacional-socialismo. Para os maranhenses do *Ave Lúcifer*, Lord Chax pergunta:

> Sabemos que o *black metal* tomou muitos rumos diferenciados, pois muitas hordas têm abordado não somente o ocultismo em suas letras mas guerras, atrocidades e também letras de cunho racista que algumas hordas de NSBM[8] têm. Vossa pessoa concorda com esses tipos de temáticas ou em sua opinião o *black metal* está só para reverenciar o pai da sabedoria e da luxúria, AVE LUCIFER REX?

A propriedade dos zines é respeitada pelos próprios entrevistados. Eles reconhecem que não estão dando uma entrevista para "qualquer" meio de comunicação e sim para o zine da *Countess Death*, do Bernardo e do *Lord Chax*. Quase todas as entrevistas acabam com um efusivo agradecimento por parte deles, como o fez *Baron of the Dark Lands*, baterista da mineira *Agnus Negrae*, na entrevista concedida ao *Anaites* zine. A última pergunta de Hioderman termina assim: "Irmão, creio por esta ser isso! Agradeço o tempo cedido. Há algo mais que tu queiras acrescentar?". E o "irmão" acrescenta:

> Nós que somos eternamente gratos, grande irmão Zartan,[9] pelo grande espaço cedido em vosso profano pergaminho, hail Anaites e também pelo grande apoio que nos tem concebido. Desejamos a ti glórias eternas em vossa negra jornada!!! Hail Darkness! Hail Satan! Hail evil!

Publicar a entrevista de uma banda nas páginas do seu zine significa que seu editor aprecia a banda em questão. Ele a "apoia" e é por isso que suas entrevistas estão ali. Como afirma Bernardo do *Dark Gates* no editorial do quarto número: "gostaria de ressaltar que todas as bandas entrevistadas possuem o meu apoio, caso contrário não iriam estar nestas páginas". Resultado deste apoio dado pelo zine é uma interessante divulgação da banda em nível nacional. A banda sabe disso e retribui sua divulgação divulgando o zine na

---

8 NSBM: *National Socialism Black Metal*. Black Metal Nacional-Socialismo.

9 *Zartan* é o codinome utilizado por Hioderman.

sua região, seja fisicamente, vendendo, ou simplesmente repassando cópias, seja verbalmente, falando "bem" do zine, afirmando que ele é *real*. A publicação de uma entrevista é mais uma das formas de sedimentar a transformação de encontros fortuitos em alianças *underground*. Se traçarmos os contatos entre bandas e editores de zines chegaremos novamente ao denominador comum dos encontros *underground*, o show. Ambos se conheceram, ou conheceram alguém que os colocou em contato, em algum show. Ademais, vale ressaltar que a publicação de uma entrevista no zine, se não for resultado dessa troca de retribuições, é como forma de divulgação de uma banda que o zineiro está lançando através de seu selo. Contudo, não há compra ou venda de espaço nos zines que pesquisamos.

A pessoalidade do zine não significa que ele não possa ser vendido. Como vimos, os praticantes do *underground* realizam sem problema algum a troca comercial. Apesar de fazerem algum tipo de escambo, trocando zines por zines e gravações ou estas por gravações e zines, acham plenamente legítimo o uso do dinheiro em suas trocas. No entanto, os produtos *underground* são de uma alienabilidade específica. Inseridos em uma circulação comunal, sua movimentação mantém a ligação com seu produtor. O dinheiro é mais um favorecedor da troca do que um fim em si mesmo. Na troca *underground*, o respeito pelo produtor é preeminente ao lucro.

Com efeito, os produtos *underground* carregam consigo algo de pessoal dos seus produtores. Eles são os "artefatos" de seus produtores, materializações de suas vontades e transportadores de suas ideias, valores e mensagens. São suas criações. Nítido nos zines, a pessoalidade dos produtos *underground* se escancara nas gravações.

As gravações são resultados dos esforços dos músicos. Financiaram seu processo, entraram em contato com selos e distros para lançá-las e, sobretudo, compuseram as canções ali contidas. A organização sonora inscrita no CD, magnetizada nas fitas K-7 e traçada nos sulcos dos vinis foram criadas pelos músicos. Mesmo se utilizando de mecanismos tecnológicos, mesmo que tenha sido subsidiada pelo dinheiro, essa criação, segundo os músicos do metal extremo *underground*, não se define pelos aparatos externos.

Para seus músicos, compor metal extremo é um processo de transformação das suas subjetividades em forma de sons. *Doom-Rá* responde assim à *Countess Death* sobre aquilo que o influencia no processo de composição: "o *Uraeus* não sofre influências diretas em seus hinos". Não são influenciados diretamente pois a matéria-prima de sua música são seus "sentimentos". *Morte*, membro da banda *Night Eternal*, sendo indagado pela mesma pergunta, diz: "meus sentimentos, eu não me prendo a nada, porque gosto de viver cada vez mais livre de tudo! Livre de dogmas e obrigações". Os "sentimentos" destituídos de qualquer "dogma e obrigação" estão livres para serem exteriorizados pelos músicos em forma de sons coligados.

"Sentimentos" entre aspas, pois se trata de uma leitura e uma valoração de uma realidade tida como subjetiva. "Sentimento" é como uma espécie de ponto convergente da sensação e da intelecção. Daí o pulular de perguntas nos zines sobre a "ideologia" ou a "mensagem" que as bandas querem passar. Discutem se o *black metal* feito por tal banda é "luciferiano" ou "ocultista", se o *death metal* daquela banda é um "espelho da nossa sociedade" ou "um tapa na cara de Jeová", se o *splatter* que esta banda faz é mais "açougueiro" ou "*porn*".

Por isso que, se quisermos aproximar o metal extremo *underground* brasileiro de algum movimento artístico/filosófico, podemos defini-lo como romântico. Compor é antes de tudo um trabalho do espírito livre e o produto desta composição estará marcado por sua unicidade. As palavras de Edward Hanslick, musicólogo alemão o qual, segundo Videira (2007), escreveu, em 1854, o livro-síntese do pensamento romântico acerca da música, não poderiam ser mais esclarecedoras:

> Compor é um trabalho do espírito com um material espiritualizável. [...] de natureza mais espiritual e sutil do que qualquer outro material artístico, os sons assimilam de boa vontade qualquer ideia do artista. Já que as coligações de notas, em cujas relações repousa o belo musical, são obtidas não por um alinhamento mecânico, mas pela livre criação da fantasia, a força espiritual e a particularidade dessa determinada fantasia imprimem sua marca característica ao produto. Sendo criação de um espírito que pensa e sente, uma composição musical tem, portanto, em alto grau, a capacidade de ser ela mesma plena de espírito e de sentimento (Hanslick, 1989, p. 67-8).

A não ser pelo argumento de que nas relações entre as notas repousa o belo musical,[10] os praticantes do *underground* endossariam as palavras de Hanslick sem hesitações. Contudo, fariam um adendo atualizador. A consistência espiritual das composições transborda os limites dos sons e se espalha nos meios transportadores dessas composições, fazendo com que os CDs, fitas K-7 e vinis também sejam vistos e ouvidos como portadores dos "sentimentos" dos músicos que compuseram as canções aí contidas.

Perscrutável é a obra de suas artes, imperscrutáveis os artistas que as fizeram. Pode-se discutir as qualidades das gravações, avaliando sua produção e abordando a "mensagem" que elas transmitem, mas não se averigua os espíritos que as compuseram. São por demais amplos, livres de "dogmas e obrigações". São únicos e nenhuma de suas exteriorizações, nem mesmo a mais sublime delas, a música, os representa planamente. Mesmo que ela seja entendida pelos músicos do metal extremo *underground* como uma espécie de busca interior, maneira de auto-conhecimento, esquadrinhamento dos recônditos de suas almas, há sempre uma sobra, um aquém-cultura indizível, intocável e concernente só a eles mesmos.

Se, pelo lado da composição, salta aos olhos o romantismo do metal extremo *underground*, pela forma como concebem a arte da música em si chama atenção como se distanciam de uma visão da "arte pela arte". Discordariam totalmente de uma passagem de Hanslick disposta algumas páginas após aquelas nas quais estava o trecho anteriormente citado:

> Não se busca em peças musicais a representação de determinados processos psicológicos ou de acontecimentos; busca-se, antes de tudo, música e desfrutar-se-á apenas o que ela integralmente dá (Hanslick, 1989, p. 77).

Não é bem assim, diriam os praticantes. A música deve ser tecnicamente "bem" feita. A composição deve ser "original" e a execução exímia. O músico

---

10 Pois, como já deu para notar através dos nomes das bandas, dos selos e dos codinomes utilizados, não é exatamente uma ideia de belo que os praticantes têm em mente; ou, de forma mais relativista, o belo deles está mais à esquerda.

precisa ter, ou no mínimo estar buscando, o controle técnico de seus instrumentos, praticando-o constantemente. Os músicos do *Sad Theory* são todos formados em conservatórios de música erudita ou popular brasileira. Um deles é professor de música. Os paulistas do *Ocultan* chegam a ensaiar cinco vezes por semana. Enfim, todo o imaginário atual do músico erudito, conhecedor profundo dos meandros dessa arte e virtuoso na execução dos instrumentos, exerce profunda influência entre os músicos. Cansamos de ouvir em rodas de conversa durante alguns shows que "se Bach ou Wagner fossem vivos nos dias de hoje, seriam compositores de metal".[11]

Porém, o conhecimento mais profundo acerca da música e a maior destreza na execução não teriam sentido para um músico do metal extremo *underground* se não forem utilizados em função dos "valores e ideais" da banda. O *black metal* é arte, mas arte negra, arte da "blasfêmia, do ocultismo e do satanismo", como definiram os catarinenses do *Impuro*. O *death metal* também, mas arte da morte, "culto da morte", como os baianos do *Incrust* preferem. *Doom metal* é a arte da dor, "tocar e ouvir *doom* é aprender a verter lágrimas", como nos salientou um integrante da carioca *Avec Tristesse*. Finalmente, o *grind*, o *splatter* e o *gore* tratariam do corpo roto, dilacerado e de todas as "perversões" possíveis de se aplicar aos corpos em tal estado, como a necrofilia por exemplo, tema saboroso para os catarinenses do *Flesh Grinder*. Importante salientar: não se trata apenas de abordar tais temas nas letras das canções, mas de perceber as coligações de notas construtoras das composições como veículos propagadores destes temas. A mensagem transmitida por uma canção se constitui conjuntamente por letra e música.

Perceber a música que fazem dessa forma vincula-se diretamente à maneira pela qual o metal extremo é produzido, circulado e vendido. Se fazer metal extremo é praticar uma arte proselitista na qual a música, por mais técnica,

---

[11] Robert Walser realizou sugestivo estudo acerca das influências da música que hoje se classifica como clássica em composições de algumas bandas e músicos do *heavy metal* norte-americano (1993, p. 57-107). Segundo este estudo, os compositores do barroco, do romântico e do virtuosismo teriam maior influência nas composições do *heavy metal* norte-americano. Bach, Wagner e Paganini antes de Vivaldi ou Liszt. Apesar de não termos comparado partituras em nosso estudo, parece que é esse o caso também do metal extremo *underground* brasileiro.

exímia e virtuosa que seja, é ela mesma uma técnica de compor leituras e posturas frente à realidade circundante, então sua bandeira fundamental levanta-se justamente nas maneiras de ser produzido, distribuído e circulado.

São essas as palavras de *Doom-Rá* na abertura desse item. "*Black metal* de verdade", nos diz ele, "é a prática de ideologia e atitude". "Ideologia", como ele a utiliza, pode ser compreendida naquele sentido amplo e genérico: crenças, valores e ideais, concernentes às mais diversas ordens, ao político, econômico, moral e religioso principalmente. No entanto, metal extremo *underground* não é um partido político, movimento social, ONG e muito menos uma igreja. É música. Trata-se de promover tais éticas e morais através da composição, audição e apresentação de um tipo específico de música.

O princípio primeiro a ser defendido pelos praticantes de tal arte, do qual poucos deles discordariam, concerne às técnicas de se fazer música em sentido amplo. Ao processo de composição, às conquistas e manutenções das harmonias, melodias e ritmos e às formas de inscrever, distribuir e receber música. Ao *underground* em si, esta é a "atitude" do "verdadeiro" metal extremo, onde a "ideologia" iniciática codificada nas canções e apresentações é ele mesmo. Espaço produtor e produzido por música, restrito e relativamente (para eles totalmente) autônomo, no qual o "ideal" prepondera sobre a "fama e o lucro". Ora, ideal não só da música "ideológica", mas da instalação de um sistema de trocas "ideológico", não regido por motivações de lucro e de fama a maior possível. O espírito *underground* nada mais é do que sua própria representação, ao mesmo tempo produzindo as trocas aí realizadas e sendo produzido por essas mesmas trocas. Troca-se com quem possui o verdadeiro espírito *underground*, e trocando entre pares abre-se margem para ser possuído por este espírito. Espírito esse, nunca é demais ressaltar, musical, espécie de rebento moderno de Apolo com Dionísio. Ao mesmo tempo em que estabelece a apolínea harmonia do mesmo, dá condições de expressão de uma dionisíaca estética da diferença.[12]

---

12 Nada mais nietzscheniano do que encontrar uma relação positiva entre Apolo e Dionísio. O filósofo alemão argumenta assim no seu *O nascimento da tragédia*: "A seus dois deuses da arte, Apolo e Dionísio, vincula-se nossa cognição de que no mundo helênico existe uma enorme contraposição, quanto a origens e objetivos, entre a arte do figurador plástico, a apolínea, e a arte não-figurada

Neste sentido, metal extremo e *underground* se complementam. O primeiro se completa sendo feito no segundo o qual, por sua vez, resolve-se em sua posição de condicionante do primeiro. Todavia, complementos para os praticantes do *underground*. Seria um tanto improvável pensar que este *underground* que estamos averiguando existiria sem o metal extremo, mas este tipo de música certamente se expressa sem o *underground* no Brasil. Mas para os praticantes o metal extremo que não é feito neste espaço não é "de verdade"; eles não possuem o *real espírito underground*. Eles são *falsos*.

2.1 – Underground e Mainstream

Os musicólogos estão cientes de que a inscrição da música é um contínuo embate social.[13] Seja em relação à partitura, ao disco ou mesmo às apresentações, o registro dessa arte em matéria que sobrevive à sua execução arregimenta uma série de agentes e técnicas em lados opostos, disputando quais formas de materializar a música serão praticadas. Às vezes, certas práticas ganham o estatuto oficial. Amparadas pelos aparelhos jurídicos dos direitos autorais e reprodutivos, compelem o fazer musical a seguir suas direções, constrangem a música a entrar nos seus moldes. Mas sob as linhas mestras destas práticas, o burburinho continua. Suas nomeações não dissolvem as crenças de outros agentes que outras práticas são melhores. Suas patentes não coagem o cessar das disputas. Os motins estouram para lhe tirar o atributo legal ou simplesmente para lhes dizerem "nós não seguimos as suas ordens".

O sistema de trocas do *underground* do metal extremo brasileiro é resultado dessas disputas travadas em torno da produção da música. Antes de ser uma fórmula "anti-mercado" ou "anti-indústria fonográfica", o *underground* é uma organização específica de mercado e indústria de música, dispondo

---

da música, a de Dionísio: ambos os impulsos, tão diversos, caminham lado a lado, na maioria das vezes em discórdia aberta e incitando-se mutuamente a produções sempre novas, para perpetuar nelas a luta daquela contraposição a qual a palavra comum "arte" lançava aparentemente a ponte' (1999, p. 27).

13 Como, por exemplo, em Szendy (2003).

técnicas e tecnologias de produção, distribuição e divulgação de maneira que lhe proporcionem maior autonomia, controle e discrição. Frente ao gradiente de meios de comunicar disponíveis, o *underground* seleciona e utiliza ao seu modo os métodos de fazer e propagar música que lhe interessam.[14]

Os praticantes estão cientes que vivem o fazer de sua música como uma disputa. As categorias *underground* e *mainstream* representam os embates que travam a cada gravação lançada, a cada zine escrito e cada show apresentado. Elas são assimiladas como congregando cada quesito dessa disputa. Enquanto os objetivos do metal extremo *underground* são a "ideologia e a atitude", os do *mainstream* seriam a "fama e o lucro"; enquanto o primeiro é restrito aos seus praticante,s o segundo está aberto a "qualquer um"; enquanto o produto do primeiro mantém na sua circulação uma conexão com seu produtor, são artefatos, os produtos do segundo estão desprovidos de qualquer pessoalidade, são só produtos. Consequentemente, na medida em que essas categorias são próprias dos praticantes do *underground*, o primeiro é positivo e o segundo negativo.

	UNDERGROUND	MAINSTREAM
AMPLITUDE DA CIRCULAÇÃO	RESTRITA	IRRESTRITA
MOTIVOS E OBJETIVOS	IDEAIS E ATITUDES	FAMA E LUCRO
RELAÇÃO DO PRODUTO COM A PESSOA	PESSOAL	IMPESSOAL
VALORAÇÃO	POSITIVA	NEGATIVA

---

14 Neste sentido, concordamos com Certeau que o consumo dos meios de comunicação não se limita a realizar a recepção da mensagem produzida por um "outro lado", dominante e quase conspirador. Quando o *underground* "consome" tecnologias como o *Pro-Tools* ou quando revive o vinil como meio de inscrição da gravação, ele não está recebendo tais tecnologias e as utilizando de acordo com os manuais de uso que as acompanham e sim realizando uma outra produção, 'astuciosa, é dispersa, mas ao mesmo tempo ela se insinua ubiquamente, silenciosa e quase invisível, pois não se faz notar com produtos próprios mas nas *maneiras de empregar* os produtos impostos por uma ordem econômica dominante' (Certeau, 1994, p. 39, grifo do autor).

São duas formas de representar os processos de produção, distribuição e divulgação da música distintos e opostos. Embaixo o *underground*, compacto, discreto e próximo aos seus produtores. Em cima o *mainstream*, delgado, público e anônimo. O primeiro voltado para dentro, circunspecto, semelhante ao Werther de Goethe, honroso e fiel aos seus princípios. O segundo escancara-se para fora, exposto e extrovertido, concordante com as maneiras de Holly Golightly de Truman Capote, sempre querendo mais e mais.

Essas duas categorias não só congregam naquilo que representam as regras e modos de funcionamento do *underground* como também combustam a sua movimentação. Como vimos, quem está possuído pelo espírito *underground* obtém sua credencial para participar desse sistema de trocas e quem não está pode estar sendo assombrado pelo fantasma do *mainstream*. Todavia, ambas as categorias são filogenéticas, no nível das espécies. Compreenderemos seus acionamentos acompanhando suas congêneres ontogênicas, real e falso, operantes no nível do ser.

2.1.1 – O *real* e o *falso*

Hoje diversas hordas usam do death/black para se autopromoverem, e depois mudam radicalmente de opinião ideológica e do estilo musical. O que você tem a dizer sobre isso?

Lord Seremoth: É lastimável que isso ocorra no movimento nacional e mesmo no exterior, mas o pior é ver que quando isso acontece tem aqueles vermes que continuam apoiando esta atitude e dizendo que eles "evoluíram" musicalmente, ou que os mesmos precisavam fazer isso para ganhar mais "dinheiro" [...], todos os que são reais devem boicotar, execrar e expulsar estas falsas bandas do nosso meio. Devemos apoiar as bandas que mesmo com o passar dos anos se mostram firmes em suas ideologias e estilo musical, sem aceitar ideias modernas, sem se vender nem se prostituir musicalmente. O black e o death devem ser feitos por ideologia *underground*, nunca por interesses $$ (financeiros) ou de $uce$$o. Não podemos dividir o palco com estas bandecas falsas, melódicas, estrelinhas e panelinhas. Todos os reais, nunca devem comprar cds ou demos, nem nada destas bandecas e nem ir aos seus shows ou entrar em contato, ou seja, deixá-los para o puro esquecimento que é o lugar deles.[15]

O metal extremo no Brasil não se limita ao *underground*. Algumas bandas estrangeiras obtiveram reconhecimento em nosso país, seja pela comercialização de suas gravações, importadas e lançadas nacionalmente, seja pelos shows que constantemente realizam por aqui. São bandas profissionais, contratadas por gravadoras e recebendo cachê pelas suas apresentações. Bandas como a norte-americana *Cannibal Corpse*, a norueguesa *Marduk*, a alemã *Sodom* e a inglesa *My Dying Bride* são remuneradas por gravarem e apresentarem metal extremo.

As gravadoras que financiam e gerenciam as carreiras dessas bandas são especializadas em *heavy metal*, algumas em metal extremo, e atuam em nível internacional. Gravadoras como a alemã *Nuclear Blast*, a sueca *Black Mark* e as norte-americanas *Century Media, Roadrunner* e *Metal Blade*, lançam as gravações das bandas internacionalmente através de acordos com selos locais. O mecanismo é simples. Um selo local adquire os direitos de comercialização da gravação para o seu país ou região, por exemplo América do Sul, e a gravadora estipula o volume de cópias a serem comercializadas em um primeiro momento. Se a gravação "vendeu bem" novamente selo e gravadora entram em contato para negociar novas prensagens. O número dessas prensagens depende muito da banda em questão. Bandas de forte expressão internacional, grandes para as dimensões do metal extremo, chegam a ter no Brasil prensagem inicial de 5 mil cópias. Já bandas "novatas" ou "cult" para este mercado dificilmente lançam mais do que 2 mil cópias. No Brasil, os principais selos de comercialização do *heavy metal* estrangeiro são os paulistas *Hellion Records* e *Rock Brigade Records* e o curitibano *Evil Horde*.[16]

---

15 Trecho da entrevista dada por *Lord Seremoth*, guitarrista do *Lord Satanael*, a *Countess Death* publicada no *Unholy Black Metal zine*.

16 *Hellion* e *Rock Brigade* são, respectivamente, desdobramentos de uma loja e uma revista especializadas em *heavy metal* homônimas. Já o *Evil Horde* é desdobramento da banda *Murder Rape*.

Duas bandas brasileiras entraram nesse mercado profissional e internacional de metal extremo. Os gaúchos do *Krisiun* profissionalizaram seu *death metal* através de um contrato com a norte-americana *Century Media* e atualmente gozam de um status de banda "grande". Chegam a fazer, como fizeram em 2005, 120 shows por ano nos Estados Unidos e Europa, se apresentando inclusive nos festivais mais importantes do gênero, como o *Milwalkee Metal Fest* nos Estados Unidos e o *Wacken Open Air* na Alemanha. No entanto seus três integrantes ainda moram no Brasil, residindo atualmente em São Paulo. Já os mineiros do Sepultura mudaram-se para Phoenix, Estados Unidos, cidade-sede da gravadora com a qual assinaram seu primeiro contrato, a *Roadrunner*. O *trash metal* da banda conquistou de tal maneira o mercado internacional do metal extremo que o extravasou. O álbum *Roots*, de 1998, com canções compostas em parceria com músicos como o baiano Carlinhos Brown e com índios Xavante, alça a banda a patamares que nenhuma outra banda de metal extremo do mundo alcançou. Vendem centenas de milhares de cópias em países como Indonésia e Tailândia, fazem turnê mundial e disputam os holofotes dos palcos e flashes das câmeras com músicos alheios ao *trash metal*. Mesmo após a saída dos irmãos Cavalera, espinha dorsal da banda, o Sepultura ainda mantém, talvez de forma mais tímida, seu status de banda "grande" para além do metal extremo.

Muito bem. Mas para os praticantes do *underground* do metal extremo brasileiro todos esses selos, gravadoras e bandas, nacionais e internacionais, são falsos. Eles estariam fazendo e promovendo o metal extremo por fama e lucro. Não estariam cuidando para que suas gravações fossem parar em "boas mãos", as mãos do *underground*. Pelo contrário. Dizem os praticantes que o metal extremo é utilizado por esses agentes como meio para alcançar mais notoriedade e acumular mais capital. Portanto, quanto menos restrito forem, quanto mais fácil for adquirir suas gravações, melhor. Falsos.

É interessante notar que a falsidade recai mesmo sobre as bandas brasileiras, oriundas do *underground* do metal extremo nacional. Tanto *Krisiun* quanto Sepultura fizeram seus primeiros shows no *underground* e lançaram suas primeiras gravações por selos deste espaço.[17] Mas a notoriedade alcançada por ambas teria feito com que esquecessem de suas origens e se preocupassem mais com a manutenção dessa notoriedade adquirida. Falsos.

Esses agentes classificados como falsos não reclamam uma filiação ao *underground*. Mesmo as bandas brasileiras, na época em que assinaram seus contratos, deixaram bem claro em entrevistas publicadas em revistas especializadas[18] que não eram *underground* e que não davam importância para toda essa "história de que somos falsos". Ou seja, quando há certo consenso por parte dos praticantes de que essa banda ou aquele selo não são *underground*, eles apontam especificamente quem é falso. Eles dão nome aos bois, eles acusam.

Por outro lado, quando a falsidade é assunto interno ao próprio *underground*, raramente identificam quem é falso. Seja em zines, seja em conversas, quase nunca apontam de quem estão falando ou de qual selo ou distro estão tratando. A questão é levantada de modo difuso, como no trecho da entrevista de *Lord Seremoth* para o *Unholy Black Metal Zine*. Há bandas que se utilizariam do *underground* para se "autopromoverem"; o metal extremo *underground* estaria "se abrindo", "vermes" estariam "infestando" a cena dessa ou daquela cidade. Tratam da questão como se o *underground* estivesse na iminência de se dissolver por completo porque falsos estariam se imiscuindo neste espaço e utilizando-o "para proveito próprio". No entanto, não ficamos sabendo quem seriam esses falsos.

É compreensível que seja assim. O falso não estaria se importando com a feitura do "verdadeiro" metal extremo, ideal e pessoal, fim em si, genuíno apenas quando qualificado como *underground*. A banda, o selo ou o distro falsos utilizariam das relações *underground* para serem mais conhecidos e ganharem mais dinheiro com um metal extremo que é "só música". Ser falso significa negar o *underground* usurpando-o, imiscuindo-se em seus contatos

---

17 Algumas bandas do *underground* dizem que foram influenciadas (influência indireta, apenas musical, como dizem) por essas bandas, mas quando o fazem enfatizam que a influência se limita às primeiras gravações, quando *Krisiun* e Sepultura ainda eram *underground*.

18 São inúmeras. Cito duas. Do Sepultura na Revista Bizz, agosto, 1990 e do *Krisiun* na Rock Brigade de julho, 2006.

e sugando toda sua potencialidade relacional. Desse modo, chamar alguém de falso pra valer[19] é uma acusação muito forte. Traidor, o falso deve ser expulso deste espaço pois não tem a honra de ser *underground*.

Mas não há agentes vistos, muito menos auto-intitulados como falsos, no *underground*. Nenhum praticante durante a pesquisa estendeu sua mão e disse: "prazer, eu sou um falso". São todos "de verdade", possuídos pelo real espírito *underground*. São todos reais, fiéis à "ideologia" do metal extremo e comprometidos com a "atitude" *underground*. Fazem música que "não é só música" e só a fazem dentro dos limites deste espaço. Todos eles batem no lado esquerdo do peito e no lado interno do punho e dizem: "o metal está no meu sangue e é por isso que eu mantenho a chama do *underground* acesa".

O falso está para o real assim como o *mainstream* está para o *underground*. Enquanto os primeiros se referem a bandas, selos, distros e pessoas, os segundos dizem respeito ao conjunto desses agentes. *Mainstream* é o externo em duplo sentido, tanto essa "indústria fonográfica" que busca pela fama e lucro quanto pela sua relação não-afetiva com a música. O falso é a iminência de "mainstreamnização" do *underground* em ambos os sentidos. Se ele está buscando "fama e lucro" pelas malhas deste espaço, consequentemente não guarda nenhuma relação afetiva com o metal extremo. O falso muitas vezes é descrito como sinônimo de *poser*, uma imagem, uma pose para o outro. Já o real é interno também em duplo sentido, ser para si e para o *underground*. Ele o constrói fazendo parte de uma banda, escrevendo um zine, montando selos e distros ou, se for só público, ele o apoia adquirindo os artefatos e comparecendo nos shows reais. Ele "mantém a chama do *underground* acesa" porque não poderia ser de outra forma. Fiel e comprometido com seus sentimentos, princípios e valores subjetivos, tudo o que ele pode fazer é externá-los em forma de metal extremo *underground*.[20]

---

19 Chamar alguém de falso muitas vezes é a brincadeira preferida nas rodas de conversa em shows. Caçoam um do outro se chamando mutuamente de falsos, contam um caso de falsidade de seus amigos e riem muito disso tudo. Mas essa jocosidade com o falso só acontece entre amigos, quando estão certos que não serão mal-entendidos pelo interlocutor, ou seja, que não serão levados a sério.

20 Essa forma de conceber a música como um espelho da subjetividade, arriscamo-nos a dizer, pode ser estendida ao *heavy metal* em geral onde quer que ele se expresse. Essa característica fica clara

Portanto, as classificações que os termos real e falso traduzem se referem ao discurso do *underground*. Um discurso de defesa deste espaço. Justamente por estarem cientes de que disputam formas de fazer, distribuir e veicular música, seus praticantes acreditam que precisam defender as práticas engendradas e engendradoras do *underground*.

Fazer o *underground* é uma luta. *Countess Death* escreve no editorial do seu zine: "durante todos esses anos de batalha que eu sigo dentro do cenário *underground*". Na seção de anúncios da revista/zine A Obscura Arte um leitor pede que "escrevam-me somente reais apreciadores da arte negra que lutem para que a chama do *underground* não se apague". Se o *underground* é uma luta seus praticantes são guerreiros. Nesta mesma revista/zine um outro leitor diz que "quero me corresponder com reais guerreiros de espírito impuro e sedentos por guerra; seres que apoiam os verdadeiros hinos de destruição e blasfêmia". Uma luta por uma utilização específica dos meios de fazer e divulgar música. Nessa batalha, os termos *underground*, *mainstream*, real e falso são escudos e armas. Na retranca *underground* e real, no ataque, ferindo o inimigo, *mainstream* e nas margens, vigiando as fronteiras, falso. Neste sentido, pela perspectiva do praticante, não há nenhuma ambiguidade entre estes termos. A linha que divide *underground* e *mainstream* é impermeável, ou melhor, severamente metabolizada. Passar do primeiro ao segundo ou se insinuar no primeiro pelo segundo corresponde a uma transformação de qualidade. Diferenças de gênero e não de grau, assim como as diferenças entre o sagrado e o profano tal como tratadas por Durkheim (1996).

Mas é preciso enfatizar que o *underground* como uma luta é percebido assim tão somente pela perspectiva do praticante. *Mainstream* e falso, categorias referentes ao externo, são acusações eficazes apenas internamente. Assim

---

quando a banda começa a receber uma demanda maior pelas suas gravações e se vê na iminência da profissionalização. Tanto *Krisiun* quanto Sepultura, nas referidas entrevistas, negam a vinculação *underground* mas não o caráter afetivo de suas músicas. O *Ocultan*, banda que atualmente [2007] vem recebendo forte reconhecimento internacional pelo seu *black metal*, defende o mesmo argumento em entrevista à revista/zine A Obscura Arte número dez: "ideologia e radicalismo *black metal* não têm nada a ver com a quantidade de CDs que a banda vende". A desvinculação da banda do *underground* parece corresponder a uma desvinculação entre dois elementos que para os praticantes é essencial, metal extremo enquanto ideologia e *underground*.

como a bruxaria entre os Azande, analisada por Evans-Pritchard (2004), essas categorias inimigas explicam as razões da luta do *underground* e não como se realiza essa batalha. Elas são muito mais peças essenciais na conformação deste espaço do que percepções qualificadas da indústria fonográfica. Elas poluem o *underground*, elas são um perigo para este espaço e, como Mary Douglas (2002) nos mostrou, só há sujeira onde há limpeza, só pode ser desordenado aquilo que está organizado de acordo com uma ordem. Podemos ser mais incisivos aqui. O praticante só pode falar em pureza *underground*, só pode se perceber como um real, justamente porque se sente constantemente em perigo. O falso pode ser seu parceiro de troca e o fantasma do *mainstream* pode estar, tal como o corvo de Poe, a bater em seus umbrais.

Sendo assim, real e falso não só congregam, naquilo que representam, regras e modos de funcionamento deste espaço como também regulam a alteridade no *underground*, definindo aquilo que ele é e aquilo que ele não é, o mesmo e o diferente. A regulação intrínseca da alteridade, configura o funcionamento deste espaço ideal de fazer música que é o *underground*.

Isso não quer dizer que não há nenhuma realidade prática, concreta, no *underground*. Pelo contrário. Procuramos mostrar no primeiro capítulo como aí se realiza um sistema de trocas altamente povoado e movimentado em nível nacional. Mas essas trocas só são povoadas e movimentadas se seus agentes souberem por onde e por quem elas passarão, e assim, em qual sentido se locomoverão. Daí um *sistema* de trocas, 'contínuo processo de vida social no qual homens reciprocamente definem objetos em termos deles mesmos e eles mesmos em termos dos objetos'[21] (Sahlins, 1976, p. 169).

2.2 – Aprendizado *underground*: a gradação da percepção e a modulação da escuta

O *Underground* do metal extremo nacional é uma prática musical. Se há conformação de alguma realidade, se há alguma significação social por

---

21 Tradução livre de: 'a continuous process of social life in which men reciprocally define objects in terms of themselves and themselves in terms of objects'.

ele engendrada, antes de tudo, empiricamente, são realidade e significação social produzidas por música. Suas circunscrições e alocações dizem respeito a formas de inscrever, distribuir e divulgar um tipo de metal extremo. Assim, essas disposições e classificações conformam um modelo específico de emitir e propagar música no Brasil, espécie de comunidade musical. Certamente uma comunidade imaginada, para usar a imagem de Benedict Anderson[22] (2008), pois suas reuniões, pontuais, dispersas e aperiódicas, acontecem apenas nos shows. Mas há uma comunidade altamente delimitada naquilo que lhe importa, sua imaginação.

Com efeito, seu tipo de produção musical não se limita à feitura, inscrição e propagação de música. Se concordarmos com Lévi-Strauss que

> o desígnio do compositor se atualiza, como o do mito, através do ouvinte e por ele. Em ambos os casos, observa-se com efeito a mesma inversão de relação entre o emissor e o receptor, pois é, afinal, o segundo que se vê significado pela mensagem do primeiro: a música se vive em mim, eu me ouço através dela. O mito e a obra musical aparecem, assim, como regentes de orquestra cujos ouvintes são os silenciosos executores (2004, p. 37).

então a sua escuta é também fundamental nesta produção. Se, por um lado, na troca, efetua-se a regência deste tipo de música através da inscrição e distribuição, por outro, na audição, se realiza a execução de seu significado. Essa comunidade musical imaginada só terá vida se for realmente imaginada pelas pessoas que se vinculam, ou almejam se vincular, a ela. E essa imaginação é silenciosamente executada na audição.

---

22 Vale enfatizar que Anderson formula o conceito de comunidades imaginadas para tratar única e especificamente daquilo que define como 'condição nacional' (*nation-ness*) e, obviamente, existem grandes diferenças entre este tema e o nosso. Contudo, a maneira como o autor formula tal conceito, 'dentro de um espírito antropológico' (2008, p. 32), nos permite incorporá-lo sem grandes déficits explicativos devido às diferenças dos objetos: comunidade porque, independentemente das desigualdades internas, a nação e o *underground* são concebidos pelos seus membros como uma camaradagem horizontal; imaginada porque, mesmo que todos os seus membros não se conheçam, guardam em suas mentes uma imagem e em seus corpos um sentimento de comunhão mútua entre eles. Nosso uso de Anderson vai até aí.

Uma orquestra na qual não há como traçar uma linha divisória entre regência e execução. Na apreensão do *underground* do metal extremo nacional como um espaço de música não podemos separar a feitura da audição, a regência da execução, a emissão da recepção. Ambos os pólos são certamente específicos, mas intimamente complementares. À produção do som corresponde uma produção de significado realizada na escuta. Cabe então buscarmos uma apreensão dessa silenciosa execução do metal extremo *underground*. Tentaremos escutar escutas.

* * *

O principal artifício para atestar o estatuto do real e do falso é o tempo de inserção no *underground*. A participação da pessoa nas práticas deste espaço por um longo período de tempo é usada como um recurso para "revelar" a realidade ou falsidade da pessoa. Assim, *Mantus*, na mesma entrevista citada no primeiro capítulo, diz que "o tempo é o melhor laboratório, revela tudo". *Multilador*, guitarrista e vocalista da fluminense *Bellicus Daemoniacus*, respondendo a *Countess Death* sobre o que acha do problema dos falsos no *underground*, diz que "o tempo irá dizer quem é real nessa história". Mesmo o *Ocultan*, banda "grande" do *underground* nacional, segue na mesma linha. *Count Imperium*, baterista, argumenta nas páginas da A Obscura Arte que "quanto à pessoa ser falsa ou não, só o tempo poderá vir a esclarecer isto". Este tempo se refere ao período de inserção da pessoa no *underground*. Se ao longo de sua inserção a pessoa, banda, selo ou distro, se mostra observador das regras do *underground*, cumpridor de suas determinações, então é real. De outro modo, se utilizou o *underground* para proveito próprio, é falso.

Nessa mesma chave do tempo de inserção, a imagem da biografia de uma pessoa perante os outros praticantes é de extrema importância. Nas rodas de conversa em shows, aqueles reconhecidamente "veteranos" do *underground* geralmente monopolizam a palavra. Eles "viveram o passado áureo" da cena de suas cidades, quando não haviam tanto falsos como "hoje em dia".[23] Parece que o que eles dizem, simplesmente por ser dito por eles, tem mais peso. Todos ouvem.

São nessas rodas que as "histórias" de cada cena local, geralmente épicas e/ou cômicas, são propagadas. Os "veteranos" são sempre os protagonistas. Foram verdadeiros heróis, conseguindo realizar o "show mais fudido da cidade", foram *muy machos*, agarrando todas quando foram tocar em tal cidade, ou foram bobos, passando por situações embaraçosas, como um deles que teria se perdido em Assunção, Paraguai, após um show de sua banda e só conseguiu voltar para o Brasil após quatro anos. As entrelinhas dessas histórias são as mesmas: "eu já vivi muita coisa no *underground*".

O "veterano" tem poder. Suas acusações de falsidade são mais verídicas. As bandas que ele ouve e os zines que ele lê são mais reais. Eles sabem muito bem manipular seus poderes, aumentando ainda mais seu prestígio e diminuindo o status de seus desafetos. Ele sabe colocar a cena local a seu favor. O *underground* do metal extremo brasileiro é um grupo relativamente pequeno de pessoas e as cenas locais menores ainda. De modo que o poder aglutinado em algumas poucas pessoas ganha mais força ainda.

Mas o que confere poder ao "veterano" é seu longo tempo de inserção no *underground*. Ele sabe manipular sua biografia, se mostrar e ser visto como alguém que por muito tempo pratica as atividades deste espaço. Ele até pode aumentar o impacto desse tempo de inserção nos outros praticantes, mas não inventá-lo. O mesmo elemento que lhe dá força pode fazê-lo desmoronar. Afinal, "o tempo é o melhor laboratório, revela tudo", até mesmo a falsidade de um "veterano". A sagacidade de um "veterano" real está em compreender que ser um "individualista" no *underground*, agir em proveito próprio, trai a ordem deste espaço. O "ve-

---

23 Para os praticantes do *underground* do metal extremo, o passado sempre foi melhor do que os dias atuais. Não é coincidência que daqueles que cursam a universidade e optaram pelas ciências humanas, a radical maioria cursa história e um ou outro filosofia. *Doom-Rá*, um dos mais eloquentes praticantes que pude conhecer, cursou história. Aliás, certa vez comentei que era formado em ciências sociais para um outro praticante estudante de história e prontamente ele disse: "blá, sociais é coisa de *punk*".

terano" real manipula de acordo com o *underground* e não o *underground*. Para tanto, ele precisa saber quais são suas regras e modos de funcionamento.

Até aqui reportamo-nos ao praticante no singular. Porém, cada pessoa que de algum modo estabelece relações no *underground* detém diferentes percepções do que viria a ser isso que chamam de *underground*. Mas aqui sim, dentro do *underground*, são diferenças de grau e não de gênero. Se o *underground* nada mais é do que atividades, a introjeção de suas regras e modos de funcionamento, basicamente representadas pelos termos averiguados no item anterior, se dá pelo tempo de prática dessas atividades. Quanto mais tempo a pessoa praticou o *underground*, maiores são suas chances de ser reconhecido como um "veterano" real, graduação máxima, verdadeira personificação deste fenômeno. Ou seja, maiores são suas chances de compreender o que significa ser *underground* e real e repudiar o *mainstream* e seu correlato, o falso. Consequentemente, maiores são suas chances de canalizar suas ações neste espaço de acordo com tais termos. O aprendizado *underground* é prática e a socialização da pessoa só cessa quando ela se desvincula deste espaço.

As práticas colocam em contato pessoas com distintos níveis de inserção, logo diferentes graus de percepção do *underground*. "Novatos" organizam shows em conjunto com "veteranos" e "secundaristas" lançam gravações conjuntas com "docentes". Pessoas que viveram os "fudidos anos 80" contam suas "histórias" para quem começa a dar seus primeiros passos *underground* na hoje "decadente" primeira década dos anos 2000.[24] Mas com toda certeza a presente década será a "fudida década" daqui a dez anos, quando os atuais "novatos" serão os reais "veteranos". E assim, na prática e na oralidade, a "etnia" do *underground* do metal extremo brasileiro vai se reproduzindo em meio à urbe nacional.

* * *

O metal extremo é constituído por um grupo de estilos musicais que se distinguem entre si de acordo com suas sonoridades, temáticas abordadas,

---

24 Essa é a razão pela qual não adentramos em nosso tema pela questão juvenil. Apesar da grande maioria dos praticantes ser classificada como jovem, o considerável número de pessoas com mais de 35 anos presentes faz com que, de saída, desconsideremos qualquer recorte geracional para esta pesquisa.

iconografia e vestuário dos integrantes das bandas. Apesar de cada banda poder misturar essas distinções, os praticantes se referem a certos rótulos gerais que guardariam as diferenciações internas básicas do metal extremo. São eles: o *black metal*, o *death metal*, o *doom metal*, o *trash metal* e o *gore/grind/splatter*. No capítulo seguinte trataremos especificamente das diferenças entre os estilos. Por ora, precisamos assinalar como se compreende tais diferenças.

A história de como os praticantes chegaram a conhecer o metal extremo normalmente é narrada da seguinte maneira. Eles apreciavam *heavy metal* em geral até que algum amigo ou familiar próximo apresentou uma gravação de metal extremo que os arrebatou. Não conseguiam parar de ouvi-la até o ponto em que começaram a procurar outras gravações de metal extremo. Foram em lojas pesquisar ou perguntaram para os mesmos amigos e familiares se tinham algo parecido com aquela primeira gravação. Essa fascinação cresce a tal ponto que eles decidem ultrapassar a posição de ouvintes e fazer algo por aquele estilo de música. Querem se aproximar dele de alguma forma, tocando-o, ouvindo-o ao vivo, contatar outros fascinados e conhecê-lo ainda mais. Esta vontade de se aproximar do metal extremo faz com que se insiram no *underground*. Lembremos dos relatos de Maurício, Mauro e Cléverson apresentados no primeiro capítulo.

Mas é a partir do momento em que começam a praticar o metal extremo *underground*, eles mesmos o dizem, que seu verdadeiro aprendizado se inicia. Pois quando ingressam no *underground* começam a perceber um outro tipo de metal extremo. Claro, outro em relação ao *mainstream*. Ricardo, 22 anos, capixaba radicado no Rio de Janeiro e assíduo comparecente nos shows da capital fluminense, narra assim suas impressões quando aportou no *underground*:

> Essas bandas que fazem um som extremo mas lançam CDs por gravadora grande foram legais. Eu comecei por aí... *Slayer, Venom, Cannibal*... hoje em dia até aturo mas não dá... é muito bonitinho, bem produzidinho, gravadinho e tal. Não dá conta, sacou? Fica faltando alguma coisa...

Você diria que essas bandas são falsas?
Soam falsas... parece que é só pra vender, não dá. Brutalidade pra vender? Brutalidade de verdade é crua, seca, tosca, entra na cabeça que nem tiro, BAM, e não tem como escapar. Eu só ouço isso aqui, com o som dessa galera aí [estávamos conversando em um show e nesse momento Ricardo aponta para a plateia], quando comecei a ver a galera ao vivo não deu pra acreditar, quanto tempo eu perdi! Aqui que eu me liguei no brutal de verdade mesmo, antes era só preparação.

Metal extremo *underground* soa diferente do metal extremo *mainstream*. Esse ponto de vista nítido na voz de Ricardo, que não é músico, é elaborado também por Joel, 28 anos, gaúcho, músico que pediu para não ter seu codinome e banda identificados, em conversa tida em 2005:

Quando a banda vira profissão alguma coisa da essência do estilo é perdida... começam a ficar mais melódicos, a usar teclados, vozes femininas, mais solos... a essência da arte extrema, a brutalidade em forma de música, fica pra trás... a música fica mais aparente, entende? Vira uma função e não uma necessidade... arte extrema é uma necessidade íntima e quem tem respeito próprio respeita ela.

Mas Joel, você diria que essas bandas estão fazendo metal extremo?
Eles dizem que estão né... podem até estar fazendo... pra eles, pra quem curte... mas olha só, a questão não é se eles estão fazendo ou não metal extremo e sim porque estão fazendo essa música. Eles fazem como uma profissão... o problema não é só ganhar dinheiro com ela, mas a forma como você a encara, entende? Esses caras acham que podem fazer da arte extrema uma função nas suas vidas enquanto pra mim ela é a minha vida... são duas coisas muito diferentes, e quer saber? Você ouve isso na música deles... tá lá, bem claro. Mas deixa estar, eles vão pagar por isso, não aqui, nessa vida, mas vão pagar.

A introjeção das características musicais do metal extremo começa quando os praticantes foram arrebatados por este tipo de sonoridade. Então, começam a apreciar o vocal gutural, as guitarras em trítono,[25] o baixo amplifica-

---

25 Segundo Wisnik (1989, p. 65), o trítono, um intervalo de três notas entre o fá e o si ou entre o dó e o fá sustenido, provoca forte instabilidade na composição por ser um fraseado incompleto. O

do e os bumbos duplos da bateria. Começam a distinguir como soa um *trash* oitentista, um *death* de pegada sueca ou norte-americana, um *doom* arrastado ou cadenciado, um *black* norueguês e outras inúmeras distinções possíveis entre os estilos de metal extremo.

Ricardo está certo: é só uma preparação, porém fundamental. As primeiras escutas de metal extremo, apresentando as distinções e características musicais do estilo, familiarizam o ouvinte com suas especificidades. Oferecem-lhe bases de julgamento estético de um tipo de música o qual, segundo os musicólogos que o averiguaram (Berger, 1999a, 1999b; Walser, 1993), baseia-se quase totalmente no ritmo e não na melodia. Familiaridade fundamental na medida em que, como Wisnik (1989) argumenta, toda a música ocidental baseia-se no tom (melodia) e não no pulso (ritmo). Aliás, o autor foi muito feliz em chamar a *Sagração da Primavera* composta por Stravinski em 1913, primeira obra ocidental com ênfase no pulso, de *heavy metal*. Só não foi muito feliz adjetivando o *heavy metal* de Stravinski como luxuoso (Wisnik, 1989, p. 44). Ora, se o *heavy metal* de Stravinski é luxuoso, o do *Coroner* é modesto, o do *Impaled Nazerene* é parco? Talvez Wisnik tenha dado eco a uma depreciação que o *heavy metal* enquanto música, para não falar do preconceito que seus ouvintes sofrem,[26] geralmente recebe de musicólogos e críticos de música. Só temos a lamentar que uma análise tão sagaz do *heavy metal* e da obra de Stravinski deságue em julgamento estético, de ambos, tão canhestro.

Voltando, vale contarmos uma situação de campo que ilustra bem a importância dessa familiaridade.

Durante a pesquisa reincorporei ao meu cotidiano uma prática de quase todo apreciador de *heavy metal*, passar tardes inteiras em lojas especializadas. Em toda cidade que visitava, procurava passar horas e horas nas lojas, conversando com vendedores e outros apreciadores. Em uma dessas tardes, em 2004, em São Paulo, estava conversando com o vendedor quando uma moça entrou

---

trítono é um pedaço de uma oitava, ela sim, completa. Daí sua nomeação, cunhada no medieval, como *diabolus in musica*.

26 Sobre o preconceito que os apreciadores de *heavy metal* dizem sofrer, remeto o leitor à tese de Pedro Alvim Leite Lopes (2006).

na loja reclamando que o CD que tinha ganhado de um amigo e que tinha sido comprado ali estava com o "vocal estragado". Era um CD do *Cannibal Corpse*. Eu e o vendedor nos olhamos e compartilhamos de um estranhamento óbvio naquela situação. Não havia como o vocal estar "estragado". Ou o CD estava com problemas, e aí toda a banda vai soar "estragada", ou estava acontecendo algum mal entendido. Colocamos o CD pra rodar e nada de errado. O vocal do George *Corpsegrinder* Fischer soava como sempre soou, mais semelhante a um urro de um urso do que a uma voz humana. E a moça disse: "ouviram, o vocal está estragado". Sim, ouvimos, o estranhamento dela era outro totalmente diferente do nosso. Ela sequer chegou a imaginar que alguém poderia cantar daquele jeito. Ela estranhou o vocal gutural, um dos pilares estilísticos do metal extremo.

O relacionamento com o metal extremo prossegue ao longo do ingresso da pessoa no *underground*, não mais como uma familiarização e sim como um aprimoramento da escuta.[27] Mas, ao mesmo tempo em que há uma continuidade no nível de refinamento do saber acerca dos meandros do estilo, acontece uma ruptura no registro do arranjo da escuta. Por mais "brutal" que o metal extremo *mainstream* possa ser "não dá mais conta". "Fica faltando alguma coisa".

A ruptura é paulatina. Ela se define ao longo do tempo de frequência da pessoa. Ricardo e Joel nos apontam qual é o bisturi desse corte. A incorporação de tudo aquilo que real e falso representam, realizada na prática do *underground*, se dissemina pela percepção do praticante, fazendo com que ele diferencie o metal extremo *mainstream* do *underground*. O primeiro soa falso para Ricardo e Joel ouve nele razões espúrias que levaram seus músicos a

---

27 Este aprimoramento tende a variar de acordo com, novamente, o tempo de inserção da pessoa e com as atividades que irá praticar. Um músico e um escritor de um zine com relativa longevidade podem apresentar sagazes refinamentos da escuta. Aliás, quanto ao segundo, boa parte dos textos que produz são críticas e comentários dos últimos lançamentos, publicados na seção de resenhas. O escritor de zine é o equivalente *underground* ao crítico de arte. Não é por acaso que os reais "veteranos" são, na grande maioria, músicos e zineiros. Já os responsáveis pelos selos e distros, promotores de shows e aqueles poucos que são só público podem tanto dominar as nuanças estilísticas como se manterem em nível relativamente genérico de aprimoramento da escuta, pois suas posições não demandam, necessariamente, um apuro no julgamento estético do metal extremo.

compô-lo. O real e o falso articulam de tal maneira a realidade deste espaço a ponto de modular a escuta dos seus praticantes.

A diferenciação entre ambos os metais extremos, *underground* e *mainstream*, é, sem dúvida, um produto da frequência da pessoa nas práticas do *underground*. Toda a informação que ela aí recebe, principalmente acerca de como as biografias das bandas são assimiladas pelos praticantes, pesa na conformação do seu gosto musical. Afinal, ela quer se vincular ao espaço do *underground*. Ela se sente, em certa medida, pressionada a balizar sua apreciação de acordo com os limites do gosto *underground*. E essas apreciações, esses julgamentos estético serão importantes nas conversas, nas relações face-a-face, quando cada praticante está a julgar não só o gosto do outro, mas o próprio posicionamento *underground* do outro. Contudo, os praticantes elevam, por assim dizer, essa diferenciação dos metais extremos ao nível da percepção auditiva. Eles acreditam que ambos os metais soam diferentes, soam *underground* ou *mainstream*.

Se no nível do discurso podemos apenas apontar para essa diferenciação que os praticantes dizem fazer, no show podemos perceber como essa modulação da escuta é importante. No show ela possui uma função social, ou melhor, ela executa a organização do social.

Os locais inapropriados para uma apresentação ao vivo dificultam a propagação do som no recinto. Os equipamentos de amplificação antigos e amadores deixam a qualidade do som mais precária ainda. Enfim, o baixo orçamento de um show *underground* faz com que as qualidades acústicas deste evento sejam ruins. Apesar de haver alguns produtores de shows *underground* que conseguem oferecer às bandas e ao público melhores condições acústicas, a regra é um desempenho insatisfatório quanto à propagação do som.

Os praticantes reclamam dessas condições. Eles entendem que com um pouco mais de cuidado e perseverança é possível organizar um bom show com um baixo orçamento. Eles querem apresentar e apreciar as composições, mostrar e perceber a música. Afinal, o praticante do *underground* também é um amante da arte dos sons.

Porém, na hora do show, no momento mesmo das apresentações, essas precárias condições não importam. Os chiados indesejáveis, o som "embolado"[28] como dizem, não é empecilho para que aquele evento se transforme em uma celebração de tudo aquilo que o *underground* representa para os presentes. Os ruídos não impedem que o som regido pelos músicos mancomunados com seus instrumentos seja ouvido como uma música, como metal extremo *underground*, razão e objetivo desse espaço. Teremos melhores condições de tratar do show mais à frente. Por ora, é importante assinalar a execução que a escuta realiza neste evento. Levando ao patamar perceptivo regras e modos de funcionamento do *underground*, ela conecta o ouvinte àquela música que está sendo apresentada. Ela o permite ouvir naqueles sons mais do que composições, ela o faz ouvir o próprio *underground*. Daí falarmos do *underground* do metal extremo nacional como uma prática musical. Com o ouvinte conectado à música, esta, por sua vez, conecta todos os presentes no show. Aqui sim, no show, a comunidade imaginada na e pela música está junta. Aqui não há mais luta, não há mais *mainstream* e falsos. O show é a vitória, o *underground* se revela e pode ser entusiasticamente celebrado.

Para além da escuta no show, é preciso notar também que as distinções entre metais extremos *underground* e *mainstream* se expressam nas gravações. Enquanto as gravações do metal extremo *mainstream* teriam sido feitas por profissionais especializados que sabem utilizar as tecnologias de gravação com o máximo de qualidade, as gravações *underground* são muitas vezes balbuciações dos praticantes tentando entender como funciona um programa de gravação ou como se microfona uma bateria, por exemplo. Muitas gravações *underground* são literalmente toscas, cheias de chiados e ruídos: mal se compreende as notas e dificilmente se diferencia os instrumentos da voz. Já as gravações *mainstream* são "limpas", livres de qualquer ruído estranho à canção, com notas e instrumentos nítidos. É justamente em relação às diferenças das gravações que Ricardo se refere quando nos fala que a "brutalidade de verdade é crua, seca e tosca" e os CDs

---

28 Som embolado: quando os instrumentos não são discerníveis. Pode acontecer tanto ao vivo quanto em uma gravação. O som embolado é o antônimo de um som coeso, quando os instrumentos parecem estar em harmonia uns com os outros. No entanto, enquanto o embolado é creditado a problemas acústicos, o som coeso é fruto de uma "boa" composição.

lançados por "gravadoras grandes são muito bonitinhos, bem produzidinhos e gravadinhos". Para um produtor de música não acostumado a relativizar sua posição, as gravações *underground* não passam de um culto da tosquice. Para os praticantes é isso mesmo, tem que ser assim. A tosquice é real e a produção profissional, falsa. Sendo assim, a escuta de uma gravação *underground*, certamente em nível mais acanhado do que a escuta no show, também está regulada por essa diferenciação *mainstream* e *underground* e guarda em potência a possibilidade de executar no ouvinte a imaginação da comunidade *underground*.[29]

Portanto, para o caso do *underground* do metal extremo brasileiro concordamos totalmente com Max Peter Baumann quando afirma que 'a realidade da escuta e da audição não se encontra nem no sujeito nem no objeto, mas na atividade cíclica e no fluxo dinâmico entre ambos'[30] (1992, p. 123). O *underground*, esse fluxo dinâmico de pessoas, palavras e objetos, completa sua atividade cíclica de produção da música dotando seus praticantes com batutas para realizarem aquela silenciosa execução da audição. Assim, ao mesmo tempo em que ele figura como uma "prótese auditiva", a instalação dessa máquina de fazer ouvir nos ouvidos e gravações completa a conformação de sua realidade enquanto uma organização específica dos meios de produção da música.

2.3 – A ambivalência do *underground*

Espaço de troca, circuito de pessoas, palavras e objetos transitando por eixos produtores e reprodutores de música. O *underground* do metal extremo brasileiro pode ser resumido dessa forma: um ambiente musical discreto e específico.

---

[29] Fora da moldura ritual do show, a escuta de uma gravação ganha outros contornos. A pessoa pode estar ouvindo aquele CD ou aquela fita por prazer, para passar o tempo, enfim por qualquer motivo que ele tenha em mente. Porém, como nos lembra Halbwachs (1980), a memória musical é necessariamente social. A escuta de uma gravação pode fazer o ouvinte lembrar de um show que lhe é particularmente importante. Então, com as lembranças de um show memorável, no caminho para a escola ou para o trabalho, na solidão do quarto, o *underground* pode ser reforçado na subjetividade do praticante.

[30] Tradução livre de: "the reality of hearing and listening lies neither in the subject nor in the object, but in the cyclic activity and in the dynamic flow between them".

Contudo, mais do que meros veículos intermediários, esses modos de fazer, divulgar e escutar música específicos do *underground* mediam o parentesco, digamos assim, entre as pessoas, palavras e objetos que nele circulam. Uma conjugalidade que faz estes elementos compartilharem de uma mesma substância, de um mesmo espírito, o espírito do *underground*. Os objetos carregam algo de quem os fez, as ideias brotam da subjetividade, são espelhos, sempre incompletos, de quem as criou; as pessoas são irmãos, correligionários do mesmo partido, soldados defendendo a mesma bandeira e confrades compartilhando a mesma crença.

Poderíamos continuar lançando mão de uma série de imagens que nos ajudariam, por analogia, a compreender a natureza da vinculação social do *underground*. Facções políticas, divisões e companhias dos exércitos, congregações religiosas, classes escolares, todos esses fenômenos sociais compartilham com o *underground*, ao menos em nível generalizante, a condição de instituírem entre seus membros um elo, uma conexão, um eixo de pertencimento não determinado pela consanguinidade. Na visão nativa, por mais que essas associações tenham causas e interesses muito bem delimitados, a verdadeira razão da força e pujança de sua união não está em seus protocolos. Está na "união espiritual" dos seus membros, no "sentimento", no "respeito", no "coração". Não importa que elas não estejam baseadas em pretensos pertencimentos "biológicos": seus membros a transformam em carnal e universal. A insígnia da divisão e as iniciais da facção são tatuadas e o metal extremo "vai para o sangue".

Seria desmesurado, talvez, afirmar que o *underground* é uma sociedade. De qualquer forma, preferimos nos referir a ele como um agregado de práticas urbanas, dispersas na urbe e entrelaçadas com tantas outras, do que uma sociedade ou mesmo uma tribo urbana.[31] No entanto, dentro do ambiente dessas prá-

---

[31] Como nos alerta Magnani (1992), o termo tribo urbana pode até ter algum rendimento analítico enquanto metáfora, ou seja, emprestando o termo tribo do arcabouço conceitual da etnologia e utilizando-o como um delimitador inicial de um problema urbano para o qual ainda não se tem um enquadramento teórico mais preciso. Um bom ponto de partida. Porém, utilizá-lo como uma categoria descritiva e explicativa, que demanda precisão, pode não ser adequado. O termo tribo, além de poder evocar imagens muitas vezes depreciativas dos grupos urbanos os quais se busca analisar, como "selvagens" e "primitivos", por exemplo, pode também dar a entender

ticas há claros indícios daquilo que Malinowski (1983), Mauss (2003) e mesmo Lévi-Strauss (1976), colocam como o elemento transformador da hostilidade em amizade, da separação em aproximação e da guerra em negócios, a troca. Uma vez inserido nela e reconhecido pelos outros agentes como um parceiro, não se é mais um estranho e sim um familiar. Não tanto uma sociedade, mas uma associação onde certamente há disputas, mas disputas pontuais nas quais certos consensos se mantêm. Se os disputantes questionarem esses consensos, *underground*, *mainstream*, real e falso, estarão colocando em suspenso a própria possibilidade da troca, logo a sobrevivência do *underground*.

Mas, se para o lado de dentro a relação é de paz, para fora é de guerra. A restrição e a relativa autonomia do ambiente conformado em volta do uso específico dos meios de produção e reprodução da música são alcançadas a partir de um rompimento, ou no mínimo um distanciamento, de outros usos dos meios de produção e reprodução da música. O *underground* é totalmente diferente daquilo que seus praticantes chamam de *mainstream*, meios de produção e reprodução da música massivos, totalizantes, abertos e irrestritos. A música é o meio pelo qual o *mainstream* atinge seus fins, "fama e lucro". Neste sentido é significativo que o *underground* seja visto como possuindo um espírito enquanto que seu oposto não. Este é pura máquina, pura técnica, só aparência, exatamente como aquilo que Adorno e Horkheimer (1985) denominaram ressentidamente de indústria cultural, desarticulada de qualquer possibilidade de criatividade artística e de produção da diferença.[32] O *mainstream* é conforto e entretenimento e o *underground* é esforço e ideal. A relação entre ambos só pode ser dissonante.

---

que esses grupos vivem isoladamente quando, na verdade, estão imersos nas múltiplas relações constituintes da malha social urbana.

32 Apenas salientando: conhecemos a realidade do *underground* para além daquilo que seus praticantes dizem que ele é. Já em relação ao *mainstream* nada sabemos para além do que estes mesmos praticantes dizem que ele é. Portanto, nosso uso de Adorno e Horkheimer aqui é mais como uma legenda da categoria *mainstream* do que uma análise de processos produtivos e reprodutivos da música.

Daí a ambivalência do *underground*. Ao mesmo tempo em que demarca constantemente sua diferença em relação ao seu entorno de modo absoluto, explícito, beligerante e raivoso, internamente cria uma irmandade, aliança amistosa a qual, por mais que seus membros enfatizem que não é "curtição", traz prazeres. O nome de um show realizado na capital fluminense em 2006 expressa de modo salutar essa ambivalência. Uma *Aliança Negra*, irmandade de pessoas, palavras e objetos voltada à negação de toda e qualquer música que não a sua própria.

Importante sublinhar esse registro. Por enquanto, estamos tratando das disputas acerca das formas de produção, reprodução e escuta da música. Mais à frente, com a temática do metal extremo *underground*, veremos que é possível estender essa ambivalência fraternidade ao interno/repulsão ao externo a outros níveis. Por ora, ela concerne ao já tratado, ao fato de que o *underground* figura como uma comunidade musical fundada no seio das técnicas de produção e reprodução da música. Fundação essa que mesmo sendo explicada como um rompimento com tais técnicas, utiliza essas mesmas técnicas. Daí a importância da modulação da escuta *underground*. A "silenciosa execução" do ouvinte incute significado subjetivo para esta outra forma de produção e reprodução da música e, assim, a faz repercutir para além das próprias técnicas. Comunidade imaginada, comunidade escutada por "próteses auditivas" que decodificam na sua música regras e modos de funcionamento e codificam essas regras e modos de funcionamento em forma de música. Por isso, uma antropologia do *underground* do metal extremo brasileiro não pode privilegiar na sua análise a recepção ou a emissão. Não se trata de uma linha reta que começa na produção e termina no consumo e sim um círculo no qual recepção e emissão são faces do mesmo fenômeno.

2.4 – Uma ou duas palavras sobre o debate frankfurtiano e suas leituras

No que tange às técnicas de produção e reprodução da arte, certa sociologia da cultura tendeu a estender as diferenças políticas entre Adorno e Horkheimer (1985), de um lado, e Benjamin (1994), de outro, para diferenças metodológicas. A visão ressentida da indústria cultural dos primeiros e uma perspectiva relativista e esperançosa das técnicas de reprodução da arte do segundo foram tomadas como matrizes de pesquisas que salientavam em suas análises, respectivamente, a emissão e a recepção. Deixem-nos ilustrar o ponto.

O sociólogo e crítico de música inglês Simon Frith (1988) entende que perpassa, em certos argumentos de críticos, estudiosos e fãs da música popular, um ressentimento implícito com a indústria fonográfica. Quando correlacionam a industrialização da música com um declínio das tradições folclóricas e comunitárias, nos diz o autor, eles estariam assumindo que há 'alguma atividade humana essencial, o fazer música, que vem sendo colonizada pelo comércio'[33] (Frith, 1998, p. 12). Segue-se no argumento de Frith que a música popular no século XX, devido ao tal ressentimento com a industrialização, é percebida em um contraste entre música como expressão (*music-as-expression*) e música como produto (*music-as-commodity*). A primeira como a verdadeira e autêntica música, a segunda como espúria, exploradora das criatividades e capacidades musicais dos artistas e degenerativa das qualidades auditivas dos apreciadores.

É contra esse estado de percepção da música popular no século XX que o autor defende que a música não é o ponto de partida da indústria fonográfica e sim seu produto final: 'a industrialização da música não pode ser entendida como algo que acontece com a música, uma vez que descreve um processo pelo qual a música mesma é feita – um processo pelo qual se fundem (e se confundem) argumentos monetários, técnicos e musicais'[34] (Frith, 1998, p. 12). O autor chama de industrialização da música o modo como a música popular no século XX é feita, e cabe então analisá-lo em seus três principais aportes: os efeitos das mudanças tecnológicas, as crises e afluências econômicas da

---

33 Tradução livre de: '(...) there is some essential human activity, music-making, which has been colonized by commerce'.

34 Tradução livre de: 'the industrialization of music cannot be understood as something which happens to music, since it describes a process in which music itself is made – a process, that is, which fuses (and confuses) capital, technical and musical arguments'.

indústria fonográfica e o surgimento de uma nova função nas práticas musicais, o profissional da música.

Já o comunicólogo espanhol Jesús Martin-Barbero (2003) entende que nos estudos dos meios de comunicação massivos não há mais lugar para indagações que resultam sempre em uma mesma constatação: a ideologia dominante manipula os discursos através das mídias de massa. Não há mais como perceber os meios de comunicação operando entre 'emissores-dominantes' e 'receptores-dominados', como se entre esses dois pólos a mensagem circulante fosse apenas produtora de ideologia e alienação, esvaziada de conflitos, contradições, resistências e lutas. O principal problema nesse tipo de pesquisa, defende o autor, é tomar o processo total da comunicação apenas pelo pólo emissor.

A partir dessa crítica, Martin-Barbero elabora sua proposta de estudo: 'rever o processo inteiro da comunicação a partir de seu *outro* pólo, o da recepção, o das resistências que aí têm seu lugar, o da apropriação a partir de seus usos' (Martin-Barbero 2003, p. 28). Se o processo de comunicação for tomado a partir do pólo receptor, ou se preferirmos do pólo consumidor, veremos então que as mídias são mais do que meios de comunicação: são mediações, ou seja, operam transformações das mensagens no processo mesmo de sua transmissão. Para o autor, isso seria perceptível nos usos das mídias feitos pelos movimentos sociais latino-americanos (Martin-Barbero, 2003, p. 225-69).

Eis aí dois autores preocupados com um mesmo tema social; porém, entrando nele, literalmente, por lados opostos. Frith estende as implicações de Adorno e Horkheimer para além deles mesmos na medida em que um saudosismo ressentido análogo ao dos autores é apontado por ele como o impasse na compreensão da música popular no século xx. A industrialização não só é fato como é berço da música popular do século xx no ocidente. Tudo que podemos fazer é conviver com ela e tentar compreendê-la. Sem reclamações. Martin-Barbero, por sua vez, entende que são justamente reclamações que o pólo receptor está fazendo. Declaradamente inspirado por Benjamin, o autor (2003, p. 75-101) até concorda que a indústria cultural é um fato, mas, de modo algum, isso implica uma planificação da comunicação. Pelo contrário.

As próprias técnicas de reprodução da arte dariam as condições de constantes re-significações da mensagem, obviamente, recebida.

Esses diferentes procedimentos metodológicos estão calcados em apropriações possíveis do debate frankfurtiano. A visão de Adorno e Horkheimer da indústria cultural, último estágio de implantação do capitalismo, asfixiadora da única esfera de produção da diferença na modernidade, a arte, se transforma em ponto de partida para pesquisas que procuram resolver as técnicas de reprodução apenas pelo lado emissor. Já a visão de Benjamin, esperançosa, que vê no advento das técnicas de reprodução uma qualidade revolucionária baseada na aproximação do público com a arte e pelas possibilidades perceptuais que elas engendrariam, se transforma em inspiração para estudos que focam em suas análises apenas o outro pólo, o receptor.

Não há nada de errado em transformar as leituras políticas que definem o debate frankfurtiano em procedimentos analíticos. O problema é que acabam transformando as visões julgadoras e totalmente interessadas desse debate em procedimentos analíticos. Assim, escolher entre o pólo receptor e o emissor na análise acaba mantendo o ponto menos analítico desses autores. Se entrarmos pelo segundo, saímos na conclusão de que a indústria cultural de fato existe. Aliança dominante, onipotente e inexorável, quase conspiratória mas que, no entanto, explica a realidade dos modos de produção. Qualquer crítica é "ressentimento implícito". Entrando pelo primeiro, concluímos que sempre existem saídas, que todo o processo de comunicação por estes meios é na verdade negociação e conflito, os dominados resignificam recebendo. Não perceber isso é "fascismo intelectual". Parece-nos que privilegiar emissão ou recepção na análise necessariamente deságua em defesas e ataques de modos específicos de organização dos meios de produção e reprodução da arte.

Não estamos clamando por uma busca do ponto de vista independente e desinteressado, neutro. Mas concordamos com o sociólogo inglês Peter Martin quando defende que 'não cabe ao sociólogo decidir se a música clássica é realmente a manifestação da mais alta e ardorosa busca da alma humana, ou se o blues é realmente o choro de dor de uma raça oprimida, por mais que essas questões sejam cruciais para muitos músicos e ouvintes'[35] (1995, p. 12). Justamente porque essas questões são importantes para os artistas e para quem consome suas obras, precisamos compreender como elas são produzidas. Como tais valores se cristalizam e se tornam preeminentes ou secundários, como eles organizam formas de fazer e consumir arte ou vice-versa. Enfim como a arte é feita socialmente. Ora, aí está a grande contribuição do debate frankfurtiano mas que, de certo modo, se mantém enterrada quando concordamos ou discordamos com as posições desse debate. Para além das profundas diferenças políticas que as duas perspectivas apresentam, Adorno e Horkheimer de um lado, e Benjamin de outro, nos mostram que as técnicas de produção e reprodução se tornaram centrais na feitura da arte. Guardadas as diferenças e proporções, é difícil não topar na análise da arte em contextos urbanos com tais técnicas. Mas é preciso não fazer política com o debate frankfurtiano para perceber que o seu pioneirismo está em apontar para o fato de que se faz política com as técnicas de produção e reprodução da arte.

O debate frankfurtiano assume que os meios de reprodução da arte são territórios cruciais de defesa e ataque identitários naquilo que outrora se convencionou como modernidade. O grande problema da indústria cultural, para Adorno e Horkheimer (1985), é que a ela correspondem modos de percepção distraídos, de entretenimento, logo espúrios e degradados. Se levarmos em conta a sociologia da música elaborada por Adorno (1975), temos nela não só uma tipologia das escutas como todo um apontamento de possibilidades de fuga da indústria cultural, como na análise da música de seu mestre, Schoenberg. Já para Benjamin (1994) a grande possibilidade revolucionária das técnicas está justamente na transformação de uma percepção contemplativa da arte, a qual para o autor não era nada além de fascismo intelectual, em distração. Mas distração não é entretenimento para Benjamin e sim fragmentação do lócus original da obra de arte. Uma vez que esta perde sua unicidade, seu "aqui e agora", através da reprodução, a mesma obra de arte pode ser

---

[35] Tradução livre de: 'it is not for the sociologist to decide whether classical music is really the embodiment of the highest strivings of the human soul, or whether blues is really the cry of pain of an oppressed race, though such questions are the crucial matters for many musicians and listeners'.

recepcionada a um só tempo em diferentes lugares, acentuando assim diferentes acolhimentos. Para além de suas notáveis diferenças, Adorno, Horkheimer e Benjamin demonstram que a industrialização da arte não é só industrialização, pois corresponde a modos de percepção, e a recepção só pode ser múltipla se for produzida pelas técnicas de reprodução. A emissão não é só máquina e a recepção não é só humana. Novamente, muito mais do que termos ligados por uma linha reta, as técnicas de reprodução da arte são relações, ao mesmo tempo, de produção e recepção.

Antes de assumirmos qualquer posição frente às condições da música contemporânea, procuramos averiguar tais condições. Buscar uma compreensão antropológica de qualquer manifestação social que guarde relações com alguma música, pelo menos em contexto urbano, certamente demanda a conscientização de que as técnicas de fazer, escutar e apresentar música, essas técnicas eletrônicas, mecânicas, magnéticas e digitais, são causas e efeitos, muitas vezes ambos ao mesmo tempo, dessas manifestações sociais. Ou seja, a compreensão da música enquanto um tema social demanda percebê-la enquanto uma construção, gerada em meio a alianças e conflitos constituídos pelas e constituintes das diferentes formas de gravação, veiculação, distribuição e escuta. Se essas técnicas ensejam desprezo ou júbilo pelo "mercado fonográfico"; se elas acionam ou não controvérsias acerca da autenticidade da música; se elas enfatizam a emissão ou a recepção, só poderemos saber após a etnografia.

Foi nesta afinação que tentamos compor nossa análise do *underground* do metal extremo brasileiro. Não tanto por opção teórica mas também pelo que a etnografia apresenta. Toda a crítica que seus praticantes fazem ao "mercado" da música, condensada naquilo que denominam *mainstream*, toda essa postura contra qualquer meio massivo de produção e comunicação da música, de modo algum os coloca à margem destes mesmos meios. Pelo contrário, os coloca frente a frente, em disputa pelas formas com as quais irão utilizar esses meios. Contudo, nessa política das produções do som, são em alguma medida vitoriosos. Conseguem manter suas formas em operação, discretas, auto-sustentáveis e relativamente autônomas. É aqui que sua crítica – ou, para colocar de modo clássico, seus sistemas classificatórios –, reencontra sua eficácia. As disposições e classificações acionadas pelas categorias *underground* e *mainstream* regulam o funcionamento do sistema de trocas. Essas categorias lançam os praticantes na disputa e, se observadas ao longo do conflito, garantem suas vitórias, a manutenção da troca e do show. Vimos também pelos termos real e falso como essa observação é importante para os praticantes. Antes de serem categorias propriamente nominadoras de pessoas e bandas do *underground*, real e falso classificam modos de representar este e se portar neste espaço. Fala-se menos dessas categorias do que se age pelo que elas representam. Agência que exibe conhecimento das regras e modos de funcionamento do *underground* e procura reconhecimento de que essas regras e modos estão sendo acionados "do jeito certo".

Capítulo 3

Seres do Submundo: os Estilos de Metal Extremo

3.1 – Estudando o *heavy metal*: o problema da diversidade

Nos capítulos anteriores procuramos fazer uma antropologia da comunicação do *underground* do metal extremo nacional. Como se organiza a sua troca e como a percepção dos praticantes acerca dessa troca constitui um espaço específico de produção de música. Cabe agora compreendermos o que é comunicado no *underground* e, a partir daí, como se organiza e como se percebe o metal extremo *underground* brasileiro.

É inevitável começarmos nossa apreensão do metal extremo pela apresentação de um problema que perpassa boa parte da bibliografia acadêmica que tratou do *heavy metal*:[1] sua diversidade. É possível abordar o *heavy metal* univocamente, enquanto um estilo musical, ou, reconhecendo que as diferenças entre os estilos de metal são por demais agudas, é necessário se reportar, na análise, somente a um desses estilos? De outro modo, o *heavy metal* é um só ou é múltiplo?

Muito provavelmente, foi o sociólogo canadense Will Straw que publicou em 1984 o primeiro artigo acadêmico voltado a uma análise do *heavy metal*.[2] A reflexão proposta no seu artigo procura contextualizar o surgimento deste estilo de música, segundo o autor acontecido no início dos anos 70 nos Estados Unidos e Inglaterra, no âmbito das transformações da indústria fonográfica. O autor

---

[1] Importante guardar essa distinção, no caso do *heavy metal*, entre bibliografia acadêmica e não-acadêmica. Este estilo musical é objeto de uma série de livros que não resultam de pesquisas feitas em âmbito universitário. Porém, sem desconsiderar a qualidade desses livros, seria impossível, devido ao grande número deles, incluí-los na revisão bibliográfica feita a seguir.

[2] Originalmente publicado em 1984, o artigo "Characterizing Rock Music Culture: the Case of Heavy Metal" foi republicado, com a inclusão de um pequeno pós-escrito, em 1993. A paginação citada subsequentemente se refere à segunda versão.

nos diz que as várias pequenas gravadoras surgidas nesses dois países durante a década de 60, não conseguindo se manter no negócio da música, são compradas pelas grandes gravadoras no começo dos anos 70.[3] Contudo, essa compra das gravadoras pequenas e locais pelas grandes e internacionais corresponde a uma assimilação da mão-de-obra das primeiras pelas segundas. Segundo Straw, os executivos das grandes gravadoras estavam de cientes que os responsáveis pelas pequenas sabiam que tipo de música poderia render grandes lucros. Afinal, foram essas pequenas gravadoras que sedimentaram o rock, durante os anos 60, na indústria fonográfica. Seus proprietários e responsáveis eram, eles mesmos, músicos e promotores de shows que teriam percebido o potencial do rock para ser a linha mestra da indústria fonográfica da época. Contudo, mesmo com o "sucesso" do rock, suas gravadoras não conseguiram fazer frente ao poder econômico das grandes gravadoras. Perderam seus negócios, mas ganharam empregos com ótimos salários. Segundo Straw, o *heavy metal* é fruto desse contexto fonográfico. Lançadas pelas grandes gravadoras da época, as primeiras bandas que poderiam ter sua música definida como *heavy metal* foram montadas por essa 'elite do rock' (Straw, 1993, p. 370), oriunda das pequenas gravadoras dos anos 60. Músicos que sabiam como funcionava o mercado da música, pessoas que estavam totalmente inseridas nas gravadoras lançaram os primeiros discos de *heavy metal* e assim, segundo o autor, fundaram esse estilo de música que viria a se tornar também um estilo de vida.

A perspectiva de Straw oferece interessante contraponto em relação a alguns estudos, notadamente aqueles realizados no *Centre for Contemporary Cultural Studies* de Birmingham durante a década de 70,[4] que viam grupos

---

3   Ao longo de todo o texto o autor não define explicitamente quais são os critérios utilizados para identificar uma gravadora como pequena e outra como grande. Porém ele nos dá pistas de que essas denominações se referem à "fatia" do mercado que cada gravadora domina. Em dada altura do texto (1993, p. 370) nos diz que as seis maiores gravadoras norte-americanas eram responsáveis, em 1979, por 86% dos discos lançados neste ano.

4   Os estudos realizados sob a tutela do centro para estudos culturais contemporâneos de Birmingham, ou CCCS, são os grandes responsáveis pela popularidade da categoria subcultura, outrora muito utilizada em trabalhos preocupados em analisar grupos urbanos juvenis. Duas publicações deste centro de estudos se destacam: a coletânea organizada por Stuart Hall e Tony Jefferson,

urbanos formados a partir de estilos de música como fenômenos totalmente extra-institucionais. Como se o punk ou o disco, por exemplo, tivessem emanado das ruas de Londres e Nova York, na ebulição da condição juvenil que quer resistir à 'cultura hegemônica' dos seus pais, como defenderam Hall e Jefferson (1976). Para Straw, mesmo que o *heavy metal* tenha se tornado um estilo de vida já em meados da década de 70, estilo enquanto comunicação de uma diferença distintiva, como quer Hebdige (1979, p. 100-27), não se pode esquecer que ele é, sobretudo, resultado da conjunção de interesses financeiros da indústria fonográfica com o interesse da "elite do rock" de então em se manter ativa no negócio da música gravada. Ou seja, para Straw, a música produzida preconiza o modo de vida *heavy metal*.

Entretanto, Straw, no pós-escrito incluído em seu artigo quando republicado (1993, p. 381), faz uma ressalva quanto ao recorte histórico do seu texto: este diz respeito tão somente à década de 70. Essa ressalva é significativa. É possível se reportar ao *heavy metal* como um estilo musical coeso e relativamente indiferenciado apenas nessa década. É possível tratar da realidade social de uma série de bandas e seus respectivos públicos como agentes de um único tipo de *heavy metal* apenas nos anos 70. É possível defender que o *heavy metal* é basicamente resultado de transformações da indústria fonográfica apenas nesse período histórico. Para o autor, a razão da impossibilidade de estender historicamente essas afirmações é que 'pelo final dos anos 80 [...] o *heavy metal* emergiu como um dos estilos musicais mais diversos' (Straw, 1993, p. 381).

A diversidade do *heavy metal*, a multiplicidade de tipos de metal que estariam sob a alcunha do *heavy metal*, traçou o recorte histórico da análise de Straw. Ela, a diversidade, pareceu ser tão importante para o autor que ele se sentiu obrigado a frear seu argumento no momento histórico de seu surgimento. Quando o *heavy metal* se diversifica musicalmente não há mais como abordá-lo enquanto um só. Ele, o *heavy metal*, se torna mais que um. Ele se torna outros.

Esta diversidade do *heavy metal* não foi um problema apenas para Will Straw. Uma série de trabalhos acadêmicos que abordou este estilo de música se viu na

---

intitulada *Resistence Through Rituals: Youth Cultures in Post-war Britain* (1976) e o livro de Dick Hebdige, *Subculture: the Meaning of Style* (1979).

necessidade de encontrar uma forma de resolvê-la, seja diretamente explicando-a, seja obtendo uma maneira de enquadrá-la. Enquanto Straw, de certa maneira, se exime de abordá-la, a socióloga Deena Weinstein (2000) procura explicar aquilo que define como fragmentação do *heavy metal* nos Estados Unidos, que teria acontecido por volta dos anos 83-84, como resultado de uma "supersaturação" dos elementos musicais e líricos do estilo (Weinstein, 2000 p. 45). O esgotamento das possibilidades de variação musical do *heavy metal* teria feito com que dois 'subgêneros' irrompessem, cada um enfatizando aspectos musicais por demais distintos. O '*lite metal*', acentuando a melodia e a temática dionisíaca, e o '*speed/trash metal*', sublinhando o ritmo em sua música e o caos em suas letras (Weinstein, 2000, p. 45-51). Já o sociólogo e musicólogo Robert Walser (1993) toma uma posição mais relativista. Ele indica a fragmentação do estilo e elenca os mesmos 'subgêneros' que Weinstein aponta, porém não almeja qualquer explicação. Para o autor, a história do *heavy metal* é por demais contestada pelos seus próprios fãs. Cada fã conta uma história do estilo, sublinhando as diferenças internas que lhe são mais caras. Sendo assim, qualquer interpretação das distinções dos 'subgêneros' depende do que o *heavy metal* significa para quem está traçando essas distinções (Walser, 1993, p. 11-6). Porém, após esse posicionamento relativista da introdução, Walser parte para uma musicologia do *heavy metal* como um todo, baseada em análises de partituras de canções que, de modo algum, podem ser consideradas representativas de todos os 'subgêneros' do estilo (Walser, 1993, p. 57-107). Um fã pode até concordar com o argumento que perpassa a musicologia de Walser, a ideia de que os guitarristas de *heavy metal* se apropriam de certas características musicais daquilo que se convencionou denominar no século XX de música clássica (Walser, 1993, p. 58), mas pelas mesmas razões que o autor aponta na introdução, este mesmo fã pode contestar a validade desse argumento para todos os estilos de *heavy metal*.

No Brasil, os trabalhos acadêmicos que abordam o *heavy metal* não fogem ao tratamento da diversidade. Tanto a dissertação de Janotti Jr. (2004) quanto a tese de Alvim Leite Lopes (2006) marcam, ao longo dos respectivos textos, a multiplicidade dos tipos de metal abrigados sob o *heavy metal* em contexto nacional. Contudo, como o recorte de ambos é espacial, o primeiro abordando a cena *heavy metal* soteropolitana (2004, p. 57-124) e o segundo o mundo artístico do *heavy metal* no Rio de Janeiro (2006, p. 2-28), os distintos estilos de metal são classificados como 'subgêneros', como partes do todo social/musical *heavy metal*. Para o nosso argumento, é importante assinalar que, para ambos os autores, as diferenças entre os estilos de metal não desautorizam abordagens unívocas deste estilo de música quando o objeto é sua manifestação dentro dos limites de uma cidade. As diferenças existem, elas são importantes na visão nativa, porém não impedem uma análise comum. A musicóloga Cláudia Azevedo (2007) segue, de certa maneira, a mesma linha argumentativa. Seu artigo procura averiguar, a partir de um ponto de vista histórico, as construções das diferenças e semelhanças musicais dos distintos 'subgêneros' de metal praticados no Rio de Janeiro desde a década de 80. Porém, o *heavy metal* é mantido intacto. São 'subgêneros' de um gênero.[5]

Se, mesmo reconhecendo a diversidade do *heavy metal*, esses autores tratam-no enquanto uma unívoca e relativamente coesa manifestação social/musical. Outros autores, entretanto, entenderam que as diferenças internas são tão cruciais na compreensão da realidade deste fenômeno que, para eles, não é mais possível empreender uma abordagem unívoca do *heavy metal*. É preciso se manter restrito a manifestação de uma dessas diferenças.

Natalie Purcell (2003) entende que o *death metal* norte-americano é tão autônomo em relação ao *heavy metal* que ele mesmo já teria se tornado um gênero constituído por 'subgêneros' (Purcell, 2003, p. 9-52). Harris Berger (1999b), assim como Alvim Leite Lopes e Janotti Jr., tem como universo de pesquisa os músicos e apreciadores de uma cidade, Akron, no estado norte-americano de Ohio, mas apenas os apreciadores de *death metal* dessa cidade (Berger, 1999b, p. 56-75, 200-41, 251-75). Já Keith Kahn-Harris (2007) propõe um recorte semelhante, porém mais abrangente, ao nosso. Mesmo que seu material de pesquisa

---

5 Juntamente com a dissertação de Jorge Luiz Cunha Cardoso Filho (2006), esses são os três trabalhos nacionais de fôlego sobre o *heavy metal*. Todavia não são os únicos. Jeder Janotti Jr, na condição de professor da faculdade de comunicação da Universidade Federal da Bahia, orientou e vem orientando trabalhos sobre o *heavy metal*. Alvim Leite Lopes, por sua vez, também cita na bibliografia da sua tese (2006, p. 183) a monografia de graduação em comunicação social de Elisa Palha, a qual não tivemos a oportunidade de ler. A produção acadêmica nacional sobre o *heavy metal* gira, assim, entre as áreas de musicologia, comunicação social e ciências sociais.

tenha sido coletado em três países, Inglaterra, Suécia e Israel (Kahn-Harris, p. 97-120), o autor afirma que sua pesquisa trata da cena do metal extremo mundial, fenômeno musical e socialmente distinto do *heavy metal* (Kahn-Harris, p. 9-26). Interessante notar que o autor justifica seu recorte utilizando a explicação proposta por Weinstein (2000, p. 2-5). Em algum momento da década de 80, duas tendências de *heavy metal* se cristalizam. Aquela que Weinstein definiu como '*speed/trash metal*', nos diz Kahn-Harris, se transformará, já no início dos anos 90, no metal extremo, um conjunto destes seguintes estilos: *black metal, death metal, trash metal, doom metal* e *grindcore*, exatamente os mesmos observados em nossa pesquisa com o *underground* do metal extremo brasileiro.

É possível estabelecer uma aproximação entre todos esses autores. Seja explicando a diversidade, seja enquadrando as diferenças em 'subgêneros' ou mesmo escolhendo algumas dessas diferenças como objeto específico da análise, todos concordam que existe uma diversidade interna ao *heavy metal*. Sim, o *heavy metal*, para boa parte da bibliografia acadêmica, é múltiplo. Contudo, esses autores se distanciam uns dos outros quanto à maneira como concebem essa diversidade. Para Weinstein (2000), Walser (1993), Janotti Jr. (2004), Alvim Leite Lopes (2006) e Azevedo (2007), essas diferenças estão englobadas pelo gênero *heavy metal*. Por mais generalizante que o termo *heavy metal* possa ser, ele ainda seria o gênero de uma série de espécies, os 'subgêneros'. Já para Purcell (2003), Berger (1999b) e Kahn-Harris (2007), a agudeza dessas diferenças esgarça o *heavy metal*, rompendo assim sua capacidade acolhedora. Por mais que ele possa ser considerado a matriz histórica de outros estilos, esses mesmos estilos não poderiam ser abordados conjuntamente através de uma análise do *heavy metal*. Seria preciso fechar o foco em cada um desses estilos.

Podemos colocar o distanciamento entre as abordagens acima revisadas na chave do universalismo/particularismo. Em todas elas o *heavy metal* é múltiplo, mas, enquanto para algumas, essa multiplicidade pode ser emoldurada em uma unidade, o universo do *heavy metal*, para outras, essa multiplicidade expressa unidades particulares, não suscetíveis de serem enquadradas por qualquer categoria mais ampla. Tal é o distanciamento entre essas abordagens, espécie de imbróglio que se apresenta na literatura acadêmica sobre o *heavy metal*.

Após esse breve resumo bibliográfico, não cabe concordar ou discordar das análises expostas. Até mesmo porque cada uma ilumina facetas dessa manifestação ampla e complexa que é o *heavy metal*, contribuindo assim na construção de desejada perspectiva holista sobre ele. Mas, assim como cada uma dessas abordagens aponta para a diversidade e se posiciona frente a ela, nós também detectamos no *underground* do metal extremo nacional uma diversidade e, sendo assim, precisamos resolver como a trataremos.

Os praticantes do *underground* do metal extremo nacional discutem exaustivamente a história do *heavy metal*. Nos shows, nos zines, em bares, na rua e em casa, eles expõem e debatem suas visões das continuidades e rupturas históricas deste estilo de música. Exegetas, passam horas discorrendo sobre as diferenças estilísticas entre os tipos de metal, estabelecendo limites e construindo abrangências. Concordamos com Walser (1993) em que, no limite, cada praticante possui a sua interpretação das semelhanças e diferenças acerca dos diversos estilos de *heavy metal*. Mas, para os praticantes, o "legal" é debater essas interpretações, expô-las e ouvi-las, torná-las públicas. As interpretações individuais, desse modo, são construídas nessas conversas e, dependendo da sua qualidade e da persuasão com que são expostas, influenciarão outras interpretações em subsequentes conversas.

Ou seja, a mesma preocupação que encontramos na literatura acadêmica sobre o *heavy metal* pauta o debate entre os praticantes do *underground* do metal extremo nacional. A questão é interpretar e explicar as semelhanças e diferenças. A discussão do *underground* é da mesma natureza que o imbróglio da literatura. Quais são as particularidades de cada estilo e em qual medida essas particularidades podem ser abarcadas por estilos mais abrangentes, universais, como o *heavy metal* e o metal extremo. A diferença entre as discussões dos praticantes e a dos acadêmicos é que, enquanto esses constroem uma representação sobre a realidade, aqueles constroem uma representação da realidade que será, ela mesma, construtora da realidade do *underground*.[6]

Se concordarmos com Simmel que estilo é uma categoria construída em meio ao conflito entre singularidade e universalidade,[7] então as perspectivas dos praticantes acerca do metal extremo *underground* nada são constantes sintetizações, aglutinações de singularidades musicais, líricas e visuais nos universos *black metal, death metal, trash metal, doom metal* e *gore/grind/splatter*, os quais, por sua vez, são sintetizados no estilo "generalizante" que é o metal extremo. Todavia, são sintetizações de extrema eficácia na organização do *underground*, pois regulam a forma como as diferenças das sonoridades, temáticas abordadas, iconografia e vestuário dos integrantes das bandas e dos praticantes em geral serão percebidos internamente. É dessa forma que encararemos a diversidade interna do metal extremo *underground* nacional, a partir do ponto de vista nativo que valoriza distinções, acompanhando a construção dessas sintetizações que os praticantes estão a fazer.

Em relação aos estilos *gore/grind/splatter, trash metal* e *doom metal*, procuraremos esboçar como seus motivos principais são traçados e como há uma convergência estilística entre eles. Ao *death metal* daremos mais ênfase por entender que esse estilo apresenta de forma mais explícita os principais motivos musicais do metal extremo. Para o *black metal* um capítulo próprio se faz necessário, uma vez que ele expressa da maneira mais nítida aquilo que podemos chamar de "ideologia" do *underground*.

---

6   A literatura acadêmica sobre *heavy metal* é praticamente desconhecida pelos praticantes.

7   Estilo é uma das preocupações de Simmel que perpassam praticamente toda sua obra. A leitura aqui proposta está baseada no último capítulo do seu *Philosophie des Geldes*, na tradução francesa (2007, p. 545-69). Baseamo-nos também na extensa discussão sobre "estilo de vida" em Simmel feita por Waizbort (2000, p. 169-244).

TREVAS SOBRE A LUZ 135

A HARMONIOSA DIVERSIDADE DO METAL EXTREMO
Cartaz de um show realizado em 2006, em Vila Velha, Espírito Santo, com bandas representantes de todos os estilos. É comum, mas não regra, indicar, nos cartazes, o estilo de cada banda.

3.2 – Patológicas: gore/grind/splatter

Show em Criciúma, outubro de 2006, o primeiro *Great Steel Festival*. Dez bandas, todas sulistas, representando várias vertentes do metal extremo, tocando por mais de seis horas no clube União Mineira. Fui acompanhado de alguns colegas de Blumenau, o Rogério e o Luiz, ambos apreciadores de longa data do metal extremo. Já integraram bandas, mas atualmente preferem ficar "sossegados", como Rogério disse enquanto dirigíamos para Criciúma.

Das bandas que se apresentariam no evento, nós três só conhecíamos o *trash* do *Juggernaut*. As outras bandas eram incógnitas, provavelmente recentemente formadas, espécie de nova safra do metal extremo catarinense e gaúcho. Quando a quinta banda começou a preparar o palco para se apresentar, Luiz comenta conosco: "olha só, vai rolar um *splatter* agora". Olhei para o palco e instantaneamente concordei com ele, era uma banda de *splatter metal*. No entanto, ao mesmo tempo em que concordei, surpreendi-me com nossa classificação. Como é que sabíamos que era uma banda de tal estilo? Não havia pano de fundo pendurado (tecido com o nome da banda, geralmente pendurado minutos antes da apresentação, que poderia nos dar alguma pista do estilo), não conhecíamos aquelas pessoas no palco, não tínhamos visto no cartaz ou no *flyer* do show que uma banda de *splatter* estaria se apresentando. Tínhamos quatro jovens, dois de cabelo curto e dois de longos, vestidos em camisetas pretas e bermudas preparando o palco. Como o show não tinha profissionais cuidando da aparelhagem do palco, sabíamos que eram os integrantes da banda ali, montando a bateria e ligando os instrumentos de corda, mas como sabíamos que aqueles quatro jovens apresentariam *splatter metal*? Claro, as bermudas, eles estavam de bermudas. Não deu outra. Era a banda *Ovários* e eles tocaram, os quatro, de bermudas.

O sociólogo Paula Scarpa estudou em sua dissertação (2007) a produção e o consumo de filmes *exploitation* no Brasil, filmes "[...] cujo elemento central é a violência estetizada de maneira gráfica e realista" (Scarpa, 2007, p. 4). Filmes "extremos", como seus apreciadores os definem, pois exploram o excesso de violência em suas produções. Scarpa descobriu que a produção desses filmes no Brasil é feita de modo *underground*, auto-financiada, de veiculação restrita aos próprios produtores e, o mais interessante para nossa pesquisa, que esse *underground* dos filmes extremos no Brasil mantém íntimas relações com o *underground* do metal extremo no Brasil, especialmente no estado de Santa Catarina (Scarpa, 2007, p. 175-93). O autor, em sua pesquisa de campo, compareceu ao *Splatter Night* de 2006, um festival de música e cinema "extremos" que acontece anualmente, em outubro, desde 1996, sempre em Joinville, Santa Catarina. Ele descreve o evento assim:

> Um grande galpão dá espaço para as bandas se apresentarem e uma ampla área externa dá espaço para venda de produtos em barraquinhas, mesas e bancos e até uma área reservada para acampamento. O público é predominantemente masculino, numa proporção de 70% de homens para 30% mulheres. A faixa etária média é mais velha do que a esperada inicialmente por mim, variando aproximadamente de 20 até 45 anos. Os membros antigos, presentes desde longa data neste meio social, e também os organizadores do festival, tendiam a ficar mais perto de si. No festival realizado em 2006 podiam-se ver barracas de acampamento de pessoas que viajaram de longe para estarem presentes. Indivíduos com roupas de cirurgiões médicos, sujas de sangue falso, podiam ser vistas circulando pelo ambiente desde pessoas vestidas de formas mais "convencionais", embora a cor preta fosse majoritariamente predominante no ambiente. No galpão de dentro bandas se apresentavam enquanto um telão de fundo mostrava trechos de filmes de alguns dos próprios participantes (Scarpa, 2007, p. 180-1).

Evento realizado em um galpão, público em sua maioria masculino, barracas e mesas vendendo produtos *underground*, cor preta predominante no vestuário. Tudo nos lembra um show do *underground* do metal extremo nacional, até mesmo a postura dos membros antigos e organizadores do festival, os "veteranos" reais do evento em questão.

Contudo, o show teve apresentação de filmes "extremos", algo que nunca presenciamos em outros shows do metal extremo. O próprio evento foi organizado por cineastas e músicos. As bandas que se apresentaram no show não se definem como propriamente metal extremo. Fazem *grind core*, *splatter metal* ou *gore metal*,[8] os quais, segundo as bandas, não são metal nem punk. O texto

---

8   Os apreciadores destes estilos dizem que existem grandes diferenças entre eles; não obstante, entendemos que os três possam ser analisados em conjunto.

de apresentação do *myspace*[9] da principal banda do *Splatter Night* de 2006, a paulista *Rot*, pode ser esclarecedor:

> O ROT teve início em 1990, formado por Mendigo e Marcelo, que, mesmo antes dessa data, já estavam bem ativos no meio *underground* punk e metal, seja no envolvimento com outras bandas e projetos ou fazendo fanzines, trocando tapes e mantendo contato com pessoas ao redor do mundo. O caráter da banda desenvolveu-se a partir desse forte envolvimento com o *underground* de um modo geral, embora o ROT dificilmente possa ser enquadrado dentro dos padrões do metal ou do punk.[10]

Nem punk nem metal. É *grind/gore/splatter*. Uma prática musical/cinematográfica urbana que parece buscar uma autonomia, se já não a alcançou. No que tange à música, fazem frente ao punk e ao metal extremo, suas matrizes reconhecidas. Seus praticantes fazem shows específicos, como o *Splatter Night*, e possuem zines específicos, como o *Gore zine*, de Rio Grande (RS), e o *Sodomizing Underground*, de São Paulo (SP). Já sua produção cinematográfica, pelo que Scarpa averiguou, é vasta e também está calcada numa série de encontros nacionais específicos, mostras de filmes "extremos" (Scarpa, 2007, p. 175-93).

No entanto, independentemente dessa autonomia de suas práticas ser ou não sociologicamente factível, o estilo *gore/grind/splatter*, mesmo que dificilmente se encaixe plenamente no punk ou no metal extremo, explicitamente apresenta motivos do punk e do metal extremo e, assim, circula no *underground* do metal extremo e do punk.

Naquilo que nos interessa, no *underground* do metal extremo, a posição do *gore/grind/splatter* é única em relação aos outros estilos expressos neste espaço justamente por essa forte influência punk. Ele se apresenta no *underground*

---

9 *Myspace*: sítio eletrônico de relacionamento da internet muito utilizado por bandas de todo o mundo pelo fato de que é possível adicionar canções em suas páginas. Um interessante meio de divulgação livre que não é juridicamente ilegal, como os programas de troca de arquivos digitais. Indicaremos os endereços de *myspace* de todas as bandas comentadas neste capítulo que o possuam, para que o leitor que tiver interesse tenha meios de ouvir as canções da banda.

10 www.myspace.com/rotgrindcore. Acessado pela última vez no dia 13/03/2008.

deslocando certas particularidades fundamentais do estilo do metal extremo sem, com isso, criar qualquer espécie de atrito. O *gore/grind/splatter* é uma espécie de "primo distante" do metal extremo amigavelmente recebido na "casa" do *underground*.

O caso das bermudas dos integrantes da banda Ovários é exemplar. Se uma banda de *black metal* ou *death metal* sobe no palco para se apresentar com algum integrante vestindo bermuda, sem dúvidas ela perderá qualquer respeito entre os presentes. O vestuário do metal extremo é, invariavelmente, para os homens, composto de calças de couro ou jeans. Mas ali no *Great Steel Festival*, show de metal extremo *underground*, os integrantes da Ovários subiram ao palco de bermudas, peça de roupa que, no punk, não é objeto de qualquer evitação e, o mais interessante, não houve qualquer manifestação negativa por parte do público. Pelo contrário, foram aplaudidos. Não houve estranhamento. Afinal, era uma banda de *gore/grind/splatter*, o mais punk dos estilos de metal (ou, pelo lado do punk, o mais metal dos estilos punk).

As canções das bandas *gore/grind/splatter* possuem um tempo de duração curto se comparadas às canções dos outros estilos de metal extremo. Enquanto uma canção de *doom metal* pode variar de cinco a dez minutos, uma canção *gore/grind/splatter* não passa de quatro minutos. A faixa *Anatomopathologic*, por exemplo, da banda *Anopsy*[11] de Duque de Caxias (RJ), possui 3 minutos e 11segundos. Consequentemente, lançam gravações com um número de canções que nenhuma banda dos outros estilos consegue alcançar. A fita demo *Scathologic Paradise*, dos fortalezenses da *Scatologic Madness Possession*,[12] lançada em 2004, possui quinze canções, enquanto a fita demo da curitibana *Hate*, título homônimo, *trash metal*, lançada em 1998, possui quatro. Aliás, a banda cearense é adepta daquilo que chama de "*no fucking lyrics*", ou seja, suas canções não acompanham letras, mesmo havendo um vocalista na formação da banda.[13] Só as bandas de

---

11 www.myspace.com/anopsy. Acessado pela última vez no dia 13/03/2008. A canção citada se encontra para audição.

12 www.myspace.com/scatologicmadnesspossession. Acessado pela última vez em 13/03/2008.

13 A afirmação está na entrevista dada por Marcelo, baterista da banda, ao *webzine Thundergod*: http:// thundergodzine.com.br/entrevista_smp.htm. Acessado pela última vez no dia 13/03/2008.

gore/grind/splatter, no metal extremo, aderem a este tipo de prática musical, certamente emprestada de bandas punk. Assim como somente elas flertam com o humor. Por exemplo: o nome de uma banda de Aracaju, Sergipe, Inrisório,[14] é um neologismo que brinca com a sigla I.N.R.I e com o adjetivo irrisório. Tomando a sigla como representação de Jesus Cristo, a banda procura transmitir a ideia de um Jesus patético, irrisório, pode-se dizer até ridículo. Essa ideia, para os praticantes do *underground* do metal extremo, é cômica. Ela provoca risadas, expressão essa que nenhuma banda dos outros estilos, quando estão se apresentando, procura provocar.[15]

Humor, "*no fucking lyrics*", canções curtas e bermudas são algumas das particularidades que o *gore/grind/splatter* não compartilha com nenhum outro estilo de metal extremo *underground*. Mas então como é que este estilo se aproxima dos outros? O que faz com que o *gore/grind/splatter*, mesmo sendo tão peculiar para o *underground*, mesmo que seja um estilo de metal tão punk, seja considerado pelos praticantes do *underground* um estilo de metal extremo? O que ambos compartilham?

A banda *Flesh Grinder* de Joinville, Santa Catarina, pode nos ajudar a compreender como o *gore/grind/splatter* se aproxima do metal extremo. Eles se apresentam assim no seu *myspace*:[16]

> Ontem, por volta das 23h30, a Polícia Militar recebeu uma denúncia anônima e invadiu uma casa localizada na rua Aquidaban, em Joinville-SC. De acordo com o denunciante, os donos da casa são conhecidos por terem atitudes estranhas aos olhos dos vizinhos e, nos últimos dias, o cheiro de carne em decomposição vindo do local estava preocupando alguns dos outros moradores. Após a invasão, e para a surpresa dos policiais, logo no quintal da casa foram encontrados restos do que pôde se supor serem corpos humanos, em acelerado estado de putrefação, e ossos espalhados, no

---

14 www.myspace.com/inrisorio. Acessado pela última vez no dia 13/03/2008.

15 Podemos dizer que existe uma evitação do riso no palco. Afora as bandas de *gore/grind/splatter*, em nenhum show de metal extremo *underground* que assistimos vimos algum integrante de banda rir durante a apresentação.

16 www.myspace.com/fleshgrinderbr. Acessado pela última vez em 13/03/2008. O texto citado abaixo se encontra no sítio eletrônico em inglês.

que parecia ser uma espécie de laboratório de horrores. O cheiro dos cadáveres era insuportável e, por toda parte, haviam membros dilacerados por instrumentos de corte e alguns com marcas de dentes, o que levou a PM a suspeitar de canibalismo do mais violento. Dentro da casa o horror não era menor. Alguns oficiais não conseguiram continuar ao ver diversos corpos pendurados no teto, como em um abatedouro. Em uma mesa cirúrgica no centro da sala, mais alguns corpos pareciam estar sendo dissecados, com órgão empilhados em um jarro de vidro. O chão estava escorregadio por causa do sangue e vermes. A PM encontrou os quatro responsáveis pelas atrocidades na cozinha, enquanto analisavam um estômago apodrecido.

F.A.M.G., vulgo Necromaniak, R.A.M., vulgo Butcher, e D.R.H. vulgo Khil, foram presos em flagrante e levados à delegacia. Em interrogatório, a PM descobriu que o grupo, que se autodenomina Flesh Grinder, tem uma espécie de culto às coisas podres de ordem patológica e vem atuando desde 1993. De acordo com eles, muito sangue e nojeiras explícitas já foram espalhados e que sua fábrica de horrores irá continuar ainda por muitos anos.

"Um culto às coisas podres de ordem patológica". Nós não poderíamos ser mais precisos na definição da temática abordada pelas bandas que fazem *gore/grind/splatter*. Coisas podres, corpos humanos podres, abertos e escarafunchados não pela busca de patologias mas porque estes "legistas" sofrem patologias. O *gore/grind/splatter* busca uma representação explícita de tripas humanas em decomposição, de cabeças humanas fisicamente divididas, de sangue coagulado. Seus músicos e apreciadores gostam de brincar de serem legistas "loucos", de serem "maníacos" pela morte, de serem açougueiros. Daí eles comparecerem aos shows vestidos de médicos sujos de "sangue" e daí a metáfora com o verbo em inglês *grind* para descrever a sonoridade do estilo. Uma música que procura representar a trituração e a moedura da carne humana, assim como o *blues* busca representar musicalmente o trem passando. Mas triturar e moer carne humana todo legista faz. O músico *gore/grind/ splatter* representa essas ações de forma horrenda, "nojeiras explícitas". O instituto médico legal imaginado pelos músicos *gore/grind/splatter* se parece com, ou melhor, soa como uma "fábrica de horrores". Repugnante. É assim que o vocalista da banda curitibana *Lymphatic Phlegm* nos descreveu[17] como seu vocal deve soar: "repugnante, é como se eu estivesse vomitando".

O corpo humano violentamente aberto e manuseado não só inspira metáforas da música *gore/grind/splatter* como também estará estampado no material gráfico das bandas. O *Intestinal Vomit*[18] de Teresina, Piauí, divulgou sua biografia entre alguns zines através do seguinte material:

Neste sentido, da repugnância, vômitos, excrementos e toda espécie de líquidos e sólidos expelidos pelo corpo humano inspiram os músicos na composição das imagens construídas em suas canções. A banda *I shit on Your Face*[19] de Vila Velha, Espírito Santo, lançou em 2005 o CD *Anal Barbeque*, com canções

---

17 Nossa conversa aconteceu no intervalo de um show, em Curitiba, 2004.
18 www.myspace.com/intestinalvomitgore. Acessado pela última vez em 13/03/2008.
19 www.myspace.com/ixsxoxyxf. Acessado pela última vez em 13/03/2008.

intituladas *From Fetus... to Feces* e *Brown Puke (the Tale of an Obstructed Large Intestine)*. Já na letra da canção *Fistfucking the Facefucked*,[20] contida no álbum *split*[21] com a banda *Penis Fibrosis*,[22] lançado em 2008, a banda narra secreções em meio a práticas sexuais tais como a felação e o coito anal com o pulso. Bandas como a *I Shit on Your Face*, que misturam em suas letras e material gráfico imagens de excrementos humanos com o sexo, sempre de forma explícita, são consideradas pelos praticantes como adeptas do *porn gore*.

Patologias e perversões são os temas abordados no estilo *gore/grind/splatter*. São os objetos de um enunciado que já é uma representação patológica e perversa. Sujeito patológico abordando patologias, sujeito perverso abordando perversões. O estilo *gore/grind/splatter* opera uma duplicação da representação da doença, espécie de reforço, aos mesmos moldes nos quais Kristeva (1980) enquadra o crime premeditado. Se o crime, seja lá qual for, é abjeto em si por perturbar uma identidade, um sistema, uma ordem, então o crime premeditado realiza uma duplicação dessa abjeção justamente porque, de certa maneira, o sujeito tem a consciência de que sua ação perturbará uma identidade, uma ordem ou um sistema[23] (Kristeva, 1980, p. 12). Sendo assim, a abjeção

---

20 A letra: *Triple x of sixty nine/None performs this shit like mine/My violence for this position/Are creating a whores' extinction/My rock cock.../Chokes her brutally/My fist bashes.../The ass, unrelentingly/My hand is all inside.../Splitting her assring.../Cum for her suffering/Fistifucked/She's puking all the.../Secretion of my dick.../Breathless is this chick/Facefucked* (tradução livre: putaria no 69/ ninguém faz essa merda como eu/minha violência nessa posição/é levar a puta à extinção/meu pau é "do rock".../faz ela engasgar brutalmente/meu pulso golpeia.../seu cu duramente/toda minha mão está dentro/rompendo seu "anel".../gozando pelo seu sofrimento/comida pelo pulso/ela está vomitando toda a.../secreção do meu pau.../essa "gata" está sem ar/comi a cara dela).

21 Álbum, em vinil ou não, dividido por duas bandas. Neste caso é em vinil.

22 Não há informações no álbum sobre a cidade da banda.

23 Para Kristeva, essa identidade pode ser tanto a da vítima quanto a do próprio criminoso. Já o sistema perturbado, certamente, é o sistema social. De qualquer forma, queremos manter nosso uso das ideias de Kristeva quanto ao abjeto apenas nesse nível de conceituação: o abjeto, quando acionado, nos termos da autora, quando manifestado, possui uma enorme força desagregadora. Daí o horror que ela causa. Ainda mais quando sua manifestação é fruto de alguma vontade, de algum planejamento ou premeditação. Ai ela é 'ténébreuse [...], une haine qui sourit'[Kristeva, 1980]. Para além dessa ideia, Kristeva conceitua a natureza da abjeção como 'reconnaissance du

do *gore/grind/splatter* está nessa representação patológica da patologia, nessa musicalização repugnante da repugnância; num termo, representação doentia da doença. É essa particularidade, uma representação perturbadora daquilo que perturba, que o aproxima do metal extremo *underground* nacional.

Se o *gore/grind/splatter*, na disposição interna dos estilos de metal extremo *underground*, está alinhando na margem, porosa, que faz fronteira com o punk, já o *trash metal*, o *death metal* e o *doom metal* estão no centro deste arranjo. Herdeiros diretos, por assim dizer, do *heavy metal* pré-fragmentação, aquele formulado nos anos 70 ao qual Straw (1993) se reportava, eles figuram como a polpa do metal extremo. Numa analogia com definições de espectros políticos, o *trash*, o *death* e o *doom* não são nem esquerda, como seria, talvez, o *gore/grind/splatter*, nem direita, onde certamente está o *black metal*. Eles estão no centro.

3.3 – Pelo ponto de vista da sarjeta: *trash metal*

Mauro Flores, praticante já citado anteriormente, entende que o *trash metal*[24] é o "vovô" do metal extremo:

> O *trash* é vovô do metal extremo. O *Motorhead* já fazia esse som ríspido, bem lixão mesmo, no final dos anos 70, mas isso que a gente conhece como *trash metal* surge lá no começo dos anos 80, lá na Califórnia, com *Slayer*, *Metallica*, *Exodus* e o *Testament*. Basicamente, essas bandas misturaram o *heavy metal* das bandas inglesas dessa época, das quais a mais conhecida é o *Iron Maiden*, com o então recente *punk/hardcore* californiano, que tava nascendo ali nas pistas de *skate*. Ai, o *heavy metal*, que até então era aquela coisa melódica, limpa, com guitarras nítidas e vocais limpos, começou a ficar mais sujo, mais distorcido nas guitarras e mais gritado nos vocais. Por isso que eu digo que é o "vovô" da parada, o *trash* é a semente de toda a brutalidade que vem depois.

---

manque fondateur de tout être, sens, langage, désir' (Kristeva, 1980, p. 13), ou seja, ela enquadra a abjeção em uma argumentação psicanalítica a qual preferimos não nos reportar.

24 *Trash*, e não *thrash*, é o termo de utilização mais comum entre os praticantes.

Na conversa que tivemos, Mauro discorreu longamente sua percepção sobre a genealogia do estilo que mais aprecia, o *trash metal*. Sua narrativa exemplifica aquilo que Walser (1993) defende: que cada fã interpreta as continuidades e rupturas internas ao *heavy metal* dando preeminência ao estilo que mais aprecia. Para Mauro, todo o metal extremo nada mais é do que um desenvolvimento do *trash*. É interessante notar, na questão da influência que o punk teria causado no *trash*, como Mauro, diferentemente da percepção dos apreciadores do *gore/grind/splatter*, separa o metal extremo do punk.

Mauro, você acha que o trash é tão punk quanto metal?
Não, de jeito nenhum. *Trash* é metal, é *trash metal* e não *trashcore* ou *trash punk* [...], o punk é importante, fez com que o metal, pelo *trash*, perdesse o "nariz em pé" de músicos virtuosos, o metal ficou mais rua com o punk, entende? Mais da galera mesmo [...] mas mesmo assim, o *trash* é técnico, não tem nada daquela coisa de faça-você-mesmo do punk, não tem nada de [cabelos] moicanos e [a proposta política da] anarquia, *trash* é cabelo grande, calça preta colada e nenhuma ideologia além do som pesado.

A visão de Mauro coloca o *trash* como um estilo de metal extremo que empresta qualidades do punk, diferentemente daquilo que a banda *Rot*, de *gore/grind/splatter*, diz. Enquanto esta última, mesmo reconhecendo ambos como matriz, não é nem punk nem metal, o primeiro é metal com pitada de punk. O *trash* é "técnico" e não está baseado no "faça-você-mesmo"[25] musical próprio do punk; seus músicos usam cabelos longos e não moicanos, calças pretas coladas ao corpo e não bermudas; e, se querem divulgar alguma ideia, é aquela do "som pesado" e não a da anarquia, tão ligada no imaginário urbano ao movimento punk. Baseando-se nessa separação entre punk e metal, Mauro traça uma genealogia do metal extremo fundada no *trash*, o "vovô" ou, como os praticantes preferem, *old school*.

---

25 Ou como é conhecido entre os praticantes, *do it yourself* (DIY). A ideia, no registro musical, é que, mesmo que a pessoa não saiba tocar algum instrumento, que ela forme uma banda e faça seus shows. Essa ideia tornou-se uma espécie de filosofia punk quando extrapola o registro musical. Os zines resultam, no registro da produção dos meios de comunicação, dessa filosofia. Toda etnografia do punk trata do DIY. Remeto o leitor a Caiafa (1985) e Wendel Abramo (1994).

Walser não percebeu que, por mais que cada fã interprete a sua maneira a história do *heavy metal*, certas interpretações são compartilhadas por boa parte dos fãs e, o mais importante, essas interpretações recorrentes terão forte influência na realidade social do *heavy metal*. Ora, a interpretação de Mauro é a mesma dos integrantes da *Violator*,[26] banda de *trash metal* de Brasília. No texto de apresentação do seu *myspace*, dizem que "a *Violator* foi formada no começo de 2002 por amigos que não têm outras pretensões além de tocar o *velho trash metal*"[27] (grifo nosso). Mauro terminou seus comentários sobre o *trash metal* dizendo que "tocar o *velho trash metal* hoje é honrar as raízes do metal extremo" (grifo nosso).

É importante contextualizarmos o discurso do *trash*. Independentemente se os outros estilos de metal extremo são ou não "frutos" do *trash*, fato é que este estilo se tornou datado entre os praticantes justamente pelo surgimento dos outros estilos. Frente ao *death*, ao *doom* e ao *black*, o *trash* é, de fato, percebido como velho. Sendo assim, na semântica dos estilos de metal extremo *underground*, acionar atualmente a identidade *trash* "pura"[28] significa, necessariamente, se remeter ao passado do metal extremo. Espécie de celebração dos "velhos tempos", aliar-se à "velha escola" do metal "lixão" demanda do praticante a incorporação em sua imagem de todos os elementos desse passado.

---

26 www.myspace.com/viothrash. Acessado pela última vez em 13/03/2008.
27 Texto original em inglês.
28 Pura no sentido de ser apenas *trash*, e não *trash-death*, como algumas definem seus estilos.

TREVAS SOBRE A LUZ 147

A VELHA ESCOLA DO LIXO
Foto de divulgação da banda brasiliense de
trash metal Violator

Calças pretas coladas ou calças jeans rasgadas, tênis branco e o "clássico" colete jeans com *patches*[29] costurados. A indumentária apresentada pela *Violator* figura no imaginário do metal extremo *underground* como qualquer coisa de ancestral, como qualquer coisa de *trash metal*.

A *Violator* celebra os velhos tempos até mesmo em suas canções. A letra da canção *Addicted to Mosh*, contida no seu único CD *full length*, *Chemical Assault*, lançado em 2006, marca todos os elementos que compõem o estilo *trash* em meio ao *underground* nacional. A letra é uma metalinguagem sobre o *trash*, um "metatrash":

> *Attack!*
> *Thrashers return to this city/*
> *To bring back all the insanity/*
> *That has been lost through the time/*
> *But now is time to remember/*
> *Raise your fist and destroy your neck/*
> *Against the stage/*
> *A feeling inside drives you/*
> *fuckin' mad/*
> *Dive in the crowd and slam/*
> *All around/*
> *Adrenalin explodes. Take your life back/*
> *In the pit.*
>
> *We Thrash to Live/*
> *Addicted to Mosh/*
> *We Bang 'til Death/*
> *With no remorse/*
> *If mania boils in your blood/*
> *Then you know it's for real!*
>
> *Thrash!*
> *Tight pants, denims with patches/*

---

29 *Patches*: pequenos pedaços de tecidos com nomes de bandas impressos ou bordados que os praticantes costuram em suas roupas.

Our way, the underground!
We are in league, and we won't admit/
Anyone say it as a trend.

No breakdowns and no pretensions.
All we want is the Thrashbanger beat/
Unstoppable head banging – We're Obsessed by old school spirit.[30]

Começando por uma afirmação de que os *thrashers* estão de volta para trazer a insanidade que foi perdida ao longo do tempo, a letra passa a narrar aquilo que seria uma postura verdadeiramente *trash* no show. Levantar o pulso e destruir o pescoço na frente do palco pelo chacoalhar da cabeça. Um sentimento que leva à loucura e faz "dançar"; o *trash* pelo *mosh*, subindo no palco e se jogando, ou "mergulhando" na galera, e pelo *slam*, o "empurra-empurra" na frente do palco. Traga sua vida de volta, a banda pede, para o *pit*, o "poço" na frente do palco onde toda essa insanidade acontece. Em seguida, após uma estrofe na qual a banda lança mão de imagens bastante utilizadas no metal extremo *underground* para descrever a importância do estilo para seus praticantes, como vida e sangue, a letra pontua a vestimenta *trash*, a ideia de união do *underground* e a negação da possibilidade de que este estilo se torne uma moda. Eles não vão admitir que alguém diga isso. A última estrofe responde, por assim dizer, porque o *trash* não é uma moda. O sentimento de união não se rompe e na vivência do estilo não há outras intenções além do querer a batida *trash* para chacoalhar a cabeça constantemente. Eles estão obcecados pelo espírito da velha escola.

As bandas de *trash metal* são as únicas do metal extremo *underground* que escrevem letras sobre o próprio estilo. Elas são as únicas que pontuam em suas

---

30 Tradução livre: Ataque! Os *thrashers* voltaram à cidade/ Para trazer toda a insanidade/ Que foi perdida ao longo do tempo/ Mas agora é hora de lembrar/ Levante seu pulso e destrua seu pescoço/ Na frente do palco/ Um sentimento te leva/ À loucura/ Mergulhe na galera e se debata/ Por todos os lados/ Adrenalina explode/ Traga sua vida de volta/ Ao poço. Tocar *thrash* é nossa vida/ Viciados no *mosh*/ Nós chacoalhamos até a morte/ Sem remorsos/ Se o êxtase ferver em seu sangue/ Você sabe, é pra valer! *Thrash*! Calças coladas e coletes com *patches*/ Do nosso jeito, *underground*! Nós estamos juntos e não vamos admitir/ Ninguém dizendo que é moda. Sem separações e pretensões. Tudo que queremos é a batida do *thrashbanger*/ Incontrolável chacoalhar de cabeça – Somos obcecados pelo espírito da velha escola.

letras, por exemplo, seus vestuários e "danças" característicos. Neste sentido, não é por acaso que a *Violator* utiliza imagens como a insanidade, a loucura, o vício, o êxtase e a obsessão. Estas condições individuais, estas imperfeições individuais são elas mesmas objeto de representação deste estilo.

Weinstein defende que as letras das canções das bandas norte-americanas de *trash* se caracterizam pela temática do caos, pelos 'horrores concretos do mundo real ou possivelmente real: o isolamento e alienação dos indivíduos, a corrupção daqueles no poder e os horrores feitos pelas pessoas, uns aos outros ou ao meio ambiente'[31] (2000, p. 50). As bandas de *trash* do *underground* nacional seguem linha semelhante. A intenção é representar aquilo que percebem como a realidade, existente ou iminente, do mundo que vivemos hoje. A guerra é o tema preferido da banda paulistana *Bywar*,[32] as mentiras dos governantes da carioca *Taurus*[33] e a psicose da também paulistana *Blasthrash*.[34] Mas nenhuma outra possibilidade de realidade foi mais abordada pelas bandas *trash* do que a bomba nuclear e os efeitos que sua explosão causaria. A *Violator*, no mesmo CD onde se encontra a canção citada acima, lançou a canção intitulada *Atomic Nightmare*. A primeira estrofe da letra sumariza exemplarmente a temática *trash*:

> *In a world built by greed/*
> *Politicians rule with fear/*
> *Bombs terrorize human kind/*
> *Imminent annihilation/*
> *Brings our dreams to devastation/*
> *Victims of a Science of death.*[35]

---

31 Tradução livre de 'concrete horrors of the real or possibly real world: the isolation and alienation of individuals, the corruption of those in power, and the horrors done by people to one another and to the environment'.

32 www.myspace.com/bywar. Acessado pela última vez em 13/03/2008.

33 www.myspace.com/taurusofficial. Acessado pela última vez em 13/03/2008.

34 www.myspace.com/blasthrash. Acessado pela última vez em 13/03/2008.

35 A letra inteira: *In a world built by greed/Politicians rules with fear/Bombs terrorize human kind/Imminent annihilation/Brings our dreams to devastation/Victims of a Science of death. Burn, and see, nature slaughtered/ Blasts/The whole world destroyed/The Fate of all living things will be leaded to Extinction/*

Somos todos vítimas não porque a guerra nuclear, de fato, aconteceu, mas pela iminência da aniquilação, por termos nossos sonhos, nossas vontades, nossos desejados futuros devastados pela simples existência da bomba. Os responsáveis por este pesadelo atômico são os gananciosos governantes que controlam pelo medo, financiadores dessa ciência da morte.

A realidade de acordo com a representação *trash* é sempre essa. A violência, a guerra, a bomba nuclear, a ciência sem limites, as catástrofes de um modo geral aniquilam e devastam o meio ambiente e a esperança em um melhor futuro e em uma convivência mais harmoniosa. O pesadelo prepondera sobre o sonho e a morte sobre a vida. A narrativa aponta os responsáveis. Não tanto os "governantes" mas aquilo que os impulsionam: a ganância, a obsessão e o egoísmo que os fazem sempre querer mais. Como efeito, somos todos vítimas. Enlouquecemos, acordamos à noite suando frio, com medo, e procuramos escapar dessa realidade nos viciando em entorpecentes os mais diversos. O *trash metal* é um deles. Coloca-nos em êxtase, libera nossa adrenalina e nos oferece um escape sujo deste mundo lixo. O *trash* é percebido pelos seus praticantes como mais um entorpecente deste mundo entorpecido, como mais uma insanidade desse mundo insano. Para os *thrashers*, se o mundo é um lixo, então que ele seja percebido pelo ponto de vista da sarjeta.

> Atomic Nightmare! Lunatics with the power/To erase all inhabitants/Desolation preserve an empire/ Widespread vast destruction/Can´t escape the toxic corrosion/Killing radiation overdose. Atomic Nightmare! Darkness in the burning sky/The world comes to Demise/Human Race is Terminated/Welcome to Nuclear Holocaust/Poison spreads everywhere/Hopes are reduced to ashes/Toxic Waste infects our vein/Welcome to Nuclear Holocaust, now die! Marching Over Blood! Atomic Nightmare! Chemical Attack/ Atomic Nightmare! Nuclear Disaster/Atomic Nightmare! Radioactive Dust/Atomic Nightmare! (A tradução livre: em um mundo erguido pela ganância/Políticos governam pelo medo/Bombas terrorizam a espécie humana/Iminente aniquilação/Leva nossos sonhos à devastação/Vítimas de uma ciência da morte. Queime e veja a natureza estraçalhada/Explosões/O mundo inteiro destruído/O destino de todas as coisas vivas ruma à extinção/Pesadelo atômico! Lunáticos com poder/Apagarão todos os habitantes/Desolação preserva um império/Vasta destruição se alastra/Não há como escapar da corrosão tóxica/Overdose de radiação assassina. Pesadelo atômico! Escuridão no céu em chamas/O mundo chega ao fim/Raça humana acabou/Bem-vindo ao pesadelo atômico/Venenos se espalham por tudo/Esperanças se esfarelam/Lixo tóxico infecta nossas veias/Bem-vindo ao pesadelo atômico, agora morra! Marchando sobre o sangue! Pesadelo atômico! Ataque químico/Pesadelo atômico! Desastre nuclear/Pesadelo atômico! Pó radioativo/Pesadelo atômico!).

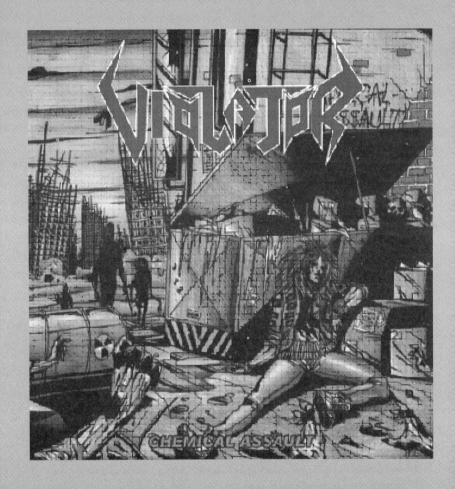

O MUNDO É UM LIXO
Capa do CD *Chemical Assault* da banda *Violator*, lançado em 2006.
A cidade foi destruída, a guerra nuclear está em curso e o *thrasher*, literalmente na sarjeta, está entorpecido

3.4 – O HORROR DA BELEZA E A BELEZA DO HORROR: DOOM METAL

De todos os praticantes do metal extremo *underground*, aqueles que dizem preferir o *doom metal* se mostraram, ao longo da pesquisa, os mais dispostos em discutir as características históricas do seu estilo preferido. Foram com eles que tivemos as conversas mais longas sobre o que é o *doom metal*, quais são suas origens, características e diferenciações internas. Essa disposição em discutir o estilo se reflete nas comunidades voltadas ao *doom* no sítio eletrônico de relacionamento *orkut*.[36] Na comunidade *doom metal – br*,[37] por exemplo, há uma série de tópicos onde os membros discutem o que é *doom metal* e quais são as bandas precursoras do estilo. Já na comunidade *cena doom/dark do Brasil*,[38] os membros apresentam a cada mês dossiês das bandas nacionais do estilo, trazendo breve biografia, discografia, propostas musicais da banda e endereços, eletrônicos e postais para contato.

Essa constante disposição em discutir do praticante apreciador do *doom* correlaciona-se com a forma que ele procura construir sua imagem no *underground*. O apreciador de *doom* procura se portar como um erudito do metal extremo. Se todo praticante é um exegeta deste tipo de música, o apreciador do *doom* se porta como um refinado. Ele entende que tem melhores condições de apontar quais são as continuidades e rupturas históricas do metal extremo, alguém que se percebe mais apto para traçar os recortes das diferenciações internas e qualificar as características de cada estilo. O apreciador do *doom*

---

[36] www.orkut.com. O *orkut*, sítio eletrônico de relacionamento lançado na rede pelo *google* (www.google.com), é muito utilizado pelos brasileiros, sabe-se lá por quais razões. Nele a pessoa pode se tornar membro de comunidades, páginas temáticas criadas pelos próprios participantes do sítio, nas quais é possível abrir tópicos onde se discute e se divulga questões relacionadas com o tema dela. É extensa a quantidade de comunidades voltadas ao *heavy metal* em geral e ao metal extremo em particular.

[37] www.orkut.com/Community.aspx?cmm=108635. Acessado pela última vez em 13/03/2008. É preciso que o leitor tenha uma página pessoal no *orkut* para poder acessar as comunidades.

[38] www.orkut.com/Community.aspx?cmm=21698127. Acessado pela última vez em 13/03/2008.

entende que tem 'cultura', se entendermos esse termo de acordo com uma das suas aplicações definidas por Sapir como

> um ideal antes convencional de refinamento individual, baseado em certa porção do conhecimento e experiência assimilados, mas composto principalmente de uma série de reações típicas que têm a sanção de uma classe e de uma tradição há muito estabelecida (1970, p. 284).

Uma postura antes de um conhecimento. Os apreciadores de *doom* se portam como uma casta superior, pois supostamente letrada, do *underground*. Na conversa citada no primeiro capítulo, tida com praticantes do *underground* justamente em decorrência do cancelamento do show de uma banda inglesa de *doom*, este estilo nos foi definido por um dos presentes assim: "é como se *A Bela e a Fera*, que na verdade é um conto dos irmãos Grimm que foi deturpado por *Hollywood*, fosse re-escrito por *Goethe* ou mesmo Álvares de Azevedo". Só um apreciador de *doom* definiria seu estilo preferido dessa maneira, comparando-o com clássicos da literatura universal e brasileira.

Essa postura de refinamento está relacionada com a semelhança do *doom* com o estilo *dark* ou gótico. Se o *gore/grind/splatter* e o *trash* guardam alguma relação com o punk, o primeiro aceitando-a e o segundo negando-a, o *doom*, por sua vez, se aproxima daquilo que Wendel Abramo (1994) chamou de estilo e prática urbana *dark*. Jovens, em sua maioria universitários, vestidos em preto, com cabelos curtos com cortes geométricos e rostos carregadamente maquiados, que se reuniam nas décadas de 80 e 90, em locais como a casa de shows Madame Satã, na capital paulistana, para ouvir canções de bandas como as inglesas *Joy Division*, *Siouxie and the Banshees*, e *The Cure* (Abramo, 1994, p. 115-50). Os *darks* ou, como os apreciadores de *doom* do *underground* do metal extremo preferem chamá-los, os góticos, apesar de terem como núcleo de suas práticas a música, são, em sua grande maioria, jovens universitários (Abramo, 1994) interessados em artes em geral, notadamente literatura e arquitetura. Seus gostos na literatura, dizem os praticantes do *underground* apreciadores do *doom*, vão de Byron, Goethe, Poe, Baudelaire até os brasileiros Álvares de Azevedo e Augusto dos Anjos. Na arquitetura, se mostram interessados na barroca e gótica europeia bem como aquela produzida pela escola alemã *Bauhaus*.[39] Além desses interesses artísticos, os góticos, ainda de acordo com apreciadores do *doom*, apesar de serem pessoas solitárias, quando em grupo gostam de passar a noite em cemitérios recitando poesias, bebendo vinho e até mesmo fazendo sexo em cima das sepulturas.[40]

Essa descrição dos góticos de modo algum é pejorativa. O apreciador de *doom* aponta para essas características na intenção de corroborar uma aproximação entre o gótico e o seu estilo favorito. Antonio, 37 anos, se percebe como "um grande apreciador de *doom*". Foi ele quem fez a descrição deste estilo aproximando *A Bela e a Fera* de Goethe e Álvares de Azevedo. Na mesma conversa ele afirmou:

> O cara que gosta de *doom*, ou melhor, a pessoa que gosta de *doom*, porque tem muita mulher que gosta também, pode até não ir em cemitério, ler poesia e ficar nessa onda "deprê" do gótico, mas ninguém pode negar a influência do gótico no *doom*, de jeito nenhum. O *doom* é quase que um *Sister of Mercy* (banda inglesa que os góticos gostam) com guitarra distorcida. Aliás, o *Paradise Lost* (banda inglesa de *doom metal*) gravou uma música do *Sisters* e, aliás, não é à toa que *doom metal* também é conhecido como *gothic metal*.

O apreciador de *doom* quer que seu estilo preferido seja percebido como um correlato do gótico. Com esta correlação, ele constrói sua distinção no *underground*. Ao nível musical e lírico, estabelecendo uma genealogia do seu estilo diferente das dos outros, mas também no registro pessoal, ou melhor, nos gostos além música. O apreciador de *doom* gosta de ser percebido no *underground* como um praticante que lê romances e poesias, costume esse que, independentemente se o praticante faz ou não, não é utilizado como uma marcação do metal extremo em geral. Ele bebe vinho nos shows ao invés de

---

39 Não é por acaso que uma das bandas mais apreciadas pelos góticos, a inglesa *Bauhaus*, leva o mesmo nome da escola alemã de arquitetura.

40 Essa descrição dos gostos e costumes dos góticos de acordo com os apreciadores de *doom* do *underground* é uma sumarização de uma série de informações coletadas em rodas de conversa em bares e shows. Não foi possível comparar essas informações com alguma etnografia dos góticos no Brasil pois, até onde sabemos, a única feita é a de Wendel Abramo (1994), a qual, contudo, se refere à década de 80. Eis aí uma interessante proposta de etnografia: os góticos no Brasil.

cerveja ou aguardente, as bebidas mais consumidas nestes eventos. Enfim, o apreciador de *doom* quer ser percebido como um elegante, um refinado, um *gentleman* do *underground* do metal extremo nacional.

Para os padrões do *underground*, os apreciadores de *doom* sempre estão muito "bem" vestidos. O show, para ele, é um baile da gala. As calças de couro, pretas, parecem ter sido encomendadas em alfaiates, tal é o ajuste delas nos seus corpos. As botas pretas de couro, chegando aos joelhos, sempre lustradas. Cintos e braceletes com tachas de ferro adornam os limites da sua camisa preta de mangas longas, também justa ao corpo. O cabelo longo e liso. Suas damas de companhia também impecáveis. Saias negras e longas combinadas com espartilhos negros de couro, adornados com tachas de ferro na frente e um longo entrelaçado de cadarços atrás. Macacões de couro também servem, justíssimos, complementados por botas ou sapatos de salto alto e cintos de couro com tachas. Brincos e colares são utilizados por ambos, mas ele prefere um colar prateado, geralmente com uma cruz invertida pendurada, e ela uma coleira de tachas de ferro ou de seda preta. A maquiagem tenta embranquecer o rosto e enegrecer a periferia dos olhos e nela, tinge também os lábios de vermelho ou roxo.

Mas a correlação com o gótico construída pelos apreciadores de *doom* somente está no estilo, ou de forma mais precisa, na música, no vestuário e nos gostos artísticos além música. A relação com os góticos enquanto um grupo urbano, enquanto uma prática urbana, é de diferenciação e separação. Com a palavra, novamente, Antonio:

> Essa coisa de pular muro do cemitério na madrugada e ficar recitando poesia [...], aí é meio *over*, é demais, não acha? Eu não ando com esse pessoal, eu acho que chega a ser pedante. Isso eu não faço, a galera do metal não faz, isso é coisa de quem quer se mostrar [...], guarde seus sentimentos pra você, suas leituras pra você e quando você quer botar isso pra fora, coloca na música e mostra na música.

Aqui sim temos uma descrição pejorativa dos góticos feita por um apreciador de *doom*. Uma depreciação das ações que os góticos fariam e não dos gostos artísticos que os góticos teriam. O apreciador de *doom* e o gótico, pela perspectiva do primeiro, não "andam" juntos, eles não fazem parte do mesmo grupo, eles praticam, não obstante as aproximações de gosto artístico e visual, diferentes práticas urbanas.

A razão da separação está na música. Para Antonio, o gótico expressa "seus sentimentos e suas leituras" em atividades "pedantes" como a incursão noturna ao cemitério. Tudo aquilo que o gótico receberia em termos de afeto com seu envolvimento com literatura, música e arquitetura se transformaria em ações imaturas, em uma ostentação despropositada, exemplificada por Antonio pela incursão ao cemitério. Já o *doom* é música. Ele é feito não "para se mostrar" e sim para "botar para fora os sentimentos e as leituras". Para Antonio, como para qualquer praticante de metal extremo, sua produção, tanto na composição quanto na escuta, é regida pela necessidade interna da pessoa em extravasar "seus sentimentos" e não por pressões externas, seja lá de qual ordem. Em relação ao gótico, o *doom* é comedido, sério e propositado porque é música, podemos dizer, porque é metal extremo.

Fazendo essa separação sociológica com o gótico, assim como o *trash* faz com o punk, o *doom* constrói sua entrada no centro do *underground* do metal extremo brasileiro. Neste espaço não há incursões ao cemitério nem recitações de poesias. Pela perspectiva dos apreciadores de *doom*, ai só se faz música e é para apresentar e ouvir música que ingressam nele. Filiado ao espaço do *underground*, o *doom* assume plenamente sua posição como um estilo de metal extremo. Aí sim, o *doom* ganha a forma de *doom metal*.

A Bela e a Fera reescrita por Goethe. Percebendo o *doom metal* em meio aos outros estilos de metal extremo *underground* compreendemos como este estilo pode ser descrito da maneira que Antonio fez. Aliás, descrição essa, em nossa opinião, astuta. O título do conto dos irmãos Grimm se referiria aos vocais. As bandas de *doom* são as únicas que se utilizam de dois vocalistas, um homem e uma mulher, como a capixaba *Evictus*.[41] Nessa banda, enquanto o baixista Eduardo faz o vocal gutural, rouco, semelhante aos vocais dos outros estilos de metal extremo, a soprano Fernanda[42] faz um vocal lírico, limpo,

---

41 www.myspace.com/evictus. Acessado pela última vez em 13/03/2008.

42 Interessante notar que a vocalista da banda é caracterizada como soprano. Essa marcação lírica é específica do *doom* em referência ao metal extremo. Aliás, os vocalistas raramente são marcados

semelhante aos vocais femininos de uma ópera. Um dueto de pólos opostos, do belo e do horror, assim como a imagem que o título do conto transmite. Contudo, diferentemente do final do conto, onde a Bela e a Fera encontram um no outro o amor, na temática das bandas *doom* esses pólos opostos nunca se encontrariam. Eles sofreriam pois se perderam *ad aeternum*. Eis aí a pena de Goethe,[43] o sofrimento triste e constante resultante da separação, a perda da unicidade tão peculiar a certa literatura romântica.[44]

O motivo do sofrimento, sublinhado pela descrição de Antonio, de fato, é caro às bandas de *doom metal*. O encontramos nos próprios nomes das bandas, como no da carioca *Avec Tristesse*[45] e no da curitibana *Eternal Sorrow*.[46] Uma tristeza, um eterno infortúnio, uma melancolia que as bandas de *doom metal* procuram representar tanto na música quanto nas letras das canções. Na primeira, ela é construída por meios do dueto dos vocais, do uso dos teclados, raros nos outros estilos, e principalmente no tempo de progressão da canção, lento e cadenciado em relação aos outros estilos de metal extremo. As canções *doom* geralmente são as mais longas, chegando a contabilizar dez minutos de duração, como a *To the Death*, da banda Adágio,[47] de Araraquara, São Paulo, contida no CD *Romantic Serenades*, de 1999.

Já nas letras, as bandas procuram estampar um sofrimento pela perda de qualquer ordem. Um amor que se foi, a infância que não volta ou até mesmo a saudade do campo podem servir de material para as letras das bandas *doom*. A banda *Tenebrys*,[48] de Belém do Pará, procurou tratar da perda de um ente

---

como vocalistas nas bandas de metal extremo. No gore/grind/splatter ele é o "vômito", no trash ele é o "screams", no death é o "garganta" e no black é o "vociferador".

43 O Goethe de *Werther*, muito provavelmente, e não o Goethe do *Wilhelm Meister*.
44 Sobre a perda da unicidade como um tema do romantismo ver Duarte (2004) e Cavalcanti (2004).
45 www.myspace.com/avectristesse. Acessado pela última vez em 13/03/2008.
46 www.myspace.com/eternalsorrowdoommetal. Acessado pela última vez em 13/03/2008.
47 www.myspace.com/adagiodoommetal. Acessado pela última vez em 13/03/2008.
48 www.myspace.com/tenebrysband. Acessado pela última vez em 13/03/2008.

A banda *Evictus*

querido e, para tanto, compôs *The Absolute Evil*, uma canção que trata da morte do garoto João Hélio, ocorrida em meados de 2007 em Cascadura, zona norte da capital fluminense.[49] Dividida em três partes, a letra começa com "os fatos" do acontecido:

---

49 O assassinato do garoto João Hélio, para quem não se lembra, foi bastante veiculado nos meios jornalísticos nacionais no começo de 2007. Ele morreu quando dois homens abordaram o carro da sua família na intenção de roubá-lo. Os homens mandaram todos saírem do carro, mas quando a mãe foi retirar o garoto do banco de trás, o cinto de segurança o prendeu. João Hélio chegou a descer, mas os assaltantes arrancaram com o carro. Com o movimento a porta traseira do veículo se fechou, fazendo com que o garoto ficasse preso pelo abdome. Os dois dirigiram alguns quilômetros com o garoto preso para fora do carro.

(The fact)
His flesh dilacerated with just
six years
Cowards flee in despair
of their own ignorance
Blinded by the social decay
and the certain of the impunity
That leaves a repugnant trace
of blood and pain

A segunda parte da letra se coloca na posição da irmã do menino durante o funeral:

(In the funeral, his sister)
I want my brother
I want my baby back
I want to hear his little voice
I want to go with him
I gonna be with him until the end because he is alive
I will kill those two
They took my brother

A terceira e última parte indica de quem é a culpa:

(The Fault)
We all are blamed
For the silence and inertia
The horror felt today
And the forgetfulness of tomorrow
We are the blindness for the fear
The asphalt that consumed his body
The putrid politicians
We are the absolute evil
And the in-sa-ni-ty[50]

---

50 A canção não foi lançada em nenhuma gravação, mas se encontra disponível no myspace da banda. Sua tradução livre: (os fatos) Sua carne dilacerada com apenas/seis anos de idade. Covardes fogem

Durante a execução da canção, a segunda parte, espécie de lamentação raivosa e desesperada da irmã pela morte do menino, ocupa uma posição central. Ela é o refrão da canção, cantada pelo único vocalista da banda em estilo gutural, diferentemente das duas outras partes, cantadas em estilo lírico. Vale notar também o tom apocalíptico pelo qual a banda descreve "os fatos" da morte de João Hélio e aponta as razões pelas quais somos todos culpados. De certa maneira, a banda procura compartilhar a dor da irmã com todos nós, pois somos culpados e vítimas, ao mesmo tempo, desse "horror sentido cotidianamente". Somos réus e promotores do "mal absoluto" que nos faz perder.

Enfim, a imagem da dor da perda, tão sublinhada por Antonio em sua definição do *doom metal* através da alusão à Goethe, é prezada nesse estilo. Contudo, é preciso guardar a posição da qual ele está falando, a de um apreciador, de um praticante do *underground* interessado em legitimar sua própria interpretação do estilo preferido. Interpretação astuta e eloquente, bem ao modo *doom metal* de se portar. Neste sentido, precisamos relativizar a definição de Antonio, pois nos parece que os elementos expressivos do *doom metal* apontam para uma temática mais ampla, onde o motivo da dor da perda é apenas uma de suas partes.

Podemos citar uma série de bandas que não estão tão interessadas em trabalhar com a imagem da dor da perda. A banda sergipana *Scarlet Peace*,[51] em seu *Full Lenght Into to the Mind´s Labyrinth*, de 1998, lança mão de imagens como a solidão e o esquecimento. Já a paulista *Soul Sad* trabalha com os motivos da depressão e do "vazio da alma" em canções como *My Fallen Garden* e

---

em desespero/de sua própria ignorância. Cegos pela decadência social/e com a certeza da impunidade/deixam um repugnante traço de sangue e dor. (sua irmã, no funeral) Eu quero meu irmão/ eu quero meu bebê de volta/quero ouvir sua pequena voz/quero ir com ele/ eu vou estar com ele até o fim porque ele está vivo/vou matar aqueles dois/eles levaram meu irmão. (a culpa) Somos todos culpados/pelo silêncio e inércia/pelo horror sentido cotidianamente/e pelo esquecimento vindouro. Somos a cegueira provocada pelo medo/o asfalto consumiu seu corpo/os pútridos políticos/somos o mal absoluto/e a insanidade.

51 www.myspace.com/scarletpeace. Acessado pela última vez em 13/03/2008.

Martyrium[52] e a cearense *Triarchy*[53] tende a aludir nas letras das canções do seu CD *Broken Dreams*, de 2003, para a "complexidade dos sentimentos humanos e das adversidades dos relacionamentos afetivos", como o texto de apresentação do seu *myspace* diz. As representações dessas bandas podem até estar aludindo à dor da perda, porém esta não é o elemento expressivo central daquelas.

Diferentemente do *gore/grind/splatter* e do *trash*, onde há uma maior coesão estilística, não há um elemento expressivo que possa ser caracterizado como paradigmático do *doom metal*. A linha mestra que distingue esse estilo de metal extremo de seus congêneres está mais na maneira como os conteúdos da expressão são dispostos, na forma, em um jogo de imagens que almeja imbricar a beleza no horror, como a letra da canção *Beautiful like Sadness*, da banda Adágio, também inclusa no CD já citado *Romantic Serenades*, exemplifica:

I see you, my beloved
I brought flowers to cover your body
Beautiful and cold flowers
Cold like your soul

The tears that I cry
Sweet tears of love
You sad beauty
Beautiful like sadness

I contemplate your face
Inside a coffin
Pale like the moon light
Moon that saddens me

I see you, my beloved
I brought flowers to cover your body

---

52 www.myspace.com/soulsad. Acessado pela última vez em 13/03/2008. Essas duas canções não foram lançadas em nenhuma gravação, mas se encontram no sítio eletrônico citado.

53 www.myspace.com/triarchy. Acessado pela última vez em 13/03/2008.

> *Beautiful and cold flowers*
> *Cold like your soul*
>
> *Now I'm alone*
> *Alone to find you*
> *Alone to cry*
> *Alone to die with you*[54]

Encontramos nessa letra várias imagens caras ao *doom metal*: a solidão, o rosto pálido, o choro, a morte e mesmo a dor da perda. A letra nada mais é do que o retrato de um amante contemplando sua amada morta. Porém, essas imagens alusivas ao sofrimento são adjetivadas pela beleza. São com belas e frias flores que o amado cobre o corpo dela, são doces lágrimas que ele derrama sobre ela, sobre a amada de uma beleza triste, tão bela quanto a tristeza. Na última estrofe, corolário do calvário do amante, sozinho ele lamenta e sozinho prefere morrer para estar ao lado de sua amada.

O enredo, por assim dizer, do estilo *doom metal* se distingue no *underground* do metal extremo construindo as imagens de uma beleza horripilante e vice-versa, de um horror belo. Neste sentido, temos no *doom* não tanto pólos opostos que nunca se encontram, mas, antes, em mútua alusão. Sofrer pela perda é bonito e a beleza faz sofrer. A dor é sã e a saúde é dolorida. A tristeza alegra e a alegria entristece.

Mas a particularidade do *doom metal* no *underground* é justamente aquilo que o coloca no centro do metal extremo nacional. Essa mútua alusão entre beleza e horror é também uma mútua contaminação da beleza pelo horror e vice-versa. Mais uma vez, assim como nos dois estilos anali-

---

54 Tradução livre: Eu vejo você, minha amada/eu trouxe flores para cobrir seu corpo/belas e frias flores/frias como sua alma. As lágrimas que choro/doce lágrimas de amor. Sua beleza triste/bela como a tristeza. Eu contemplo sua face/dentro de um caixão/pálida como luz da lua/lua que me entristece. Eu vejo você, minha amada/eu trouxe flores para cobrir seu corpo/belas e frias flores/frias como sua alma. Agora estou sozinho/sozinho para te encontrar/sozinho para chorar/sozinho para morrer com você.

sados anteriormente, temos no *doom* um estilo que se pretende disruptivo tratando de imagens disruptivas.

3.5 – O COROLÁRIO MUSICAL DO METAL EXTREMO *UNDERGROUND* NACIONAL: *DEATH METAL*

A construção das especificidades destes três estilos do metal extremo brasileiro, *gore/grind/splatter*, *trash* e *doom*, nos ajudam a perceber que, por mais autônomo que o *underground* seja defendido por seus praticantes, ele se constitui a partir de contrastes com outras práticas urbanas. Seja aceitando semelhanças estilísticas mas se diferenciando em termos de atividades, caso do *trash* e do *doom* com o punk e o gótico respectivamente, seja aceitando semelhanças estilísticas e se aproximando em termos de atividades, caso do *gore/grind/splatter* com o punk, estes três tipos de metal extremo constroem suas identidades no *underground* se aproximando e se distanciando de estilos e práticas urbanas alheios a este espaço. Esse é um dos motivos da qualificação da autonomia do *underground* como relativa.[55] Sua identidade enquanto uma prática urbana é, em parte, montada em contrastes com outras práticas urbanas que seus praticantes fazem a cada show, a cada gravação lançada e a cada exegese de seus estilos preferidos.

Contudo, os praticantes que dizem ter como seu estilo preferido o *death metal* não levantaram ligações extra metal extremo para o caracterizarem. Guga, vocalista da banda curitibana de *death metal Sad Theory*,[56] comentando o surgimento histórico deste estilo,[57] diz que:

---

55 Um outro motivo, como vimos no primeiro capítulo, são as necessárias relações que os praticantes precisam ter com diversos agentes e instituições externos ao *underground* para lançarem suas gravações e fazerem seus shows (indústrias de prensagem de CDs e vinis, lojas de CDs especializadas em *heavy metal* em geral, bares e casas de shows).

56 www.myspace.com/sadtheory. Acessado pela última vez em 13/03/2008.

57 Estes comentários foram feitos em uma conversa de bar tida com Guga e Danilo, guitarrista de *death metal*, em Curitiba no ano de 2005.

O *death metal* quando surgiu era uma radicalização do *trash*, mas isso lá atrás. O *death* radicalizou tanto que hoje tá bem longe do *trash*. Eu acho que hoje o *death metal* é puro metal extremo [...], é o mais rápido, o mais pesado e o mais agressivo.

Para seus apreciadores, a genealogia do *death metal* começa no metal extremo. Seu "surgimento" não demanda ligações exteriores, pois, é um desdobramento do "vovô" do metal extremo, o *trash*. Um desdobramento que seus apreciadores preferem denominar como "radicalização". O *death* teria potencializado o *trash*, teria elevado ao máximo suas características musicais, as quais Guga define como "velocidade, peso e agressão".

Então, essa "pureza" do *death metal* da qual fala Guga, advém, por um lado, da sua proveniência calcada no metal extremo e, por outro, das suas qualidades musicais. O *death metal* expressaria a "essência" musical do metal extremo, espécie de núcleo de todas as variações praticadas no *underground*. Mas que qualidades musicais são essas que Guga define como "velocidade, peso e agressão"?

Danilo, professor de música e guitarrista da também curitibana *Infernal*,[58] explica quais são os elementos musicais explorados pelas bandas de *death metal*:

> A agressão está nas guitarras distorcidas em afinação baixa. O normal no *death* é afinar um tom e meio ou mesmo dois tons abaixo. E com aquele som distorcido, que parece que tá arranhando, o som fica agressivo. A velocidade tá na bateria com dois bumbos ou pedal duplo rápido, o que a galera chama de *blast beats*. A rapidez aí é essencial pra preencher os buracos deixados pelas guitarras. A harmonia entre guitarra e bateria está no baixo, que é um instrumento de corda percussivo, acompanhando os bumbos da bateria. No meio disso tudo o vocal gutural, rosnado, cavernoso mesmo. Quando esse conjunto é bem feito, tua banda tem peso.

Quando Danilo fala em guitarras distorcidas, ele se refere aos efeitos sonoros que os guitarristas de *death metal* se utilizam, geralmente produzidos

---

58 www.myspace.com/bandainfernal. Acessado pela última vez em 13/08/2008. Vale indicar que desde 2006, Danilo trocou a guitarra pelo violino distorcido como seu instrumento de execução enquanto membro da banda.

por um pedal.[59] O efeito preferido dos guitarristas de *death metal* é aquele que aumenta o volume do som do instrumento distorcendo suas propriedades acústicas, tal como o turvamento que a água causa na imagem de algum objeto quando imergido nela. Afinações "baixas" são afinações abaixo da nota lá, padrão de afinação na música ocidental. Dois tons ou um tom e meio abaixo seriam, respectivamente, afinação em fá e fá sustenido.

Os bumbos, por sua vez, são os instrumentos tocados pelo baterista com os pés. Quando Danilo fala em bumbos duplos, ou pedais duplos,[60] se refere à duplicação de batidas no bumbo como característica do *death metal* e, o mais importante, o mais rápido possível. Não há variações ou fraseados. Não há melodias. A intenção é bater no bumbo alternadamente, de forma constante, o mais rápido possível. Essa técnica é aquela "que a galera chama de *blast beats*", uma rajada de batidas no bumbo. Importante lembrar que, por mais que Danilo não indique, os bateristas de *death metal* se utilizam fartamente de outros instrumentos, como a caixa, os surdos e os pratos.

O baixo, "instrumento de corda percussivo" de acordo com Danilo, funciona no *death metal* como uma ligação entre percussão e guitarra. Prolongando a batida curta da percussão e encurtando as notas longas das guitarras, o baixo harmonizaria a música das bandas de *death metal* equalizando volume e tempo das notas, sonicamente distintas, da percussão e da guitarra.

Finalmente o vocal "gutural", qualificado assim por Danilo por ser uma técnica de canto na qual a garganta prepondera sobre a boca. Nessa técnica, o vocalista encurta a passagem de ar na sua garganta, adstringindo suas cordas vocais. Consequentemente, sua capacidade de melodia, de cantar diferentes notas, é reduzido a praticamente zero. Em contrapartida, o vocal nessa técnica

---

59 O pedal é um aparelho de efeitos sonoros ligado a meio caminho entre o instrumento e a caixa amplificadora. O som produzido pelo músico passa pelo pedal antes de sair pela caixa. Leva esse nome por ficar aos pés do guitarrista, facilitando que ele troque os efeitos ao longo da apresentação pelo toque dos pés. O pedal, sem dúvida, é universal no metal extremo *underground* nacional. Não basta que o som seja acusticamente elétrico, é preciso que ele seja eletronicamente distorcido.

60 Bumbos duplos são dois bumbos no kit da bateria. Pedais duplos é um bumbo só sendo batido por um pedal com duas baquetas (na gíria dos músicos de metal extremo, dois "pirulitos"). Não confundir este pedal com o pedal das guitarras.

sai distorcido, tal a distorção das guitarras. Sendo assim, o vocal "gutural" é uma distorção monotonal, metal extremo de uma nota só, em fá ou fá sustenido. Como disse Guga: "cara, a boca só serve pra sair o som e pra mudar as palavras, a garganta faz tudo, quer dizer, fica tocando essa nota única".

De fato, percebemos a exploração desses elementos musicais indicados por Danilo em todas as bandas que se definiram como *death metal* vistas e ouvidas durante a pesquisa. Assim como o julgamento que Danilo faz também foi percebido, tanto em quem compõe quanto em quem ouve o *death metal*. As bandas que conseguiram imbricar esses elementos em sua música eram consideradas "boas", ou seja, são bandas que fariam um *death metal* "rápido, pesado e agressivo" ou, em outra metáfora, equivalente, "brutal". As resenhas de gravações atestam este tipo de julgamento. No *Dark Gates* zine, Bernardo resenha o segundo *full lenght* da banda *Queiron* de Capivari, São Paulo, assim:

> Depois de várias demo-tapes e seu merecido debut-CD [...], esses três cavaleiros do apocalipse nos presenteiam com mais este trabalho, *Templars Beholding Failures*, contendo 1 intro e 9 músicas, moldadas no mais puro brutal death metal. Marcelo, Tiago e Daniel destilam todo seu ódio com técnica, velocidade e brutalidade. O melhor é não destacar som algum, ponha o CD pra rolar e ouça-o do começo ao fim [...], são quase 50 minutos de pura blasfêmia. Aos fãs do estilo, um convite para detonar com os pescoços, aos de ouvidos delicados, sugiro distância, aos posers, cuidado... estamos chegando! Congratulações à banda!

No entanto, o *death metal* é considerado por Guga como "puro" metal extremo não por apresentar essas qualidades sônicas, mas por potencializá-las. Para Guga, o *death metal* não é "rápido, pesado e agressivo", é o "mais rápido, o mais pesado e o mais agressivo" dos estilos de metal extremo, ou seja, uma "radicalização" musical de um tipo de música denominada como extrema.

O metal extremo *underground* nacional significa para seu praticante, independentemente do estilo, música "pesada e agressiva" composta por meio dos elementos sônicos apontados por Danilo: guitarras distorcidas e em "baixa afinação", bumbo duplo, baixo "harmonizador" e vocal "gutural". O julgamento estético do *underground* procura pesar se uma dada banda conseguiu compor uma música "pesada e agressiva" a partir destes elementos. De outro modo, compor uma música que não apresente pelo menos um destes elementos certamente significa uma descaracterização do metal extremo e muito provavelmente pode resultar em um afastamento dos seus compositores do *underground*.[61] Poderíamos exemplificar o ponto com uma série de resenhas de gravações, de shows, de conversas que tivemos e entrevistas que fizemos com os praticantes. Todas elas deixam bem claro que o gosto musical preponderante do *underground* se delicia com uma música "brutal". Sendo assim, se estamos falando de uma prática urbana organizada a partir da composição, audição e apresentação de música, fazer um metal extremo "pesado e agressivo" a partir daquele conjunto de elementos sônicos é um dos delimitadores do próprio *underground*. O gosto musical pela música "pesada e agressiva" opera no registro sociológico do *underground*, estabelecendo uma referência para o praticante fundamental, na medida em que, espraiado nacionalmente, se movimentando mais por cartas e e-mails do que por ruas e calçadas, transitando por bares e casas de show, o *underground* possui poucas referências territoriais.

Essa articulação identitária que a música "pesada e agressiva" fornece ao *underground* do metal extremo é nítida a partir da particularidade do *death metal* neste espaço. Enquanto os praticantes que dizem preferir outros estilos clamam pela união do *underground*, o apreciador de *death metal*, do estilo "mais pesado e mais agressivo", sublinha o senso de comunidade do *underground*, de uma irmandade baseada no interesse mútuo de seus membros pelo metal extremo.

---

[61] A guitarra distorcida é o único elemento imprescindível. O vocal gutural e o bumbo duplo são importantes, mas não utilizá-los não implica, necessariamente, em descaracterização do metal extremo, como vimos no caso do *doom metal*. O baixo, por sua vez, pode ser utilizado como instrumento melódico ao invés de percussivo. Teremos então um baixista com "técnica", um virtuoso. Afora esses instrumentos, os teclados aparecem em bandas de *doom* e *black metal*, com controvérsias, e instrumentos de sopro, essencialmente melódicos, são evitados ao máximo. Novamente, vemos aqui, na política sonora do *underground*, a primazia do pulso (ritmo) sobre o tom (melodia).

Rodolfo, 28 anos, morador de Três Pontas, Minas Gerais, baterista de uma banda de *death metal*,[62] conversou conosco no mesmo show em Juiz de Fora, em 2005, onde conhecemos Yuri D'Ávila. Trocando impressões sobre as cenas de nossas cidades, foi inevitável rumar nossa conversa para uma avaliação do *underground* nacional. Rodolfo sublinhava constantemente sua inserção ativa neste espaço, trocando cartas e fitas com pessoas do país todo, ajudando na organização dos shows, tocando "pra valer" em uma banda e indo aos shows de outras bandas. Enfim, Rodolfo se caracterizava como um praticante real, mas sem mencionar este termo.

Ele estava animado com a conversa, pareceu ter se interessado no fato de que eu estava fazendo uma pesquisa sobre o metal extremo no Brasil. Com essa disposição demonstrada por Rodolfo, resolvo provocá-lo, lançando na conversa uma reflexão que havia anotado em meu caderno de campo algumas horas atrás naquela mesma noite. Queria saber como ele interpretava a sua inserção no *underground* como uma forma de contribuir na construção coletiva deste espaço e não como uma forma de auto-promoção, tanto dele próprio como da sua banda:

> Mas toda essa participação sua no *underground* não seria uma forma de promover a sua banda? Toda essa troca de cartas, esse empenho em fazer um som legal, toda essa ajuda que você dá pra galera, não é uma forma de se fazer mais conhecido, de vender mais CDs e fitas, de se promover no *underground*?

De modo algum Rodolfo respondeu rispidamente. Começou dizendo que a minha interpretação era possível, afinal, a sua inserção, disse, é sim uma auto-promoção. Porém, ressaltou que,

> pra ser conhecido no *underground*, tem que existir o *underground* [...], toda banda que faz um trabalho sério pensa em sobreviver de música, pra mim quem diz que não é um fingido, bando de falso, hipócrita [...], mas conseguir isso é muito difícil, no Brasil quase impossível, então tem que rolar ajuda, mutirão mesmo, todo mundo ajudando todo

---

62 Rodolfo, nome verdadeiro, pediu para não divulgar o nome de sua banda, segundo ele "porque não sei o que os outros caras da banda acham disso".

mundo, como uma comunidade. Eu quero me dar bem junto com todo mundo que tá aqui pra valer, fazendo a coisa séria, pelo metal extremo, pela pancadaria.[63]

então você acha que o underground é uma comunidade?
não eu não acho, ele é uma comunidade, é um grupo pequeno mas de pessoas unidas, se ajudando a toda hora, não importa como. Cara, eu vou pro Rio, venho pra cá [Juiz de Fora], BH, São Paulo, não só pra tocar mas pra ver show, pra encontrar meus amigos [...], onde você acha que eu fico? Onde você acha que eu como? Na casa desses caras, que eu conheci por carta ou viajando por aí. E quando eles vão lá pra Três Pontas, ficam na minha casa [...] é assim que funciona, todos juntos, lutando pelo nosso metal.

e você gosta dessa luta ou acha que ela dá resultados?
resultado financeiro não dá, você sabe disso, todo mundo aqui é quebrado, mas cara, olha pro mundo de hoje, guerra, ódio, briga, é só desunião, separação [...], ficam falando que estamos na era de aquário, essa conversa furada de *hippie* que tá tudo numa paz [...], eu só vejo individualismo e egoísmo, todo mundo querendo tirar o seu e foda-se o outro [...] não, aqui não, aqui nós trabalhamos em conjunto, essa é a mágica do metal, eu nunca vi a pessoa antes mas se ela tá pra valer no *underground* terá minha ajuda, e em dez minutos de conversa você sabe se ela tá pra valer no *underground* [...] não é gostar ou não dessa luta, ela é minha vida, tá no meu sangue [...] não tenho dinheiro, mas tenho amigos e tenho princípios.

Para Rodolfo, não é preciso pedir mais união ao *underground* porque ele já está unido, tão unido que já se cristalizou em uma comunidade. Uma comunidade, como Rodolfo a percebe, que poderia ter como lema o mesmo dos mosqueteiros de Dumas, *un pour tous, tous pour un*. Constituída a partir de um interesse pelo metal extremo, contudo, para Rodolfo, ela é mais do que um grupo de pessoas que se reúnem periodicamente para fazer, ouvir e apresentar esse tipo de música. A comunidade do *underground* seria uma rede de solidariedade, baseada em uma igualdade e em uma reciprocidade mútua entre seus membros, ajudando os músicos e as bandas "sérios" na suas promoção e participação ativa. Ou seja, a comunidade que Rodolfo percebe

---

63 Noto que as respostas transcritas de Rodolfo foram lidas por ele após eu as ter redigido durante nossa conversa. Ele fez questão de lê-las, mas não fez questão de alterá-los.

no *underground* é uma resolução de duas práticas internas que geralmente são tidas como opostas pelos praticantes, a auto-promoção em um lado e o trabalho coletivo em outro. Sintetizando ambas, a comunidade do *underground* trabalharia coletivamente pela promoção de todos os praticantes "sérios".

De certa maneira, a percepção do *underground* nacional como um grupo de pessoas com direitos e deveres iguais, trabalhando solidariamente na construção deste espaço, é perceptível nos discursos dos apreciadores de todos os estilos de metal extremo. Frente às hierarquias que existiriam no *mainstream* entre o fã, o produtor e o músico, o praticante percebe no *underground* um mesmo patamar de importância para todos, patamar este que é, ele mesmo, construído por todos.

Mas este senso de comunidade geralmente se manifesta no discurso dos praticantes conjugado no imperativo afirmativo. É como se o *underground* estivesse a ponto de se esfarelar. Ele está frágil, convalescente, portanto é preciso pedir por uma união efetiva, por uma doação dos praticantes em vista de uma futura pujança comunal do *underground*. É preciso que a comunidade venha a se consolidar. O espectro do individualismo ronda o *underground*, então o praticante clama por união igualitária: *hellbangers* do Brasil, uni-vos!

Já o praticante apreciador de *death metal*, como Rodolfo, conjuga este senso de comunidade no particípio. A comunidade do *underground* está feita, a rede solidária do metal extremo no Brasil funciona, é pujante, e o praticante só precisa mantê-la operando, sendo "sério", ingressando no *underground* "pra valer". O espectro do individualismo existe no discurso do apreciador de *death metal*, mas o espírito benfazejo da comunidade do *underground* o mantém distante.

No discurso do *death metal*, a comunidade do *underground* surge concretizada. O estilo percebido como o mais "puro" do *underground*, com uma genealogia metálica intacta, o primogênito legítimo do metal extremo, é aquele que afirma a existência da comunidade do *underground*, de uma rede solidária baseada no gosto pelo metal extremo.

A solidariedade, esse senso de reciprocidade no qual a comunidade do *underground* se baseia, é a "mágica" do metal como diz Rodolfo, o seu elemento especial, aquilo que só ele proporcionaria. Uma "mágica" em dois sentidos. Em um deles, a solidariedade seria praticada por pessoas que não se conhecem, que nunca se viram, mas que compartilham o interesse pelo metal extremo e a vontade de participação ativa no *underground*. Em outro, ela oferece um ponto de apoio ao praticante frente a um mundo percebido como cheio de "ódio, guerra e briga". Para Rodolfo, no "mundo de hoje", onde só há "desunião e separação", a rede solidária do *underground* também é uma rede de apoio, espécie de torniquete, ajudando-o a enfrentar aquilo que chama de "individualismo e egoísmo" com um pretenso comunalismo generoso. Esses são os truques sociais da solidariedade para o praticante de *death metal*. Fazer com que, "após dez minutos de conversa", duas pessoas que não se conhecem, se percebam como amigas, unidas em um mundo onde só há "desunião e separação".

Mas quando voltamos nossos olhos e ouvidos para o estilo do *death metal*, não há como não percebermos certa contradição entre suas temáticas e a maneira como seus apreciadores concebem a comunidade do *underground*. O estilo preferido dos praticantes que qualificam este espaço como uma rede solidária, cantará e versará, assim como os outros estilos de metal extremo, sobre temas desagregadores. Afinal, estamos falando do estilo que se pretende o "mais pesado e agressivo", aquele que teria potencializado a "brutalidade" do metal extremo, aquele que leva como nome próprio a própria morte.

Purcell (2003) afirma que uma espécie de horror montado a partir de imagens de corpos humanos dilacerados, violência gratuita e de símbolos religiosos é a temática do *death metal* norte-americano (Purcell, 2003, p. 151-86). Já Bogue (2004), trabalhando a partir de uma perspectiva deleuziana, entende que o motivo da violência se configura como o tema central do *death metal* no mundo todo. Berger (1999), por sua vez, encontra no *death metal* composto pelas bandas da cidade de Akron, Estados Unidos, a agressão como tema central[64] (Berger, 1999, p. 251-94). No entanto, simplificaríamos demais o *death metal* do *underground* do metal extremo brasileiro se apontássemos

---

64 Ainda sobre este trabalho, foi uma grata surpresa encontrar em sua etnografia as mesmas opiniões que Rodolfo tem acerca do *underground* nas vozes dos músicos e apreciadores de *death metal* em Akron. Aliás, o principal participante da pesquisa de Berger, Dann, comenta sobre suas trocas de cartas com a já inativa banda brasileira, carioca, Dorsal Atlântica (Berger, 1999, p. 274). Temos nes-

nele, como fizemos nos estilos analisados anteriormente, apenas um tema central. Enquanto os outros estilos apresentam poucas variações estilísticas em relação a um tema central, a particularidade do *death metal* é apresentar uma ampla diversidade de temas centrais. As bandas podem tratar de escritores "malditos", como a *Sad Theory* tratou de Baudelaire; assim como as de *gore/grind/splatter*, podem tratar do corpo humano dilacerado, como faz a banda mineira de Sete Lagoas *Embalmed Alive*[65] na sua fita-demo de 2003, *Regurgitating the Internal Parts*, lançada em 2003; podem também elencar, tal as bandas de *trash*, as guerras e a destruição advinda com elas, como elencaram os santistas da *Chemical Disaster*[66] no seu CD *Scraps of a Being* de 2000; a dor da perda, típica do *doom*, pode ser tratada pelas bandas de *death metal* também, como fizeram os baianos da *Sades*[67] na canção E que Meus Rogos Cheguem a Ti, inclusa na fita demo de 2006, *Final Destination*; finalmente, podem cantar e versar, junto com as bandas de *black metal* que logo veremos, sobre o satanismo, como canta e versa a banda de Danilo, a *Infernal*.

As bandas de *death metal* do *underground* nacional trabalham em suas letras com todos os motivos centrais dos outros estilos de metal extremo. Na verdade, os motivos das suas letras são os motivos dos outros estilos de metal extremo. Na lírica do metal da morte não há uma particularidade que o diferencie dos outros estilos. Temos então, com o *death metal*, um peculiar movimento de diferenciação estilística interna ao *underground*. O estilo que afirma sua particularidade de forma mais forte, pretendendo ser o mais "puro" de todos, o mais "agressivo e pesado", é aquele que apresenta a mais parca delimitação lírica. No que tange aos motivos das letras, o *death metal* é o receptor universal do *underground*.

Porém, inversamente, a música do *death metal* é emprestada pelos outros estilos. Por exemplo: nas combinações estilísticas que as bandas fazem, o *death metal* é o único que se encaixa em todos os estilos, ele é o sobrenome com

---

ta confluência de dados entre esta pesquisa e a nossa mais um indício das conexões internacionais que o *underground* do metal extremo engendra.

65 www.myspace.com/embalmedaliveband. Acessado pela última vez em 13/03/2008.

66 www.myspace.com/chemicaldisasterband. Acessado pela última vez em 13/03/2008.

67 www.myspace.com/sadesmetal. Acessado pela última vez em 13/03/2008.

maior conectividade no metal extremo. A banda pode compor um *trash death metal*, um *doom death metal* e assim por diante com todos os estilos. Estes, por sua vez, só funcionam como nomes próprios. Um *doom trash metal* ou um *trash doom metal* soariam ao praticante como experimentações musicais bizarras ou "cult". O *death metal* é aceito como o doador universal de motivos musicais do metal extremo nacional. A sua "pegada" como os praticantes dizem, ou seja, as suas características musicais, aquelas que Danilo nos descreveu, serve como aditivo de "peso e agressividade" a todos os tipos de metal extremo.

Em todos os estilos, a letra opera como legenda da música. Incrustando-se na música, a letra traduz metaforicamente em palavras os motivos trabalhados no som, delineia em adjetivos, substantivos e verbos as melodias, harmonias e ritmos. Legenda curta e precisa. O metal extremo *underground* nacional é um tipo de arte na qual tanto seu produtor quanto seu consumidor não estão interessados em multiplicar as referências e alusões das obras.[68] As metáforas que a letra emprega, para o praticante, são as únicas possíveis. Neste sentido, podemos dizer que no metal extremo letra e música equilibram-se uma na outra na construção dos estilos por meio de uma mútua significação. Ambas, por linguagens diferentes,[69] transmitem o mesmo significado.

O *death metal* não foge à regra. As letras escritas pelas bandas, recheadas de imagens de desagregação, repugnância, violência e blasfêmia, são cantadas em canções percebidas pelos praticantes como desagregadoras, repugnantes, violentas e blasfemadoras. Porém, enquanto os outros estilos constroem suas particularidades em uma junção de motivos musicais precisos com moti-

---

68 Originalidade e criatividade são dois valores muito bem quistos no *underground*, porém elas estão regradas por essa demanda de encurtamento de referências e alusões e, claro, pelas regras sonoras e líricas do metal extremo. Juan, guitarrista do *Sad Theory*, em uma de nossas tantas conversas durante as gravações do disco da banda, disse o seguinte a respeito da originalidade e criatividade no metal extremo *underground*: "tem que ser tradicional de um jeito inovador, fazer mais do mesmo de um jeito diferente". Pelos dados da pesquisa, tendemos a concordar com ele, fazendo uma ressalva. São poucas as bandas que conseguem executar esse tipo de criatividade e originalidade. De modo que a grande maioria só cumpre a primeira metade desse programa, fazendo "mais do mesmo".

69 No show a música prepondera sobre a letra. Porém, vale notar que mesmo nas fitas demo mais toscas, as bandas fazem questão de trazer no encarte as letras de suas canções.

vos líricos precisos, o metal da morte demanda precisão apenas na música. Qualquer letra, desde que se encontre no campo semântico do metal extremo, pode ser utilizada por bandas de *death metal*. Já o inverso não acontece. A música do *death metal* deve ser composta somente a partir daquele conjunto de elementos sônicos: guitarras distorcidas em afinação "baixa", bumbo duplo veloz, baixo "harmonizador" e vocal "gutural". Alterações nesse conjunto que não o descaracterizem podem ser muito bem aceitas pelo público *underground*, como foi a troca da guitarra pelo violino que Danilo, do *Infernal*, fez. Aliás, essa troca exemplifica a frase de Juan, inclusa acima em uma nota. Danilo foi "tradicional (mantendo a distorção e afinação 'baixa'), mas de um jeito inovador (trocando o instrumento)". Porém, se uma banda de *death metal* propõe alguma variação deste conjunto que escape aos limites musicais do *death metal*, ela transforma o *death* em seu sobrenome e ganha um novo nome próprio. Por exemplo: se a banda cadencia o bumbo duplo mas mantém os outros elementos, será rotulada de *doom death metal*. Se, por outro lado, ela propõe alguma variação que escape aos limites do metal extremo, adicionando instrumentos de sopro por exemplo, ela arrisca não só sua filiação ao *death metal* como também ao próprio *underground*.

De modo que a particularidade do *death metal* no *underground* está em uma inversão da relação entre música e letra. A música legenda a letra, ela traduz em melodias, harmonias e ritmos os adjetivos, substantivos e verbos, delineia em sons ouvidos como violentos e agressivos, palavras de violência e agressão. Daí o metal da morte ser considerado o estilo mais "puro" do metal extremo, o mais "agressivo e brutal", por todos os praticantes. Em uma prática urbana fundamentalmente musical, o *death metal* seria a cristalização sonora dos valores e afetos que seus praticantes buscam representar pela música. Pela sua perspectiva, o filho legítimo do metal extremo cumpriu seu dever, exprimindo ritmos da virulência, expelindo melodias da agressão e vomitando harmonias pelos intestinos delgados abertos. O *death metal* figura, assim, como o corolário musical do *underground* do metal extremo nacional.

O DEATH
METAL EM
AÇÃO

Danilo e seu violino em show da *Infernal*. Ao fundo, o bumbo duplo da bateria (ao lado)

Guga e Carlos, "garganta" e baixista da *Sad Theory* (acima)

Capítulo 4

A Extremidade do Extremo: *Black Metal*

Os praticantes do *underground* do metal extremo nacional procuram em seus estilos favoritos características que o tornariam "melhor" do que seus congêneres. Para eles, diferenciar seu estilo preferido no *underground* é uma questão de julgamento de qualidades, de produzir uma superioridade, um patamar para o estilo ao qual nenhum outro teria chegado ou poderia chegar. Como vimos, o apreciador de *gore/grind/splatter* julga seu estilo preferido superior em razão da violência e repugnância nele explícitas; "nenhum outro é tão nojento quanto o *gore*", ele diz. O *trasher* encontra na ancestralidade, no pretenso pioneirismo pelas vias da "agressividade", esse patamar elevado do *trash metal*. O apreciador de *doom metal* arrogará ao seu estilo favorito a qualidade do mais refinado, letrado e culto do *underground*; "é para poucos" é o que ele diz se você pede que descreva o *doom metal*. Já o *death metal* será julgado superior pela sua música, como acabamos de ver, considerada a "mais agressiva e brutal" do *underground* do metal extremo nacional.

Esses julgamentos de modo algum inibem a convivência harmoniosa que estes estilos mantêm no *underground*. Também não inibem a convivência harmoniosa entre os praticantes, assim como não demandam do julgador um gosto único, totalmente voltado ao seu estilo favorito. Normalmente esses julgamentos são expostos após uma afirmação de aceitação de todos os estilos: "olha, eu gosto de todos, mas prefiro este, pois...". Para sermos precisos, estes julgamentos são produtores e produtos das diferenças entre os estilos do gênero metal extremo no *underground*, porém não tolhem o aspecto coletivo desta prática urbana. Pelo contrário. Apimentando as rodas de conversas dos shows, oferecendo material para fazer piadas acerca das particularidades do estilo preferido do colega e oferecendo parâmetros para um zinero escrever sua resenha, esses julgamentos reforçam ainda mais o *underground* enquanto um coletivo único.

No entanto, o apreciador de *black metal*, no seu discurso, tende a tencionar essa harmoniosa convivência das diferenças. Sua análise do *underground* é crítica, diz não compactuar com os rumos que este espaço vem trilhando. Ele se coloca na iminência de romper com o *underground*.

Em entrevista ao *Anaites zine*, oitava edição, os membros da banda *Mordor*,[1] de Teófilo Otoni, MG, criticam o *underground* nacional de várias formas em suas respostas. Quando questionados acerca das suas visões sobre o cenário[2] nacional atual, o baixista e vocalista *Nattens* responde que:

> só vejo falsidade ultimamente. Tirando algumas poucas hordas sérias e respeitáveis, só vejo modistas, falsos que acham legal se vestir de preto, que acham que estão assustando alguém. Ficam fazendo cara de mau e dizendo que são satanistas sem nenhum fundamento ideológico [...] os valores se perderam, o cenário *underground* está corrompido.

Em outra pergunta, em que Hioderman os questiona sobre o que acham de bandas supostamente *underground* darem entrevistas para revistas "comerciais", o guitarrista *...em Sombras*[3] diz que acha:

> Lamentável. Prefiro não ocupar meu tempo pensando sobre bandas modistas, que posam de fodões. Pessoas que não se encontraram, e que se moldam de acor-

---

1   As bandas de *black metal* se percebem como as mais reais do *underground*, por razões que tentaremos compreender neste item. Mas vale indicar aqui que, sendo as mais reais, são as mais preocupadas em controlar a divulgação de sua música. Portanto, elas são as mais avessas à internet. Seus membros dizem que a internet facilita o acesso às suas músicas e informações por pessoas "indesejáveis", falsos e modistas principalmente. Sendo assim, teremos poucos endereços de *myspace* das bandas desse estilo para indicar ao leitor.

2   Cenário é utilizado pelos praticantes como um equivalente de *underground*, geralmente fazendo referência ao âmbito nacional e/ou mundial. Cena, em contrapartida, faz referência ao *underground* local de uma cidade e/ou região do país.

3   Apenas para não deixar dúvidas ao leitor. O codinome do músico inclui as reticências.

do com uma certa tendência não merecem sequer comentários. Eles próprios se encarregam de se destruir.

Suas críticas recaem até mesmo sobre a cena belo-horizontina, onde estaria acontecendo algumas "mesclas" do *underground* com estilos musicais execrados pela banda:

> não compactuamos com ideias de um modismo eletrônico, new metal, dance, rave etc, que estão se mesclando ao movimento em Belo Horizonte, do qual queremos apenas distância [...], saudamos aqueles belorizontinos [sic.] que ainda mantém a chama do eterno metal mineiro.

No discurso do apreciador de *black metal*, o *underground* não precisa de união, como dizem os apreciadores de *gore/grind/splatter, trash* e *doom*. Tampouco transparece nele a materialização da comunidade do *underground*, como surge no de *death metal*. O *underground* em sua perspectiva estaria decadente, "os valores se perderam", ele teria sido corrompido "pelas modas" e pelas "misturas". Afora algumas "hordas respeitáveis", os praticantes "não se encontraram", seguindo assim padrões de comportamento impostos por alguma nova tendência, "eletrônico, *new metal*, dance, rave", em detrimento da "eterna chama" do metal.

Temos aqui mais um exemplo daqueles modos de acusação que as categorias real e falso engendram. A banda *Mordor*, se colocando na posição de real, classifica praticamente todo o *underground* nacional como falso, "vendido e modista". Obviamente, eles não compactuam com tal estado; eles são reais, são dignos de respeito por manterem a "verdadeira chama acesa" junto com outras "poucas hordas sérias". No discurso do apreciador de *black metal*, esse não compactuar-se com a falsidade beira o rompimento com o *underground*, como deixa claro, novamente, *Doom-Rá*. Em certa altura da sua entrevista ao *Dark Gates zine*, quarta edição, o líder da *Uraeus*, expondo como seriam suas maneiras de conviver com a "sociedade capitalista", enviesa sua resposta em direção a um tratamento da sua relação com a própria cena *underground* local:[4]

> Vivo sozinho já há uns 6 anos e sempre convivi apenas o suficiente com a sociedade capitalista, apenas suguei o que eu queria dela, sempre mantive-me oculto, nunca saí por aí entre leigos, falando as minhas ideias, me arrependi de me misturar com a dita cena *black metal* local, deveria ter me ocultado, sempre tentei ser amigo de todos, só levei punhalada, vejo que mesmo no *black metal*, os defeitos típicos do ser humano são visíveis, como traição, inveja, fofoca, falsidade. O melhor então é conviver com nossos demônios mais íntimos de nossas solitárias escuridões.

Porém, na prática, esse rompimento não se efetiva. Na prática, esse afastamento não se realiza. Ao contrário do que o apreciador de *black metal* diz, seu estilo favorito é, junto com o *death metal*, o mais presente e inserido no *underground* do metal extremo nacional. São das bandas de *black metal* a maioria das entrevistas publicadas nos zines, são delas e das bandas de *death metal* a radical maioria das gravações circuladas pelo *underground* e são os shows dessas bandas que mais acontecem pelo país afora. São os músicos dessas bandas que montam os selos e os distros, esses promotores da movimentação do *underground*. Não há dúvidas. As bandas de *death* e *black metal* são as mais ativas, para usar um termo dos próprios praticantes, e articuladas do *underground*. Suas ações nos fazem pensar que, diferentemente do que dizem, estão sim muito preocupadas com os rumos que as cenas vêm tomando.

O tom crítico dos seus discursos, a "lamentação" que o apreciador de *black metal* expressa pelo estado atual do *underground*, obviamente, fala mais sobre a maneira que ele percebe seu estilo preferido do que sobre sua postura prática neste espaço. Tal como em um teatro, a depreciação do *underground* é um "gancho", uma "deixa" para a construção da singularidade que o *black metal* guardaria frente aos seus congêneres. Antes de romper com o cenário, o apreciador de *black metal* quer, com sua crítica, delinear seu estilo e forçar o reconhecimento desse delineamento pelos outros praticantes do *underground*.

---

4 *Doom-Rá* morou em várias cidades. A cena local a qual ele se refere nessa entrevista, provavelmente, é a goianiense.

Os membros do *Mordor* nos ajudam a perceber qual delineamento é esse. Na mesma entrevista, esclarecendo qual seria o significado da banda para eles, dizem:

> Seria demasiado complexo buscar um conceito que expressasse com exatidão o que vem a ser o Mordor nessa terra. O Mordor é caos, guerra, destruição! É um elo entre guerreiros que lutam pelo que pensam, e o fazem até a morte. É a manifestação de nossas concepções sobre um universo de assuntos identificados [com] nosso "modus vivendi". É a nossa arma, o nosso escudo que sustentamos com força, garra e honra. É onde depositamos todo nosso ódio e o transformamos em arte extrema, direcionando-a aos hereges guerreiros que nos acompanham. É o reflexo de nosso orgulho em manter viva a chama do *underground* nacional! Filosofia de vida extrema! Enfim, o Mordor somos nós e nós somos o Mordor!!!

Como vimos nos dois primeiros capítulos, é intrínseca à participação no *underground* percebê-la como uma luta, seja lá qual for o estilo preferido. Luta que está dotada de grande importância afetiva e moral para o praticante, porém, que raramente extrapola a esfera musical de suas vidas. Lutam pelo tipo de música que gostam, o metal extremo, e pela maneira que querem gravar, distribuir e divulgar esse tipo de música, o próprio *underground*. Os praticantes muitas vezes a descrevem como um embate contra o "mundo" ou contra a "sociedade capitalista", mas na prática essa luta se traduz na organização e manutenção de uma maneira relativamente autônoma de experienciar a música na cidade.

No trecho citado, a banda *Mordor* está acionando essa concepção de luta para significar sua participação no *underground*. A princípio, com um único diferenciador em relação ao discurso padrão das bandas, o tom mais beligerante. Caos, guerra e destruição, uma arma e um escudo sustentados com honra. A banda *Mordor* significa, para seus membros, uma máquina de transformar ódio em arte extrema. Transformação essa que lhes traz orgulho, pois, por meio dela entendem que estão mantendo a tão importante chama do *underground* acesa.

Todavia, a luta pelo *underground* tal como a banda *Mordor* coloca parece não só se referir àquela abnegação que encontramos no discurso de outras bandas, àquela doação pela manutenção do *underground*, espécie de sacrifício do indivíduo pelo coletivo. Antes de uma luta pelo *underground*, a banda denota uma guerra do *underground*. A banda *Mordor* é um elo de guerreiros que não está lutando pelo metal extremo e sim pelo *que pensam*, ela é uma manifestação de assuntos que se identificam com o *"modus vivendi"* dos seus integrantes. Uma guerra que não é só pela música, mas que usa a música para guerrear. Uma guerra baseada no *underground*, mas que se direciona para fora dele.

A banda paulistana *Triumph*, em entrevista à revista/zine *A Obscura Arte*, décima edição, é bastante incisiva neste mesmo ponto. Questionados sobre como vêem o estado atual do *underground*, partem para a constante crítica contumaz que toda banda de *black metal* faz a ele: "o que vemos hoje em dia é o lado artístico muito em alta, tem banda hoje querendo lançar seu CD e fazer shows e esquece todo o sentimento maior que há no *black metal*". Na frase seguinte, a banda esclarece qual é esse sentimento maior do que o lado artístico que estaria por trás do estilo que tocam: "*black metal* é arte, mas acima de tudo, é atitude e culto".

Uma atitude, um culto ou, como muitos preferem, uma "ideologia". O *black metal* para seu apreciador seria mais do que um estilo de música, seria um estilo de vida, um agregado de condutas e valores específicos, certamente baseados no metal extremo *underground*, mas referidos para além dele. O *black metal* seria a radicalização da luta empreendida neste e por este espaço, no sentido de que ele representa não só um tipo de metal extremo mas, sobretudo, um estilo de vida extremo ou, como os membros da *Mordor* preferem, "filosofia de vida extrema".

Radicalização essa que, por um lado, se assemelha àquela percebida no *death metal*, pois em ambos trata-se de ser "mais brutal e mais agressivo". Enquanto o *death metal* é a música "mais brutal e mais agressiva", o *black metal* é a "ideologia mais brutal e mais agressiva". Porém, por outro, distinta. Enquanto a radicalização do *death metal* é assimilada pelo *underground* como um todo, a do *black metal* tende a se manter entre seus apreciadores. Se o *death metal* é o metal extremo mais "puro" do *underground*, o *black metal* é julgado pelo seu apreciador como a vanguarda do metal extremo. Consequentemente, ele, o apreciador, se julga como a elite do *underground*. Ele se vê como o mais real dos reais, o defensor do *underground*. Ele se sente capaz de apontar "típicos defeitos do ser humano" no estado atual da "lamentável" cena local, pois o estado atual do seu estilo preferido é venturoso. O *black metal* transparece para seu apreciador como uma vitória, como uma conquista, como a campanha mais exitosa do *underground*. Ele e o *black metal* atingiram a perfeição. Desse modo, não há surpresas na contumaz crítica que ele faz ao *underground*. Este sempre lhe parecerá estar aquém do *black metal*. O *underground* sempre lhe parecerá falso.

Mas é preciso sublinhar: o discurso crítico, bem como suas ameaças de rompimento, são formas de distinção do *black metal* dentro do *underground*. Mesmo que o *black metal* não goze da mesma popularidade do *death metal* entre os praticantes, ele não se sapara do *underground*. Suas bandas sobem aos mesmos palcos e nas mesmas noites que sobem as bandas dos outros estilos. Dividem as páginas dos mesmos zines e têm suas gravações lançadas e distribuídas pelos mesmos selos e distros.

Com esse discurso, o *black metal* quer forçar sua especificidade para todo o *underground*. Ele quer fazer com que todos aceitem a sua "radicalização ideológica" como o paradigma desta prática urbana. Tal como um profeta (personagem esse que as bandas de *black metal* muitas vezes abordam em suas letras), o *black metal* diz ao *underground*: "venhais comigo, sigais-me, pois sei qual é vosso destino". Mas então, qual é esse destino que o *black metal* diz estar reservado ao *underground*? Ou seja, como é essa "ideologia", essa "filosofia de vida extrema" que o apreciador de *black metal* diz seguir e forçosamente propõe aos seus pares?

* * *

A banda *Triumph*, com sua incisividade característica, define em uma palavra esta "ideologia". Na resposta seguinte àquela na qual disseram que *black metal* é, acima de tudo, atitude e culto, a banda marca ainda mais sua visão do estilo que representam:

> Black metal é satânico e puramente satânico. Tudo o que não for satânico não é *black metal*, é outra forma de metal. Eu não consigo entender o porquê estas pessoas não abrem

os olhos, o *black metal* é assim auto-intitulado pelas letras e atitude e não por seu som especificamente. O principal é isto. *Black metal é satânico e puramente satânico será.*

A visão da *Triumph* corresponde à visão de praticamente toda banda de *black metal* do *underground* do metal extremo nacional. Isso que eles chamam de satanismo é o sentimento que eles sobrepõem à música. Esta é a atitude, o culto, a "ideologia" do *black metal*, o satanismo. No *Unholy Black Metal zine*, a banda fluminense *Bellicus Daemoniacus*, define sua "ideologia" assim: "satanismo, aniquilação da escória cristã, vingança e maldade! Exaltamos e aguardamos o império de Lúcifer".

Cada banda procura transmitir um satanismo mais repugnante do que a outra, mais violento e malvado. A banda paulista *Fecifectum*, pela voz de seu líder *Lord Diabolous Occultus Maleficum*, descreve, em entrevista ao mesmo *Unholy Black Metal zine*, este satanismo assim:

> Imolem os cordeiros celestiais, destruam suas casas, blasfemem muito, façam sua parte, somos os lobos que comem a carne podre das ovelhas brancas, transpiramos o fedor do satanismo em nosso sangue, levantaremos nossas espadas para destruir e dar de oferenda ao pai Satã.

Poderíamos citar inúmeros outros trechos de entrevistas onde o satanismo é afirmado como uma "ideologia" acima da música e descrito de maneira violenta, repugnante e agressiva, "radical" como as bandas preferem. É uma assunção amplamente aceita: compor e escutar *black metal* no *underground* significa cultuar alguma forma de satanismo.

Atitude "puramente satânica", exaltação do "império de Lúcifer", uma "ideologia diabólica". Podemos facilmente compreender que as bandas de *black metal* se referem à figura judaico-cristã que ora é definida como diabo, ora como Lúcifer, ou mesmo Satã e Satanás. Pelo exposto até aqui, podemos dizer mais, podemos dizer que a referência a tal figura procura acentuar uma aceitação e uma proposição daquilo que o diabo representaria na cosmologia judaico-cristã, pelo menos ao nível de certo imaginário comum: a oposição ao bem ou, inversamente, o posicionamento ao lado do mal.

Porém, vasculhando um pouquinho mais a cosmologia judaico-cristã, compreendemos que as bandas de *black metal* se utilizam de uma figura que raramente teve uma representação nítida ao longo da história dessas duas religiões. Mais ainda, raramente teve uma função cosmológica unívoca. Luther Link (1998), em sugestivo estudo histórico das representações pictóricas (quadros e afrescos) e iconográficas (estátuas) do diabo entre os séculos VIII e XV na Europa ocidental, entende que a 'essência [do diabo] é uma máscara sem rosto' (Link, 1998, p. 20). Ora representado como uma espécie de homem das cavernas, ora como uma serpente ou até mesmo como uma maçã; empunhando um tridente, um arpéu ou uma harpa; às vezes legendado como Satanás, outras como diabo ou ainda, já na renascença, Lúcifer. Para Link, não há qualquer constância na representação medieval europeia da figura que, nos últimos séculos, ganhou um corpo de homem e uma cabeça de bode com chifres, fedendo a enxofre e usando uma capa. Para o autor, essa riquíssima variação pictórica e iconográfica do diabo corresponde a sua dupla função cosmológica no judaísmo-cristianismo. Se, por um lado, o diabo era o inimigo de Deus/Jesus, por outro era seu cúmplice. Ao mesmo tempo em que, contra eles, tenta os homens na Terra na intenção de desvirtuá-los, afastando-os dos desígnios divinos, o diabo, com a cumplicidade deles, gerencia o local de tortura eterna destes mesmos pecadores que não ascenderam ao reino dos céus, o inferno. À revelia divina, tenta o ser humano a cometer o pecado. Mas, não havendo formas de salvação, o diabo faz cumprir a pena promulgada pela ira divina, torturando eternamente essas almas em seu palácio em chamas. Para Link, essa ambivalência do diabo constitui-se em problema moral e teológico crucial durante os séculos VIII a VX, ocupando muitas páginas de filósofos como Santo Agostinho e Espinosa.

As palavras de Link nos previnem de um possível erro, coloquemos assim, tão latente na pesquisa antropológica, especialmente em contexto urbano. Na compreensão do satanismo referido pelas bandas de *black metal*, precisamos tomar todo cuidado em não reificar qualquer pressuposição daquilo que esta "ideologia" estaria denotando. O satanismo do *black metal* do *underground* nacional é um recorte específico do arcabouço cosmológico judaico-cristão, por sua vez múltiplo e heterogêneo. Sim, sabemos que o *black metal* ressignificará esse arcabouço em seus próprios termos. Mas como? Como é que se articula o "império de Lúcifer" pelo ponto de vista do *black metal underground* nacional?

Para começarmos a compreender como esse satanismo é constituído, é preciso fazer uma ressalva quanto a esta sobreposição da música pela "ideologia" que os praticantes operam. A prática do *black metal* no Brasil não resultou, pelo menos até o momento, em qualquer tentativa de organização filosófica, teológica ou mesmo militar que extrapole o âmbito do *underground*. Não foi escrito nada equivalente a Bíblia ou ao Livro dos Espíritos no *black metal*, muito menos algo parecido com uma sistematização filosófica das ideias e princípios desta "ideologia" satânica. Não existem igrejas ou faculdades do *black metal*. No mesmo sentido, apesar de seus praticantes produzirem constantemente imagens se colocando em trincheiras, evocando um estado de guerra deles contra todos, o *black metal* não possui um braço paramilitar. Ou seja, o descolamento entre "ideologia" e música não corresponde ao surgimento de qualquer prática para além da composição, gravação, audição e apresentação da música *black metal* no *underground*. Isso não quer dizer que não haja um tratamento filosófico, religioso ou militar do *black metal*. Há sim, tratamentos filosóficos, religiosos e militares que se expressarão por meio da iconografia, das roupas, acessórios, gravações e, principalmente, pelas letras e apresentações das bandas de *black metal*. O *black metal* encampa sua guerra, cultua sua religião e doutrina suas máximas na articulação do seu estilo, obviamente, em constante relação com seus congêneres do *underground*.

4.1 – Guerra contra o bem, estilizando o mal

Mais precisamente, o culto ao satanismo já é, em si, uma guerra. A banda curitibana *Murder Rape*[5] incluiu no seu segundo *full lenght*, *And Evil Shall Burn Inside Me Forever*, lançado em 2001, a canção *...And Evil Returns*. Sua letra diz:

---

5   A banda também não possui *myspace*, mas o leitor encontrará algumas de suas canções disponíveis para audição neste sítio eletrônico: www.lastfm.com.br/music/Murder+Rape. Acessado pela última vez em 13/03/2008.

...*And evil returns*
Full of anger and spite
Tears of blood
Rip and drop form the sky
Finally, the end of the celestial paradise.
Lamentation, despair
And screams of pain
These are the smooth melodies
That your ears will be able to hear
Under the command of the Beast.

Legions march, pail faces
Are shown by the opaque light of the moon
Misery has been sowed
At the womb of earth.

Today it's present
Contaminating all the ones
Who possess a "pure heart".

We are the sons of misery
The damned by god
But blessed by the Beast.

We are the army of Satan
We are the torment of the Nazarene
The damnation of the once virgin
We are the fury of the Beast.
SATAN
Lord of lords
The annihilator of ignorance
The indestructible warrior
May our battle
Be felt at the ends of the universe.[6]

---

6   E o diabo retorna/cheio de raiva e ódio/lágrimas de sangue/rasgam e pingam do céu/finalmente, o fim do paraíso celestial. Lamentação, desespero/e gritos de dor/Essas são as doces melodias/que suas orelhas poderão escutar/sob o comando da Besta. Legiões marcham, faces pálidas/contrastam

O satanás que encontramos na letra não é aquele demônio grotesco que Bakhtin (1993) percebe na obra de Rabelais e na cultura popular da Europa medieval: figura bonachona que caçoa e é caçoada, instigadora do riso e dos prazeres carnais. O satanás descrito pelo *Murder Rape* é raivoso, odioso e senhor da destruição. Seus inimigos estão muito bem precisados, o paraíso celestial, os corações puros, o nazareno e a virgem. Todos eles sentirão a raiva do senhor dos senhores, Satã. Entrarão em desespero, sentirão dor e lamentarão.

A letra nada mais é do que uma descrição do velho embate do mal contra o bem, travado pelo diabo contra o divino. O interessante é que, pela posição do narrador na letra, o diabo entra neste embate mais como um pai e inspirador do que exatamente um combatente. Ele plantou a semente do sofrimento nesta terra. Talvez um general, pois ele comandará a guerra a partir da qual ecoarão as doces melodias da lamentação, do desespero e dos gritos de dor. De qualquer forma, no front estarão seus filhos, aqueles que receberam sua benção. O narrador compõe o exército de satanás, ele é o fruto da semente do sofrimento nesta terra, ele é o tormento do nazareno e a maldição da virgem. Ele destruirá o paraíso celeste e dará essa oferenda ao pai Satã.

O narrador não só é a banda como também, podemos dizer, todo praticante de *black metal*. Esse compartilhamento da narração se constrói, particularmente, nas duas primeiras frases da terceira estrofe, onde a letra faz clara alusão à prática do estilo.[7] Legiões marcham com suas faces pálidas sob a luz da lua. Ora, grupos se deslocam à noite para participar, tocando e assistindo, dos shows das bandas de *black metal*, as quais, invariavelmente, se apresentarão, todos os membros, com seus rostos pintados com tinta branca e negra, o *corpsepaint* como é conhecida entre os praticantes tal pintura.

---

com a luz opaca do luar/sofrimento foi plantado/no útero da terra. Hoje ele está presente/contaminando todos de "coração puro". Nós somos os filhos do sofrimento/amaldiçoados por Deus/ mas abençoados pela Besta. Nós somos o exército de Satã/nós somos o tormento do nazareno/a maldição da dita virgem/nós somos a fúria da besta/SATÃ/senhor dos senhores/o aniquilador da ignorância/ o guerreiro indestrutível/que sua batalha/seja sentida nos confins do universo.

7 Vale notar também que, em todos os shows que pudemos acompanhar do *Murder Rape* durante a pesquisa, foram mais de vinte, a banda sempre começava sua apresentação com esta canção.

Fotos do encarte do CD *Evil Shall Burn Inside Me Forever*, do *Murder Rape*. Acima, o vociferador (vocalista) *Nargothrond*. Abaixo, o baixista e líder da banda *Agathodemon*.

Corpsepaint. Exploremos um pouco mais essas pinturas cadavéricas, exclusivas do *black metal* no *underground*, que os músicos usam quando se apresentam. Apesar de que cada músico possui uma pintura própria, o *corpsepaint* em geral se define pelo espalhamento de uma pasta branca, a mesma que os palhaços usam, pelo rosto todo e uma pasta negra delineando os olhos e, em alguns músicos, também a boca. Batom negro nos lábios, como *Agathodemon* está usando na foto, e tinta vermelha respingada pelo rosto, imitando sangue, podem também estar presentes na composição das pinturas. Entre os praticantes, é controversa a origem do *corpsepaint*. Alguns a atribuem às bandas norueguesas do início dos anos 90, as quais são tidas por muitos como as primeiras representantes do "genuíno" *black metal*.[8] Outros atribuem seu uso pioneiro pela banda mineira, já inativa, Sarcófago, tida, por sua vez, como a precursora do metal negro no Brasil.[9] Porém, de qualquer forma, todas as bandas explicam seu uso como um elemento fundamental da guerra que o *black metal* encampa. Sobre o *corpsepaint*, a banda *Mordor*, na mesma entrevista dada ao *Anaites zine*, diz:

> O corpsepaint nos é fundamental, sendo a manifestação de nossos sentimentos, a materialização de uma atitude interior, a expressão de todo ódio aos nossos opositores, aos que nos envergonham. É o mórbido reflexo da alma dos guerreiros de coração negro.

O *corpsepaint* compõe a imagem de guerreiro que o músico de *black metal* tanto busca imbuir em si próprio. Suas bandas são chamadas de hordas, suas canções

---

8 Mais à frente, iremos tratar da profunda influência, não só no quesito *corpsepaint*, que as bandas norueguesas de *black metal* do início dos anos 90 exercem nas bandas brasileiras (e muito provavelmente no *black metal* praticado em qualquer país). Por ora, vale notar que o *black metal* norueguês é tomado como o mais autêntico de todos, pois teria sido neste país que o estilo tomou a forma que as bandas brasileiras procuram imitar atualmente.

9 Interessante notar que o Sarcófago surge bem antes das bandas norueguesas. Enquanto o *boom* nórdico acontece por volta dos anos 1990 e 1991, a banda mineira já reclamava uma "ideologia" satânica em 1985. Aliás, em entrevista ao interessante livro que conta a história do *underground black metal* norueguês, um zineiro deste país, em atividade naqueles anos, conta que foram os discos do Sarcófago os maiores inspiradores daquilo que viria a ser o tão "respeitado e autêntico" *black metal* norueguês (Moynihan & Soderlind, 1998, p. 36). Ou seja, podemos dizer que o *black metal*, cronologicamente falando, é fruto da cultura popular brasileira.

são chamadas de hinos, tiram fotos e sobem ao palco com armas, geralmente armas brancas, facas, machados, lanças e clavas pontiagudas. Toda a vestimenta do apreciador no show, suas roupas e acessórios, é montada como se fosse um uniforme ou uma armadura.[10] O cabelo, se não é longo, é inexistente. Botas pretas estilo militar, calças pretas coladas ao corpo, camisetas pretas de bandas de *black metal* e jaquetas pretas de couro são peças básicas, tanto para o homem quanto para a mulher. A variação pode ser, para ele, a estampa camuflada, principalmente nas calças, e para ela, geralmente em shows maiores, festivais *underground*, vestidos e espartilhos pretos são apropriados. Essas peças são básicas, mesmo na condição de expectador. No entanto, na hora da apresentação, a vestimenta do músico se adornará de maneira excessiva. Cintos com tachas grandes de ferro ou cinturões de bala, adornos de couro nos braços e nas pernas também com tachas de ferro ou, algo que só as bandas de *black metal* usam, com grandes pregos, como estes que o vocalista *Malleficarum*, da banda brasiliense *Vultos vociferos*, aparece usando no encarte do único CD da banda, *Ao Eterno Abismo*, lançado em 2005:

---

10 Os praticantes que encontramos fora do contexto das apresentações também usavam as mesmas peças que descreveremos neste parágrafo. Aqueles que não estavam, explicaram a ausência por questões de "trabalho".

Entretanto, nenhum outro símbolo será mais ostentado pelos apreciadores de *black metal* do que a cruz católica invertida. Aparecendo em colares, nas capas das gravações, nos logotipos das bandas e tatuada nos corpos, a cruz católica invertida, junto com o *corpsepaint*, identifica para qualquer praticante do *underground* a banda ou o apreciador do *black metal*. Seu portador gosta de ser explícito: ele quer deixar bem claro sua filiação *black metal* apresentando a cruz católica invertida de modo evidente e excessivo, como faz o tecladista *Hysrucs Midgard*, da banda carioca *Unearthly*, na sua foto no encarte do CD *Infernum – Prelude to a New Reign*, lançado em 2002:

O uso desses elementos, dos braceletes com grandes pregos, da cruz invertida e do *corpsepaint*, certamente operam na construção da particularidade do *black metal* no *underground*. Eles marcam tanto o estilo quanto seu apreciador. Suas ostentações pontuam a identidade do estilo, assim como filiam a pessoa a esta mesma identidade. Máscaras que escondem o indivíduo em uma identidade coletiva num ambiente que, por mais englobante que seus limites possam ser, guarda em seu território uma diversidade riquíssima.

Porém, para além do nível sociológico, a função contrastiva destes elementos também envolve a marcação da "ideologia" satânica do *black metal*. O uso deles comunica aquilo que os apreciadores do *black metal* enfatizam em suas entrevistas, qual seja, a sobreposição da "ideologia" sobre a música. Ou melhor, uma vez que a "ideologia" satânica é unicamente apresentada no estilo do *black metal*; o uso destes elementos faz parte da montagem desta "ideologia". Eles materializam nos corpos, objetos e eventos do *underground* o culto ao satanismo que o metal negro quer celebrar. Podemos tirar as aspas da ideologia, pois ela está aí, no estilo. Ela é o estilo do *black metal*.

Se insistirmos um pouco mais no *corpsepaint*, podemos visualizar como o satanismo se encarna, literalmente, no estilo do *black metal*. Talvez menos explícito do que a cruz invertida, o *corpsepaint*, contudo, é uma máscara que, se, por um lado, encobre a identidade do músico, por outro desvenda de modo surpreendente a identidade deste estilo de metal extremo.

Lembremos de como os membros do *Mordor* explicam o uso das pinturas cadavéricas. Manifestação dos sentimentos, materialização de uma atitude interior, expressão do ódio aos seus opositores, um mórbido reflexo das suas almas de guerreiros de coração negro. Metáforas que denotam a máxima *black metal*: guerra contra o bem (sempre é bom lembrar: o bem do judaísmo-cristianismo) por meio de um culto ao satanismo (também judaico-cristão).

Utilizado unicamente nos shows e fotos promocionais, o *corpsepaint* é o corolário de uma transfiguração de si pela qual o músico passa, espécie de acionamento de um *alter ego* guerreiro: seu nome é trocado pelo seu codinome, suas vestimentas ordinárias dão lugar à "armadura", empunha armas e instrumentos e, finalmente, no seu rosto ele desenha a face de um outro *self*.

Essa transfiguração de si, o próprio Mordor afirma, é menos uma transformação em outro, em uma alteridade radical, do que a exteriorização de um outro si, de uma alteridade íntima radicalmente colocada para fora. O *black metal* está dentro do músico. Os praticantes de modo geral não se cansam de reiterar que este estilo representa sua honra, é seu princípio de vida ostentado com orgulho. "Nós somos o *Mordor* e o *Mordor* somos nós". Consequentemente, os elementos que compõem este estilo também são percebidos nessa chave, uma exteriorização de uma alteridade intimamente radical. O *corpsepaint* é a "materialização de uma atitude interior", é o "reflexo da alma de guerreiros de coração negro".

Continuando nesta etnopsicologia, se o *black metal* lhes é tão íntimo a ponto de colorir seus corações, se esse culto ao satanismo é percebido pelos praticantes como nada mais do que uma exteriorização de uma intimidade radical, então a montagem do guerreiro *black metal* responde ao anseio satânico do músico. O show, especialmente, é o momento, como exemplarmente diz *Doom-Rá* no *Dark Gates zine*, "que a horda tem a chance de interpretar a ideia defendida em vossos hinos e entrevistas", encarnando em seu corpo a ideologia do *black metal* e sobrepondo ao seu rosto, o rosto do cadáver, do diabo ou, porque não, do mal. Sendo assim, em relação ao *corpsepaint*, podemos dizer quase o mesmo que Vernant (1988) disse sobre as máscaras de Górgona:

> A possessão: usar uma máscara é deixar de ser o que se é e encarnar, durante a mascarada, o poder do além que se apossou de nós e do qual imitamos ao mesmo tempo a face, o gesto e a voz (Vernant, 1988, p. 104).

Alguns músicos chegam a falar em possessão. Yuri D'Ávila, nosso participante no primeiro capítulo, se remeteu em uma de nossas conversas ao *Sir Necrogorphus Abominus*, seu codinome quando toca baixo e canta na banda *Blasphemical Procreation*, como "uma entidade que se apodera de mim nos momentos de blasfêmias e profanações". Porém, há certa retórica neste uso da possessão pelo *black metal*, mais uma vez, que procura construir um discurso malvado e horripilante acerca de si mesmo através do uso de uma palavra que, para eles, causaria calafrios em um cristão. A não ser pela palavra, estamos bem longe de uma possessão aos moldes da Umbanda e do Candomblé, por exemplo. Antes de uma possessão, o *corpsepaint* representa uma exteriorização do estilo *black metal* no corpo do músico, uma exteriorização da face íntima do mal no rosto do músico.[11] Porém, já que para o músico satanismo e intimidade são praticamente sinônimos, o *corpsepaint*, tal como a Górgona de Vernant, é a face do diabo que eles pretendem imitar também pelo 'gesto e voz'. Imitação essa cheia de invenção. O diabo, pelo ponto de vista do *black metal*, habita o submundo urbano do metal extremo, veste couro, toca guitarra e canta em gutural. O *corpsepaint* é a máscara que o *black metal* deu ao diabo, este rosto sem máscaras. Ou melhor, o *corpsepaint* é a íntima contribuição do *black metal* a este rosto de múltiplas máscaras.

4.2 – As ramificações do mal: misantropia, luciferianismo, paganismo e nacional-socialismo

No *black metal*, o diabo é a figura central, mas não o tema central. O diabo é como se fosse um carro abre-alas, dando o tom de uma narrativa que se multiplicará em cada banda. Ele está lá, em seu trono, comandando e abençoando todos os seus discípulos. Mas seu império é vasto, aglutinando mundos diversos, povoados por seres aborrecíveis, hediondos e grotescos. O núcleo narrativo do *black metal* está em todo este império do mal. Como fiéis trovadores, a maioria das suas composições glorificará o rei, mas não deixarão de cantar e versar sobre os domínios homologados como parte

---

[11] Podemos até falar em uma des-possessão, na medida em que muitos músicos se referem ao show como um momento de liberação, como um momento no qual eles podem ser aquilo que realmente são, livres das pressões cotidianas do trabalho, da família e de qualquer outra atividade pelas quais são responsáveis.

deste reino. O diabo abre um enredo baseado, de fato, na narração das variações deste reino, um enredo que poderíamos intitular: Sob o Signo da Marca Negra; a guerra contra o bem travada pelos horripilantes e raivosos paladinos do mal.

Logo após o carro abre-alas, seguindo as alas do niilismo e do ocultismo, entra o carro da misantropia, e a banda brasiliense *Vulturine* certamente seria um de seus destaques. No seu único lançamento, o vinil em sete polegadas intitulado *O Caminho da Mão Esquerda*, gravado, segundo a banda, no "ano bastardo de 2007", seus membros *Vlad Hades, Daemon Est Deus Inversus* e *Necrofagus*, definem sua música assim:

> Fazemos música para trazer discórdia, dor, tristeza, conflito, atos de violência, abuso de drogas, terror, depravação, degradação da natureza, colapso universal e tudo aquilo que concerne a aniquilação total da humanidade deste planeta fedorento... anti-cristo... anti-humano.

Misantropia que se define não só por um ódio à humanidade, mas pela proposição do aniquilamento da vida humana sob a face deste planeta. A guerra contra o bem travada pelo *black metal* é radicalizada aqui em uma guerra contra a vida. Para o *Vulturine*, existe um sério problema com o ser humano: o fato de ele estar vivo. Esse é o tema das duas canções do lado *No Future* do seu vinil, *Life: a Real non Sense Thing* e *The Final Breath of Humankind*. No outro lado, *No Hope*, a posição da banda quanto a este problema, seguir no *Caminho da Mão Esquerda*, uma metáfora que denota uma negação de qualquer possibilidade de vida. O caminho da mão esquerda é o caminho da morte.

Tentamos alguns contatos com a banda, via *e-mail* do selo que lançou o vinil, *Genocide* produções, uma vez que não havia na gravação qualquer endereço de contato diretamente com a banda. Recebemos uma única resposta no quinto *e-mail*. Uma mensagem sem texto, com um único arquivo anexado, este:

A banda *Vulturine* ainda mantém o motivo anti-cristão em sua narrativa. As letras de suas canções tratarão do "senhor do sub-solo", de "Lúcifer", enfim do diabo do *black metal*. Porém, algumas bandas do *misanthropic black metal* descartarão toda a temática satanista de sua imagem e enfatizarão apenas o aniquilamento da vida humana da face da terra. Esse é o caso da banda catarinense, muito conhecida no exterior, *Goatpenis*. Em entrevista ao *Dark Gates zine*, o baterista *Anti-Human Terrorist* explica a mensagem que a banda procura passar no CD *Inhumanization*, de 2004:

> Até poucos anos atrás, ainda falávamos dessa lorota patética de satanismo. Ainda usávamos aquelas pinturas caricatas com preto e branco no rosto. Lentamente o cérebro consegue perceber que nada é útil, tudo tem um fim e não há solução para nada, então [...] a ideia do álbum é de que o melhor para a raça humana é que ela desapareça e deixe pelo menos o mundo inorgânico em paz. Não vejo melhora para esta desgraça evolutiva e simiesca, apenas a degradação de si mesmo. O processo de "inhumanização" já está bem na nossa cara, a natureza já está começando a agir contra os predadores humanóides, espero que mais e mais catástrofes venham e a natureza faça o seu papel: reciclar a vida em cinzas.

Nas fotos, o guitarrista do *Goatpenis*, *Sabbaoth*. A Primeira, em show em Blumenau, 2002, "quando eles acreditavam nessa lorota de satanismo"; a segunda em show de 2006, Curitiba, sem o *Corpsepaint*, mas com "bombas" no pescoço e capuz no rosto.

A misantropia surge no *black metal* como mais uma das inúmeras ramificações estilísticas, para eles ideológicas, pelas quais seu tema central, a guerra contra o bem, se expressará. O *Goatpenis*, por exemplo, descartou as palavras satã e satanismo do seu vocabulário apenas para colocar no mesmo lugar as palavras destruição e aniquilamento, assim como trocou a palavra nazareno pela palavra vida e o *corpsepaint* e os pregos pelo capuz militar e as "bombas". O movimento do enredo continua o mesmo, guerra contra o bem a partir de uma aceitação e proposição do mal. Eles estão contra nós, de um jeito ou de outro.

Mas é preciso ter conhecimento para ser um verdadeiro *black metal*, é preciso estudar a fundo as doutrinas e filosofias da ideologia por trás do *black metal* para ser uma "horda respeitável". Este é o argumento de uma outra prática do apreciador de *black metal*, aquela que os praticantes chamam de luciferianismo. A doutrina de Lúcifer se baseia em uma interpretação da passagem bíblica do anjo decaído, como nos explicou, na mesma conversa de 2005, Joel, o músico gaúcho que não quis ter seu codinome e banda identificados no segundo capítulo, um assumido luciferianista:

> Lúcifer é considerado um decaído pois quis saber mais do que o cristianismo permitia. Ele quis levantar o véu da doutrina cristã e, claro, os teólogos o condenaram ao inferno, pois conhecimento para a igreja católica é uma heresia. Os oficiantes da igreja católica são muito espertos em condenar o saber, pois eles sabem, no fundo, que sua igreja está baseada em mentiras e falsidades. Qualquer um que ousar saber mais daquilo que ela permite, perceberá sua hipocrisia.

O luciferianismo enfatiza uma opinião que todo praticante de *black metal* tem. Para ele, a religião judaico-cristã é uma mentira, uma falsidade, uma doutrina de seres fracos que, com medo do auto-conhecimento, se apoiam em uma religião onde todas suas ações mundanas estariam subordinadas às vontades divinas. Geralmente, é difícil encontrarmos opiniões mais precisas entre os praticantes acerca desta mentira que seria a religião judaico-cristã. O discurso deles avança pouco ou quase nada para além desta acusação de falsidade, de uma religião baseada na imagem e não "na verdade do homem", como diz *Brucolaques*, vocalista da mineira *Saevus*, em entrevista ao *Dark Gates zine*: "[...] o cristianismo é, em essência, a negação da verdade do homem, ou seja, a subtração dos reais valores primitivos do ser humano". Às vezes, a acusação ao cristianismo é ampliada para toda e qualquer religião, ou seja, qualquer forma de religião seria, em última instância, uma "negação dos reais valores primitivos do ser humano".

Na esteira dessa crítica, a busca pelo saber, porém, implica na busca por conhecimento muito específico. Não se trata de um saber acadêmico sobre a religião e sim de se aprofundar mais ainda naquilo que tanto lhes interessa, a luz das trevas, saberes e filosofias interpretadas por eles como maléficas. O saber que o luciferianismo busca é um saber essencialmente demonológico.

Com efeito, discutirão acerca da igreja de satã, fundada em 1966 nos Estados Unidos por Anton Szandor Lavey. *Brucolaques*, na mesma entrevista, diz que Lavey pode ser considerado "o fundador do satanismo moderno, um homem com ideias interessantes", mas uma das falhas de sua seita, aquela que afastaria o praticante da igreja de satã, continua o vocalista da *Saevus*, "é ser bem dogmática, o que acaba por criar aquela sensação de que tudo não passa de cristianismo invertido". O *black metal*, para ele, não é cristianismo invertido, e sim uma filosofia de vida pela qual "[...] o indivíduo é sua própria divindade". Lerão o clássico de Eliphas Levi, *Dogma e Ritual de Alta Magia*, interessados principalmente na figura do Baphomet e do pentagrama invertido, dois símbolos muito presentes nos desenhos, colares e torsos dos praticantes, como está em *Ciriato*, guitarrista da curitibana *Doomsday Ceremony*:

Contudo, o luciferianismo em si não chega a ser uma ramificação estilística do *black metal*. Nenhuma banda rotula sua música como *luciferianistic black metal*. Esta prática é mais uma postura que os praticantes defendem como real, uma maneira de demonstrar aos seus pares que ele assumiu a ideologia do *black metal*, isso que eles chamam de satanismo, como estilo de vida. Já que, como *Brucolaques* disse na sua última fala, o satanismo do *black metal* se traduz na máxima "o indivíduo como sua própria divindade", cabe então conhecer profundamente essa divindade através do estudo de obras e práticas que reflitam seus "corações negros".

Mas uma variação do luciferianismo, o paganismo, se transformará em uma forte ramificação estilística do *black metal* do *underground* nacional, o *pagan black metal*. Compreenderemos melhor do que se trata esta variação se voltarmos às bandas nórdicas, principais inspiradoras do metal negro em geral, mas sobretudo o pagão, no Brasil. Para tanto, usaremos o livro *Lords of Chaos*, escrito por dois jornalistas, inteiramente voltado a um detalhamento histórico dos acontecimentos relacionados com as bandas escandinavas, notadamente com as norueguesas.

Por volta do final dos anos 80, contam Moynihan e Soderlind (1998), um punhado de bandas norueguesas começa a chamar a atenção do público internacional de *heavy metal* devido ao tipo de música que faziam, até então pouco familiar aos ouvidos do fã deste gênero, mas, sobretudo, em razão do visual dos membros, "extremo" para a época, e pelas suas entrevistas, onde declaravam abertamente sua filiação ao satanismo. Para essas bandas, a música era um meio de propagar e glorificar o mal representado pelo diabo. O conjunto destes elementos, da música, do visual e das entrevistas, veio a ser identificado pela comunidade internacional do *heavy metal* como *black metal*. No entanto, até aí, nos contam os autores do livro, ninguém da imprensa especializada em *heavy metal* tinha dado muita importância ao "extremismo" deste *black metal* (Moynihan & Soderlind, 1998, p. 33-44).

Já nos primeiros anos da década de 90, essas bandas começaram a fazer mais do que compor músicas em glorificação ao mal. Seus membros, que se auto-intitulavam "círculo fechado", começaram a se suicidar, a matar estranhos, a matar uns aos outros e, principalmente, a queimar igrejas cristãs. Dois desses acontecimentos, sempre segundo os autores, fizeram do black metal norueguês um tema "quente" para as revistas especializadas em heavy metal do mundo todo, tanto pela natureza do acontecimento em si, quanto pelo fato de que seu feitor, supostamente o mesmo em ambos, foi preso, levado ao júri e condenado por um de seus atos.

Um dos patrimônios históricos da Noruega são suas igrejas católicas stave, edifícios totalmente de madeira construídos durante a Idade Média, momento de assimilação do catolicismo na península escandinava. O valor histórico dessas igrejas estaria em sua arquitetura, uma mistura de motivos locais (à lá barco viking) com motivos romanos. Até junho de 1992 havia 32 igrejas desse tipo no país. Após o dia seis desse mesmo mês, sobravam 31. Segundo os autores (Moynihan & Soderlind, 1998, p. 81-108), todas as evidências levam a crer que Varg Vikernes,[12] único membro do Burzum, banda atualmente muito cultuada entre os praticantes brasileiros, seria o responsável pelo incêndio que transformou uma delas, que leva o nome de Fantoft, em um punhado de cinzas.

Pouco mais de um ano após este incêndio, por razões que os autores definem como "problemas pessoais entre os dois" (Moynihan & Soderlind, 1998, p. 109-44), o mesmo Varg assassina o principal responsável pelo crescimento e notoriedade do black metal norueguês até então. Euronymous (codinome de Oystein Aarseth), abriu a primeira loja especializada em heavy metal de Oslo, fundou o primeiro selo de metal extremo da Noruega e tocava baixo em uma das principais bandas do boom norueguês, o Mayhem. Na noite de 10 de agosto de 1993, Varg foi até o apartamento de Euronymous e, após uma discussão que ambos tiveram, o esfaqueou até a morte. Após algumas semanas, Varg foi preso, confessou o assassinato e foi sentenciado a passar 21 anos na prisão, o mesmo número de anos que ele já tinha vivido até então. O assassinato de Euronymous marca, de certa maneira, o fim do boom do black metal norueguês e o início do estouro deste estilo de metal extremo pelos undergrounds do mundo afora.

---

12 Codinome de Christian Vikernes. Varg, ou Vargr, em norueguês significa tanto lobo (o animal mais evocado no black metal) quanto fora-da-lei.

Na primeira foto, a igreja *stave* Fantoft antes do incêndio. Na segunda, o que restou dela.

As duas fotos mais conhecidas dos praticantes brasileiros de *Varg*, na esquerda, e *Euronymous*, na direita. Ambas foram digitalizadas a partir da revista/zine *A Obscura Arte*, décima edição. Vale notar, lançada em 2005, com as seguintes manchetes de capa: *Euronymous* – Entrevista dada uma semana antes do seu assassinato e *Burzum* – Doze anos depois *Varg Vikernes* dá sua versão da morte de *Euronymous*.

O efeito desses acontecimentos noruegueses, chamemos assim, foram e ainda são arrebatadores entre os praticantes de *black metal* do *underground* nacional. Podemos dizer que todo o estilo do *black metal* que descrevemos neste item é uma imitação, com alguns poucos ajustes, do *black metal* constituído por bandas como o *Burzum* e o *Mayhem*, desde a música até o visual e a ideologia satânica. Não só imitam as bandas norueguesas mas, além disso, os praticantes nacionais cultuam alguma imagem "maligna" da própria Noruega, um país frio, terra dos guerreiros vikings, que tem, em alguns meses do ano, duas horas de sol por dia. Não é raro vermos pessoas nos shows destoando a primazia do negro com as camisetas vermelhas da seleção de futebol norueguesa.

A notoriedade do *black metal* norueguês no Brasil advém, em grande medida, da interpretação que os praticantes fazem desses acontecimentos, certamente alimentada também pelos próprios noruegueses. A impressão geral é "lá eles fizeram o que cantavam", ou seja, os acontecimentos noruegueses seriam o resultado deliberado de uma orquestração de um programa de destruição do bem, da vida e da igreja católica da face daquele país. Aquilo que os praticantes nacionais tanto reclamam, que o *black metal* é uma ideologia maior do que sua música, teria realmente acontecido na Noruega durante os primeiros anos da década de 90. Lá, o "círculo fechado", auto-denominação das principais bandas envolvidas nos acontecimentos, teria transformado o *underground black metal* em um coletivo de destruição e propagação do mal. Tal como um mito de origem, essa interpretação dos acontecimentos noruegueses é recontada constantemente no *underground* nacional dos anos 2000, sobretudo em zines e em rodas de conversas em bares e shows. O *black metal* nacional conecta sua origem aos acontecimentos noruegueses e, assim, alimenta a sobreposição da música pela ideologia, se contagia pela esperança de que, algum dia, tal como seus "ancestrais" fizeram acontecer, o mal prevaleça também no Brasil.[13]

---

13 Neste sentido, o livro *Lords of Chaos* poderia ser um interessante contraponto para os próprios praticantes. Moyniham e Soderlind, por meio de extensa coleta de dados, mostram que, antes de ser uma orquestração do mal, os "acontecimentos noruegueses" podem ser entendidos como uma orquestração da mídia europeia, em conjunto com os selos das bandas envolvidas, no intuito de

Voltemos ao *pagan black metal*. Algumas bandas norueguesas responsabilizavam o cristianismo por um "esquecimento" das crenças e costumes religiosos nativos. Seu argumento era de que a entrada do cristianismo na Escandinávia teria "esmagado" a "autêntica" cultura religiosa nativa. Os povos nórdicos teriam sido forçados a renegar seu vasto e politeísta panteão de deuses em prol de uma religião estrangeira, baseada no culto a uma "imagem" de um deus "fraco". A "essência" dos povos nórdicos, diziam essas bandas, refletida em suas crenças e costumes, teria sido soterrada pela "imagem" do deus romano. Desse modo, a guerra contra o cristianismo das bandas norueguesas guardava um componente de libertação por meio de um retorno aos "reais e íntimos" cultos religiosos da Escandinávia. Abundavam em suas letras, muitas vezes cantadas não em inglês mas nas línguas locais, heróis vikings e personagens míticos do Edda, como Loki e Odin.[14]

A banda de Brasília *Miasthenía*[15] monta sua temática dentro desta mesma chave, digamos, neo-pagã, fazendo apenas um ajuste territorial no enredo. O cristianismo teria "esmagado" a "autêntica" cultura ameríndia quando chegou à América do sul. Através dos colonizadores espanhóis e portugueses, os ameríndios foram forçados a renegar seu vasto e politeísta panteão de deuses em prol de uma religião estrangeira, baseada no culto a uma "imagem" de um deus "fraco". A "essência" dos povos das terras baixas da América do Sul, dizem os membros da *Miasthenía*, refletida em suas crenças e costumes, teria sido soterrada pela "imagem" do deus romano. Cabe então relembrar em suas letras, entoadas em português e, às vezes, nas línguas de certos povos ameríndios, os "reais e íntimos" cultos religiosos vivos até o início da colonização.

---

transformar uma série de suicídios, assassinatos e incêndios esparsos em um recurso de marketing para a venda do *true norwegian black metal* mundo afora. No entanto, talvez por não ter sido vertido ao português ainda, ou mesmo por desconhecimento da sua existência, o livro não é lido pelos praticantes. Não é esse tipo de conhecimento que procuram.

14 O *Burzum*, banda de *Varg Vikernes*, é exemplar desse tipo de temática. Aliás, mesmo preso, *Varg* continuou gravando e lançando discos da sua banda e, além disso, escreveu e publicou alguns livros teológicos acerca da "autêntica" religião escandinava. Porém, em 2003, faltando dois meses para ganhar sua condicional, *Varg* tentou fugir da cadeia, foi pego, perdeu suas regalias e sua futura condicional.

15 www.myspace.com/miasthenia. Acessado pela última vez em 13/03/2008.

O canibalismo, por exemplo, será assim lembrado na letra da canção *Essência Canibalística*, incluída no CD lançado em 2004, *Batalha Ritual*:

> O pajem tupinambá anuncia o fúnebre ritual
> Imolação e vingança, sangue, ódio e poder
> Os deuses bestiais se manifestam na velha dança
> Teoruira!!! Desprezando o deus inimigo.
>
> Debe mara pa, xe remiu ram begue!!! (Que todo infortúnio recaia sobre você, minha comida, minha refeição)
> Nde akanga juka aipota kuri ne!!!
> (Quero arrebentar sua cabeça ainda hoje)
>
> Cauim e sangue, embriaguez e êxtase
> É o espírito imortal sorvido em crânios inimigos
> Minha ira em cálices de morte...
> Seu sangue é minha força vital
> Sua morte o signo de minha vitória!!!
>
> Eu vejo o mundo invisível ao seu redor
> E o crepúsculo que anuncia uma Era de Sangue
> E a profecia das Maracás desferindo o golpe mortal
> O estandarte do eterno caos
> A dinastia abismal forjada em ódio ancestral
> Corpos descarnados, corações arrancados.
>
> Desfrute da ceia triunfal canibalística
> E sinta o despertar do espírito da águia
> Sinto a vitalidade selvagem
> E a natureza infernal pulsando em minhas veias.
> A inocência primitiva que habita a escuridão
> A supremacia das Maracás, da idolatria pagã.

A letra, ao mesmo tempo em que rememora uma prática indígena, também evoca o tema central do *black metal*. O canibalismo tupinambá, tal como narrado pela *Miasthenia*, é maléfico. São deuses bestiais que dançarão neste ritual de rebelião, instigado pela vingança, pelo ódio e pelo poder. O texto está recheado com as palavras preferidas dos letristas de *black metal*, como "ódio ancestral", "vitalidade selvagem" e "natureza infernal". Ou seja, no estilo do *pagan black metal*, a rememoração da "essência" ameríndia é uma rememoração essencialmente satânica. A lembrança das práticas indígenas também lembrará a prática do próprio *black metal*. Afinal, qual é o "deus inimigo" imolado na letra?

É significativo o fato de que o *pagan black metal* seja definido também como *folk metal*. Essa ramificação estilística do *black metal* no Brasil procura reconstruir ficcionalmente um mundo sul-americano que teria sido perdido com o advento do cristianismo, como na letra da *Miasthenía*, ou salientar as "autênticas" características culturais de alguma região do país. É este tipo de metal folclórico que a banda catarinense *Austhral*[16] procura compor, dando atenção especial à incorporação de ritmos musicais "sulistas" no seu *black metal*, como a própria banda explica no texto de apresentação do seu *myspace*:

> O Austhral é uma banda de Florianópolis que se intitula uma das únicas representantes de um folk metal nacional autêntico. Com influências de ritmos sulistas tradicionais como a música gaúcha, tango e música barroca, o Austhral conta histórias da sua terra por meio do metal conceitual. Em sua formação sempre teve gaúchos, catarinenses e paranaenses que têm ligações estreitas com a cultura da região. A sonoridade de suas composições já foram comparadas com bandas como Finntroll, Thyrfing, Old Man's Child [bandas nórdicas], entre outras. Mas os músicos garantem que estas não são influências diretas do seu trabalho.

O romantismo do *pagan black metal* é inegável. Ele apresenta aquela mesma sensibilidade romântica que Maria Laura Viveiros de Castro Cavalcanti (2004) aponta nos estudos folclóricos de Mário de Andrade. Uma sensibilidade que, no caso do *black metal*, encantada por culturas percebidas como 'autenticamente nacionais', enseja uma arte da rememoração e da celebração da 'universalidade' dessas mesmas culturas. O folclore do *black metal* também é 'um canal privilegiado de religação com um mundo que aspira à totalidade'

---

16 www.myspace.com/austhral. Acessado pela última vez em 13/03/2008.

(Cavalcanti, 2004, p. 59). Mais ainda, a sensibilidade romântica do metal negro também está cheia de nostalgia. As canções rememoram, ao mesmo tempo em que lamentam, a perda dessa totalidade. Dói perceber que os "cultos indígenas" se esvaíram e a "cultura da região" sulista está a ponto de se esvaecer, uma dor íntima, pois a "perda" dessas culturas é sentida pelos praticantes do metal negro neo-pagão/folclórico como uma dilaceração de suas próprias almas. São eles mesmos que se esvaem com a "perda". Privação essa causada por agentes muito precisos. Assim como assinalou José Reginaldo Gonçalves (1996) nos estudos folclóricos, a retórica do *black metal* constrói imaginariamente uma coesão unitária das culturas indígena e regional, para então responsabilizar agentes externos pela sua desestruturação, esmaecimento, enfim, pela sua "perda". Contudo, diferentemente dos estudos folclóricos, o *black metal* nomeia este agente externo de maneira levemente modificada. A "perda" não foi causada pelo mundo moderno e sim pelo "deus inimigo" dos portugueses e espanhóis. O forçoso culto ao deus romano "soterrou" os "reais valores" da nossa terra, diz o veredicto *black metal*.

Porém, mundo moderno e cristianismo não correspondem, no pensamento *black metal*, a substâncias distintas. Pelo contrário. Por mais que o segundo termo seja o mais utilizado, o cristianismo está classificado como o corolário de um mundo contemporâneo baseado na "aparência" e na "imagem", inteiramente desgostoso para o *black metal*. Na esteira da religião que cultua "imagens", seguem o lucro, a fama e as modas passageiras. Para o *black metal*, este mundo é povoado por pessoas "fracas e preguiçosas", que não possuem princípios e não observam compromissos com seus valores, que preferem transferir as necessárias decisões e ações de suas vidas para, no plano moral, os desígnios divinos e, no plano prático, digamos assim, para a tecnologia. Mundo moderno e cristianismo são termos que denotam um mesmo inimigo no beligerante sistema classificatório *black metal*. O inimigo da "aparência" e da "fraqueza". Inusitada inversão essa que faz o *black metal*. A sensação de liberdade sentida pelos praticantes quando acionam os eventos do *underground* em suas vidas é, na verdade, a resolução de uma ânsia por regramento de suas condutas e uma vontade de comprometimento com seus valores.[17]

A confluência do cristianismo com o mundo moderno, engendrada a partir desse dualismo externo e interno, aparência e valores, aduba o brotamento da mais controversa ramificação estilística do *black metal*, aquela denominada como *national socialism black metal*, ou NSBM. Novamente, as bandas nórdicas serão as fundadoras dessa aparentemente contraditória bricolagem estética, também presente no Brasil.

Conjuntamente com a acusação de que o cristianismo teria "soterrado" os valores, crenças e costumes religiosos da Escandinávia pagã, as bandas de *black metal* acusavam os Estados nórdicos de serem cúmplices dessa "perda". Endossando o cristianismo como a religião oficial, os Estados nórdicos estariam fechando os olhos para a "morte" da "autêntica" cultura escandinava. Mas essa leniência tinha suas razões, diziam as bandas, pois os Estados-nação nórdicos estavam interessados em manter dividida uma cultura "originalmente" unitária. O norte europeu como um todo, desde a Alemanha até a Islândia, era, para as bandas, um só território dedicado a abrigar uma só cultura, a Germânia, sempre qualificada pelos músicos como "naturalmente" hostil ao estrangeiro. Desse ponto de vista, o incêndio da igreja *Fantoft* na Noruega, se concordarmos com Moynihan e Soderlind que o culpado teria sido um músico de *black metal*, foi um ataque tanto ao cristianismo quanto ao próprio Estado norueguês. Incendiaram um só edifício e queimaram dois inimigos, a casa de deus e um símbolo histórico altamente valorizado pelo Estado.

Mas o endossamento do cristianismo e a divisão territorial da Germânia eram as pontas do "problema" com o Estado moderno. Sua natureza

---

17 Interessante notar que esse comprometimento se concretizará não só no plano moral, como fidelidade à ideologia *black metal*, e no musical, como fidelidade ao *underground*, mas também no plano dos relacionamentos afetivos dos praticantes. A prática do "ficar", tão comum entre os jovens brasileiros, essa constante troca de parceiros sexuais, é quase inexistente no *underground* do metal extremo. Quase todos namoram a longo tempo e sempre estão acompanhados de suas "musas" e "príncipes guerreiros" nos shows. Vale notar ainda que o homossexualismo masculino é fortemente execrado e o feminino, às vezes com contornos vampirescos, relativamente aceito, nos apresentando assim, certa dominação masculina no que tange a construção dos gêneros nesta prática urbana.

democrática também foi arrolada como ponto de acusação pelas bandas de *black metal*. O Estado moderno é massificado, elas diziam, seu poder decisório é "fraco", pois ele está espraiado, descentralizado. Além disso, privilegiando as questões econômicas, os Estados estariam dando mais importância ao lucro financeiro, quando o "verdadeiro tesouro" dos seus povos estava nas artes e nas religiões pagãs. A preeminência da economia sobre as "práticas do espírito" fazia com que os Estados nórdicos abrissem as portas dos seus países para estrangeiros indesejados pela ótica do praticante, principalmente "aquele com mais dinheiro", o judeu, fomentando assim uma indiferenciação, no limite uma mistura, entre o forasteiro, "de cor" e o nativo, ariano.[18]

Ora, a ideologia do nacional-socialismo alemão, adicionada com a maneira que foi posta em prática por Hitler, se encaixava perfeitamente com este tipo de crítica ao Estado moderno. No entanto, dois ajustes foram necessários para que o NS adjetivasse o BM. Primeiro, as bandas nórdicas deixavam bem claro que, mesmo se apropriando de uma ideologia política, elas não eram bandas políticas. Podemos dizer que elas não poderiam se considerar bandas políticas, afinal, elas fazem arte, um cultivo do espírito e dos valores, e política pertence à esfera do externo e da imagem. Sendo assim, se tratava, elas diziam, de uma estética nacional- socialista, muito apropriada para uma prática urbana beligerante e satânica. Foi justamente este satanismo, por sua vez, que demandou o segundo ajuste para a realização da confluência. Os praticantes simplesmente se esqueceram do discurso cristão "do bem" do terceiro Reich em prol de uma imagem de horror e violência que a estética do nacional-socialismo também evocava, logo transformada em imagem satânica e maléfica. Pronto. As suásticas já poderiam ir para as capas das gravações, os discursos de Hitler já poderiam servir como introdução das canções e a cabeça raspada e as botas militares, símbolos dos grupos neo-nazistas europeus, já poderiam ser contrabandeadas para o *underground* do metal extremo via o *national socialism black metal*. O praticante agora é um *kamerad*.

Contudo, o naciona-socialismo não poderia se sobrepor ao *black metal*. O uso explícito de imagens evocativas do nazismo alemão pelas bandas de

---

18 Estes dois últimos parágrafos resumem dois capítulos do livro de Moynihan e Soderlind (1998, p. 145-214).

black metal era balizado por duas preocupações. Primeiro, mesmo simpatizando com a proposta paramilitar dos grupos neo-nazistas europeus, as bandas nórdicas tomavam cuidado em marcar as diferenças entre ambos os grupos. A cabeça raspada e as botas militares precisavam aparecer nos corpos dos praticantes junto com o negro da "armadura" e, principalmente, com o *corpsepaint*. As suásticas e as fotos de combatentes alemães em ação na segunda guerra, antes de serem os motivos centrais das capas das gravações e dos logotipos das bandas, aludiam a elementos simbólicos do paganismo nórdico e a desenhos e pinturas de deuses nórdicos em combate. O nacional-socialismo não repôs o paganismo e sim o reforçou. O logotipo da banda alemã *Absurd* exemplifica o ponto:

As pontas da suástica, dentro do círculo abaixo das letras b e s, foram dobradas, dando um aspecto, para o praticante, pagão ao símbolo máximo do nacional-socialismo. Abaixo da letra r, em tamanho maior do que a suástica estilizada, uma das representações pictóricas mais conhecidas do martelo do deus do trovão *Thor*, o *Mjolnir*.

Uma segunda preocupação das bandas eram os possíveis problemas legais que poderiam ter com uma apologia explícita do nacional-socialismo. Por mais *underground* que elas fossem, seus CDs e cartazes de show circulavam pelas cidades e, em algum momento, a ostentação de imagens do nacional-socialismo nesses objetos poderia lhes causar problemas com a justiça, especialmente na Alemanha, onde, de fato, aconteceu com o *Absurd*.[19] Com efeito, o NS tinha mais um forte motivo para ser mascarado no BM em formato pagão. Mascaramento esse que culminou na cunhagem de um outro estilo muito próximo ao NSBM, *war black metal*, designação um tanto redundante em nossa opinião. O que diferenciará estes dois estilos é a porcentagem, digamos assim, de motivos nacional-socialistas explícitos na imagem da banda.

É verdade que, no Brasil, algumas bandas se definem como NSBM, como a carioca *Nachtkult*[20] e a paulista *Thornsland*.[21] Trazem nas capas de suas gravações fotos de soldados alemães lutando durante a Segunda Guerra e ornamentam seus logotipos com suásticas. Elas não querem deixar dúvidas quanto a sua ramificação dentro do *black metal*.

Infelizmente, não conseguimos conversar ou mesmo trocar e-mails com bandas nacionais declaradamente NSBM, assim como as gravações coletadas não traziam as letras das canções. Também não conseguimos assistir nenhum show, se é que essas bandas realmente se apresentam ao vivo. Sendo assim, não temos como avaliar possíveis traduções nacionais das críticas ao Estado moderno feitas pelas bandas nórdicas, se é que algum tipo de tradução é feita. Afinal, como mostra Almeida (2004), os grupos neo-nazistas de São Paulo, na importação da ideologia

---

19 Até 2005, os integrantes dessa banda eram procurados pela justiça alemã, acusados de apologia ao nacional-socialismo, como seu baterista explicou em entrevista à revista/zine *A Obscura Arte*, décima edição. Em toda sua carreira, ainda em curso, realizaram apenas um show em solo alemão, intitulado *Kristallnacht*, e suas gravações são lançadas por um selo polonês, onde não há leis anti-nacional-socialismo, sugestivamente nomeado como *no colours records*, www.no-colours-records.de. Acessado pela última vez em 13/03/2008.

20 A banda não possui *myspace*, mas possui um sítio próprio: www.nachtkult.de.tc. Acessado pela última vez em 13/03/2008.

21 Também sem *myspace*, mas com sítio próprio: www.thornsland.tk. Acessado pela última vez em 13/08/2008.

Logotipo da banda carioca de NSBM *Nachtkult*.

do nacional-socialismo para o Brasil, mantém em sua agenda o ponto que, supostamente, seria o mais difícil de conservar diante da realidade social brasileira, a superioridade biológica do ariano. A manutenção desta "reivindicação" no Brasil, contudo, demandou a adição de um outro tema: supuseram que a região sul, incluindo São Paulo, é predominantemente habitada por arianos e, assim, luta-se pela separação destes quatro estados do resto do Brasil.

Em um primeiro momento, após constantes tentativas fracassadas de contatar as bandas NSBM brasileiras, mesmo se utilizando da minha inserção como praticante do *underground*, supomos que elas, as bandas, não quisessem ingressar na circulação de gravações e eventos desta prática urbana, por motivos desconhecidos. No entanto, à medida que começamos a seguir as repercussões do NSBM entre os apreciadores de *black metal* em geral, percebemos que os representantes deste estilo não são bem-vindos no *underground* em razão de uma forte aversão ao seu item racial. O entrave está na "raça pura", como diz a banda carioca *Escrófula*, em entrevista ao *Fereal zine*:

> War metal é um estilo muito bom, agora se é NS e nazista, aí acho uma tremenda idiotice e uma total falta de cultura. Para eles obterem a raça pura no Brasil, o primeiro passo teria que ser o suicídio deles mesmos, pois sendo brasileiros, já são impuros por natureza. Será que esses caras não conseguem ver que no Brasil não existe nem nunca vai existir raça pura?

Consequentemente, o apoio à possibilidade de separação da região sul do resto do país, deixando entrever que o NSBM no Brasil também arrolaria em sua agenda tal "reivindicação", também é criticada, mesmo por bandas sulistas, como criticou a *Havoc*, de Lages, SC, na sua entrevista ao *Anaites zine*:

> Nós não somos nem um pouco patriotas, não tem como gostar de um país alienado por carnaval e futebol, onde os políticos deitam e rolam em cima da massa e os clérigos manipulam suas mentes. Mas o separatismo é incompatível com o *black metal*, essa é nossa opinião. Não somos uma banda política e sim satanista.

A beligerância, a evocação de um regime de Estado totalitário e mesmo a aversão ao judaísmo não parecem ser problemas do NSBM para o praticante nacional. Em última instância, o estilo do NSBM em si não é um problema para o apreciador nacional de *black metal*. "*War metal* é um estilo muito bom". A aversão surge quando a expressão desta ramificação vier acompanhada de um endossamento da superioridade racial do ariano e de um apoio a políticas separatistas do território nacional, também baseadas em diferenças raciais. Mas para que essa aversão surja, é preciso que a "raça pura" e o separatismo sejam expressos no estilo e não somente na opinião dos músicos.

O NSBM toca em um dos limites do próprio *underground* do metal extremo. Em uma prática urbana diferenciada de outras pela preeminência do fazer musical, um estilo que se baseia na transposição de uma ideologia política em motivos musicais tende a causar uma espécie de curto-circuito identitário. É como se o praticante, frente ao NSBM, se perguntasse: afinal, se trata de metal extremo ou de propaganda nacional-socialista? Tudo bem, o praticante pondera, estamos falando de duas coisas extremas, mas de duas extremidades diferentes que talvez não se encaixem: uma coisa é um programa *político* de extrema-direita, outra coisa é uma *arte* extrema que não tem lado nenhum, pelo menos no espectro político. Ou seja, parece que o NSBM não consegue, e talvez nem seja possível, realizar completamente aquele esvaziamento do conteúdo político do nacional-socialismo na formulação de uma estética nacional-socialista. Talvez suas bandas não queiram esvaziar seu conteúdo político, mas, então, terão que acatar um forçoso distanciamento do *underground*.

Para o gosto do praticante, há no NSBM um "ranço" político desagradável, saturado e impalatável, que não combina com o sabor das práticas do "espírito". Sendo assim, a controvérsia que o NSBM causa se localiza na própria configuração do *black metal*, num primeiro momento, e no *underground*, em última instância. Ele não se encaixa facilmente na dualidade dicotômica externo/interno, aparência/valores, espírito/prática, que parece estar organizando a visão de mundo *black metal* e que, em boa medida, organiza as afinidades constituintes do próprio *underground*. Uma dualidade dicotômica que separa totalmente a política da arte e da religião.

Não importa se o praticante, no seu papel de cidadão, concorde ou não com a pauta do nacional-socialismo. Aliás, pode-se dizer que a maioria dos praticantes nacionais pende para a direita no que tange ao espectro político. Eles apreciam regimes autoritários, dizem que o Brasil perdeu valiosa chance de desenvolvimento quando Getúlio Vargas se afastou do integralismo de Plínio Salgado na década de 30, concordam que ditadura militar de 64 foi uma "verdadeira revolução" no país, assim como apoiam o uso excessivo da força policial e dizem ser a favor da pena de morte. Porém, essas questões políticas devem ser mantidas distantes da sua arte "extrema", de seu cultivo do "espírito". "Não somos uma banda política e sim satanista". Eles aceitam que sua música inspire políticas violentas,[22] mas ela não pode servir de veículo de propaganda explícita.

A controvérsia com o NSBM se complica ainda mais no Brasil com a questão racial. Neste ponto, a tensão não nasce apenas da ambiguidade com a qual este estilo é percebido pelos praticantes (é arte ou é propaganda?), mas também de uma possível importação que não altere suas características em nada. A hierarquização racial da ideologia nacional-socialista, supostamente acatada pelas bandas NSBM, esbarra na percepção de um Brasil multiétnico, misturado ou, como os praticantes preferem, "impuro". Não se trata de discordar de uma ideologia da diferença social, mas de uma ideologia da diferença racial. Desse modo, o praticante pode até nutrir simpatia por parte da ideologia nacional-socialista, mas execra sua "reivindicação" de uma superiori-

---

22 Por exemplo: gostaram de saber que alguns soldados norte-americanos escutavam *black metal* enquanto trocavam tiros nas ruas de Bagdá durante a derradeira invasão norte-americana do Iraque.

dade do ariano. Se esta bandeira se expressar na imagem da banda, ela não será considerada apenas ambígua, mas "idiota", "com total falta de cultura", por não perceber que neste país um estado totalitário pode até ser uma resolução plausível para a "alienação" dos seus habitantes, para a "corrupção" dos seus políticos e para a "manipulação" dos seus clérigos, contanto que leve em conta a natureza "impura" de sua raça.

Finalmente, a saída encontrada até o momento para o impasse do NSBM é aquela proposta pelo *war black metal*. Um estilo que mascara o declarado nacional-socialismo em motivos pagãos e/ou satânicos, traduzindo-o em motivos religiosos, do "espírito". Aí sim, ao invés de criar um curto circuito no *underground*, o *war black metal* realiza a semelhança latente entre uma ideologia que fundamentou um estado totalitário, uma política de diferença racial, o assassinato hediondo de mais de 5 milhões de pessoas e uma guerra que praticamente destruiu a Europa e a Ásia, com um estilo musical que critica o judaísmo e o cristianismo "do bem" pela construção ficcional de um passado livre do deus da "imagem" e/ou pela aceitação e proposição de um satanismo absoluto. As contradições são assentadas e as referências ao nacional-socialismo, ao invés de serem claramente marcadas, são aludidas em códigos reconhecidos apenas pelos praticantes.

4.3 – O horror! o horror!

> *Anything approaching the change that came over his features I have never seen before, and hope never to see again. Oh, I wasn't touched. I was fascinated. It was as though a veil had been rent. I saw on that ivory face the expression of somber pride, of ruthless power, of craven terror - of an intense and hopeless despair. Did he live his life again in every detail of desire, temptation, and surrender during that supreme moment of complete knowledge? He cried in a whisper at some image, at some vision, he cried out twice, a cry that was no more than a breath – 'The horror! The horror!"*
>
> *I blew the candle out and left the cabin. The pilgrims were dining in the mess-room, and I took my place opposite the manager, who lifted his eyes to give me a questioning glance, which I successfully ignored. He leaned back, serene, with that peculiar smile*

of his sealing the unexpressed depths of his meanness. A continuous shower of small flies streamed upon the lamp, upon the cloth, upon our hands and faces. Suddenly the manager's boy put his insolent black head in the doorway, and said in a tone of scathing contempt – "Mistah Kurtz – he dead".

Joseph Conrad

Patologias, perversões, corpos dilacerados, destruições, guerras nucleares, narcotizações, bestas belas e belezas horripilantes, a dor da perda, a melancolia, a tristeza, a morte. As imagens dos estilos do metal extremo *underground* brasileiro remetem, sempre, a um movimento de desorganização, de desestruturação, de desordem, de rompimento, de quebra de perturbação. São imagens que os praticantes tomam como abjetas, depravadas, poluentes, depressivas, hediondas, grotescas e mórbidas, duplicadas nessas qualidades pelas maneiras abjetas, depravadas, poluidoras, depressivas, hediondas, grotescas e mórbidas com as quais são expressas. Sem dúvida, o gênero de todos os estilos de metal extremo é o horror; porém, diferentemente dos roteiros de filmes de horror, suas histórias não culminam na morte do vilão, do assassino ou do zumbi. Pelo contrário. No final, os monstros sobrevivem, o cutelo continua a cortar os intestinos e o cheiro de putrefação adensa mais e mais. A tensão não diminui. Ela amansa quando o ouvinte aperta o *stop* do seu *player* ou quando as luzes do sol começam a penetrar pelas janelas do bar onde o último show acaba de acontecer. Mas, subitamente, ela volta a se intensificar quando alguém fizer as cordas da guitarra novamente vibrar.

Com o *black metal*, podemos dizer que chegamos ao ápice do horror tal como estilizado pelo metal extremo *underground* brasileiro. Com ele, tocamos na extremidade do metal extremo, na medida em que este horror é deflagrado na roupagem do mal. Mal absoluto, este que o *black metal* estiliza. Os motivos acionados em suas ramificações são manipulados de maneira que toda a negatividade neles latente se manifeste. O diabo perderá qualquer ironia e malícia no *black metal*, qualquer ambiguidade, para se tornar um senhor da destruição absoluta, um austero pai que abençoa seus filhos antes de mandá-los para a "batalha final" contra o nazareno. A própria morte, que em muitas cosmologias religiosas detêm posição fundamental na redenção do fiel e na purificação da alma, é estilizada como o aniquilamento irreparável, aprisionando o ser humano e resgatando apenas a "natureza inorgânica" das garras dessa "lastimável evolução simiesca". A morte é impura no *black metal*. As crenças e costumes religiosos ameríndios são "escavados" para servirem de atentados contra o cristianismo "do bem" e as suásticas, antes de corroborarem uma filiação política ao nacional-socialismo, encarregam-se de reforçar uma imagem de violência desmesurada que o nazismo conteria, senão em certo imaginário comum, certamente no imaginário dos praticantes. No estilo do *black metal*, não se trata de elementos de rompimento mas, para eles, do rompimento mesmo. Não se trata de perspectivas sobre a violência mas, para eles, da violência em si. Não se trata de partes maléficas e sim do todo maléfico.

O *black metal* não só atinge o ápice do horror do metal extremo como também, dentre seus congêneres, é aquele que mais explicita a luta do *underground* em seus motivos. Primeiro ele a radicaliza, levando-a de uma luta pela manutenção desta prática urbana enquanto um espaço de produção musical, para o nível de uma guerra contra o bem e, porque não, para eles, contra o mundo. O *black metal* estiliza essa guerra em cada elemento narrativo de seu estilo. Nas suas roupas, nas suas fotos, nas suas capas, nas suas canções, nos nomes e nas faces dos seus músicos, o *black metal* está se arregimentando para uma batalha. Beligerância ofensiva. O *black metal*, como ficou claro no desenho que a banda *Vulturine* nos mandou, está contra eu e você, contra todos nós. Além disso, e o mais importante, a radicalização da luta que o *black metal* promove se completa quando ela é afirmada pelos seus praticantes como uma ideologia, um culto, uma "filosofia de vida extrema". À guerra contra o bem a partir da aceitação e proposição do mal, o praticante confere o estatuto de uma moral e uma ética, um princípio no qual ele diz acreditar e diz regrar sua conduta a partir deste. Pode-se afirmar, é verdade, que todos os estilos de metal extremo *underground* são percebidos como uma paixão, ou mesmo como um valor, que não se limite à música. O metal extremo é algo que o praticante diz "não conseguir viver sem", "está no sangue", é uma "atitude de vida" sem substitutos e equivalentes. Não se limita à música, porém, esta "atitude" não se descola da, nem se sobrepõe à, música. Ambas vão juntas. Já na retórica do apreciador de *black metal*, a música é posicionada como um meio para a expressão daquilo que realmente lhe importa, a "filosofia de vida". Apenas ele reclamará seu estilo preferido como algo mais do que um estilo musical, como uma espécie de regente de suas ideias e diretor de seus atos.

Propomos, então, embarcar na retórica do *black metal* de maneira heurística. Sob a roupagem do mal, a ideologia *black metal* exemplifica a própria ideologia *underground*. Se alcançamos o cérebro com o "virtuoso e puro" *death metal*, chegamos ao coração do *underground* do metal extremo nacional com o "negro, impuro e envolto em trevas" *black metal*. Sendo assim, um outro coração pode nos guiar pelos caminhos da sua retórica. Um coração mais antigo, contudo, mergulhado nas mesmas trevas.

O crítico literário Lionel Trilling (1972) considera que o *Coração das Trevas* de Joseph Conrad, publicado pela primeira vez na Europa em 1899, 'sumariza toda a radical crítica da civilização europeia feita pela literatura desde o momento da sua publicação'[23] (Trilling, 1972, p. 99). Narrada a partir da voz de Marlow, a novela conta a história do encontro deste marinheiro inglês, que foi trabalhar para uma companhia de comércio belga no Congo, com um peculiar funcionário desta mesma companhia, Kurtz, enviado ao país africano para ser um dos agentes de primeira classe da extração e coleta de marfim, principal atividade comercial da empresa. Logo no começo do livro, quando Marlow, descansando com seus colegas no convés do navio onde trabalha, ancorado no estuário do rio Tâmisa, começa a narrar sua aventura no Congo, ficamos sabendo que o encontro exerceu grande impacto no marinheiro. Marlow nutre grande admiração, até mesmo lealdade, pela figura de Kurtz, um homem que o fascinou tanto pelo que era, quanto pelo que fez.

Marlow não conheceu Kurtz de primeira. Quando chegou ao país africano de posse belga, o marinheiro foi obrigado a esperar alguns meses no posto central da companhia por peças de reposição para o navio que iria capitanear ao longo do rio Congo, trazendo marfim dos postos de coleta localizados no interior do

---

23 Tradução livre de: 'it contains in sum the whole of the radical critique of European civilization that has been made by literature in the years since its publication'.

país. Na convivência com os agentes da companhia, Marlow começou a ouvir falar deste tal de Kurtz, às vezes bem, sendo descrito como um verdadeiro defensor da empresa europeia na África, às vezes não tão bem assim, sendo acusado de empregar métodos incomuns para extrair dos nativos a maior quantidade de marfim possível. De todo modo, Marlow começou a se interessar pela figura de Kurtz, um homem a quem, de acordo com os relatos dos agentes, o melhor da Europa contribuiu na sua formação. É um amador das belas artes, pintor e músico. Também escreve, publicou artigos em jornais e periódicos europeus, dentre eles, um relatório para a 'Sociedade Internacional da Supressão dos Costumes Selvagens'. Parece ser um eficaz empreendedor do comércio. Seu posto de coleta sempre foi aquele que mais aplacou a sede de Bruxelas pelo marfim congolês. Enfim, Marlow começou a montar uma representação de Kurtz como um belo espécime da Europa do século XIX, um homem racional e de ética altruísta, dotado de qualidades práticas, morais e intelectuais superiores. Contudo, o que confere exoticidade a Kurtz, o que não encaixa na representação que Marlow fazia dele, mas, ao mesmo tempo, lhe surpreendeu e fascinou, é o fato de que Kurtz, ao subir o rio Congo em busca de marfim, tornou-se líder, Trilling dirá, 'virtualmente um deus' (Trilling, 1972, p. 100), de uma tribo local, governando-a cruel e autoritariamente. Como assim, se pergunta Marlow. Como que um homem criado ao molde europeu, defensor irrepreensível e contumaz cultivador da ideia civilizatória, um cavalheiro, embrenha-se na 'selva mais selvagem' e torna-se um líder voraz e violento de um bando de 'primitivos'? Marlow não consegue entender este tal de Kurtz. Será, ele se pergunta, que ele passou para o 'outro lado', o lado inimigo da cruzada civilizatória? Mas por quê? Ou será que Kurtz, na intenção de levar mais a fundo a empresa colonialista, se despe de qualquer amarra moral e força, pelo bem ou pelo mal, a civilização europeia goela abaixo dos nativos? Essas contradições fascinam Marlow, uma fascinação que Conrad cunhará como fascinação pelo abominável. Pois para Marlow, independentemente das intenções de Kurtz, tudo leva a crer que o paladino europeu, ao adentrar na selva congolesa, inoculou seu coração com o veneno das trevas. A estada do marinheiro no Congo ganha outros contornos. Suas preocupações com as funções que deve exercer como funcionário da companhia são paulatinamente obliteradas pela ânsia de conhecer este abominável Kurtz. Ele terá sua chance em sua primeira viagem rio acima, que tem como objetivo, justamente, trazer o agente de volta ao posto central devido a problemas de saúde pelos quais estaria passando.

Outros críticos (Bloom [org.], 1987) julgam que a qualidade literária de *Coração das Trevas* está na sutileza com a qual Conrad se posiciona frente tanto à empresa colonialista europeia quanto à vida dos nativos. No relato da viagem de Marlow rio acima, Conrad teria procurado deixar claro ao leitor que seu livro não trata de uma atualização da imagem do bom selvagem, presente no imaginário europeu, pelo menos, desde Montaigne. Os acompanhantes de Marlow na viagem, o gerente da companhia e alguns peregrinos, 'brincam' de atirar nos selvagens que aparecem na margem do rio, assim como tratam os nativos que os servem no navio, praticamente escravos, com desprezo e brutalidade. Por outro lado, Marlow, homem de mentalidade medíocre segundo Luiz Costa Lima (2003, p. 212-27), abomina tanto os selvagens quanto a maneira dos europeus em lidar com eles. Para ele, ambos são, na mesma medida, sórdidos e brutos. Conrad também ratificaria qualquer enaltecimento dos ideais europeus quando esclarece ao leitor, no estratégico encontro que Marlow tem, durante a viagem, com o único europeu (bom, um russo) que se manteve ao lado de Kurtz durante sua liderança da tribo, que os feitos de Kurtz não são frutos de uma escolha por uma vida nobre e virtuosa. Porém, é nesse mesmo encontro que Marlow descobre que não havia qualquer compaixão pelos nativos nos atos do agente. No relatório publicado no boletim da "Sociedade Internacional para a Supressão dos Costumes Selvagens", Kurtz escreve a frase 'exterminem os brutos' referindo-se a selvageria dos costumes nativos. Enfim, qualquer leitura que procure apontar no livro de Conrad uma clara posição sobre debates pertinentes para a Europa do xix, pode ser contraposta por outra na qual aquela posição estaria sendo negada pelo escritor polonês, naturalizado inglês. Narrativa sutil, narrativa ambígua.

Portanto, se concordarmos com essas leituras, é difícil achar resquícios panfletários no livro de Conrad. Ora, a culminância disto que podemos denominar de sutileza narrativa está no ápice do livro, quando Kurtz finalmente aparece. Aparece moribundo, em vias de falecer, nos braços de Marlow, já dentro do navio. Marlow não tem chance alguma de conversar com Kurtz. Tudo que pôde fazer foi ouvir seus últimos pedidos, guardar uma caixa de documentos para entregar à sua noiva na Europa, o que Marlow lealmente fará, e ouvir seus últimos lamentos, "nada mais que suspiros": o horror! o horror! Conrad deixa ao leitor a tarefa de interpretar o que Kurtz quis dizer com este horror duplamente suspirado.

Mas, em meio a ambiguidades sutis e meias palavras, Conrad não deixa dúvidas quanto ao fascínio que Marlow nutre pela figura de Kurtz. Mesmo sem saber as razões dos seus atos, mesmo sem saber por que proferiu o horror no último instante da sua vida, Marlow só tinha respeito por Kurtz. Para além da estranheza, Marlow reverenciava Kurtz por tudo, tanto pelo que fez quanto pelo que era. Para Trilling, Marlow viu em Kurtz um 'herói do espírito' que 'pela regressão à selvageria, atingiu o ponto mais fundo para além da civilização que alguém poderia ir, a irredutível verdade do homem, o núcleo profundo de sua natureza, seu coração das trevas'[24] (1972, p. 101). Não se trata de altruísmo, nem de nobreza e virtude, muito menos sinceridade, essa verdade para outrem. Trata-se de autenticidade, a verdade para si. A gesta de Kurtz, para Marlow, foi ter tocado, ou procurado tocar, aquilo que lhe é íntimo, profundamente íntimo, que o diferencia de todos e que a civilização tende a recalcar. Enfim, Kurtz saiu em busca da *realidade* que lhe fazia um indivíduo. Ela só poderia estar para além dos papéis, da *falsidade*, que a sociedade lhe outorga. Eis por que Trilling considera o livro de Conrad um resumo da crítica que a literatura durante o século xx fará à civilização europeia. Sendo a Europa sinônimo de civilização, criticar a segunda equivale a criticar a primeira.

Essa sinonímia, espécie de justaposição entre Europa do século xix e a ideia de civilização, é crucial para compreendermos, no entender de Trilling, os contornos da crítica que o *Coração das Trevas* resumiria. Em nenhuma passagem do livro, nos diz o crítico literário norte-americano, Conrad dá margem para uma completa negação dos ideais europeus do século xix. Pelo contrário,

---

24 Tradução livre de: 'hero of the spirit whom, by his regression to savagery had reached as far down beneath the constructs of civilization as it was possible to go, to the irreducible truth of man, the innermost core of his nature, his heart of darkness'.

Marlow acreditaria sem pestanejar que o projeto europeu 'pode e, de fato, realiza seus objetivos anunciados'[25] (Trilling, 1972, p. 102), contudo, os realiza sob a égide de uma nação particular, a Inglaterra, sua pátria e a pátria que o polonês Conrad resolveu adotar e servir, também como marinheiro. Neste sentido, a brutalidade que Marlow confere aos agentes coloniais estaria se remetendo, na verdade, à Bélgica, e, por extensão, a toda nação europeia que não soube imitar os 'bons e justos' atos ingleses na sua empreitada colonialista. Lembremos também que, para Trilling, a 'regressão à verdade do homem' que Kurtz teria empreendido não corresponde a uma redenção moral no sentido europeu. Kurtz não teria 'purgado de si mesmo qualquer vício europeu, nem mesmo a ganância'[26] (Trilling, 1972, p. 101). Ele colonizou, ele procurou encarar o mundo racionalmente, sem encontrar em sua governança entidades metafísicas e sem encontrar em suas causas e efeitos, espíritos e fantasmas. Ele encarou o mundo como um universo lógico, passível de ser apreendido pela experiência sensória, inteligível pela ciência empiricamente orientada e representável, belamente representável, pelas belas artes. Portanto, os aportes do colonialismo e do iluminismo estariam sendo, digamos, endossados no livro de Conrad.

Mas o endosso viria com uma nota de ratificação ao todo que os ideais e projetos europeus do xix em conjunto constituiriam, aquele representado pela ideia de civilização. Kurtz tentou empreender à risca esta ideia. Ele tentou ser um homem civilizado, mas esta civilização lhe angustiou. Ele tentou edificá-la, mas ela o desmoronou. No seu íntimo, um profundo mal estar com esta civilização o tomou. Como nos *Versos Íntimos* de Augusto dos Anjos, o beijo que ele deu nela foi a véspera de um escarro. Ele a afagou, fazendo-se de exemplo civilizatório a ser seguido, e ela o apedrejou, nunca provendo a ansiada felicidade. Ele fez dela seu destino, se sacrificou por ela, e com isso se perdeu, perdeu seu íntimo de vista, perdeu sua integridade pessoal, mais precisamente, perdeu a totalidade da sua pessoa a qual, sua 'viagem de regressão à selvageria', teria como porto. Marlow, a voz narrativa à qual o crítico literário norte-americano

---

25 Tradução livre de: 'can and does fulfill its announced purposes'.
26 Tradução livre de: 'purged himself of none of the European vices, not even greed'.

certamente não chamaria de medíocre, teria compreendido através de Kurtz que a verdade do ser humano não será iluminada pela busca incessante por um remate desta civilização. Ou, colocando a crítica em sentido construtivo, Marlow teria percebido que o sabor amargo do veneno das trevas tem nuanças adocicadas. Empreender um escape desta civilização certamente acarretará dor e sofrimento, mas pode também desaguar em uma redenção *verdadeira*, a redescoberta de si. Pode-se alcançar o coração das trevas, a intimidade, colocando o coração em trevas, sofrendo e lutando. Marlow talvez não tenha coragem para tanto (medíocre?), mas sem dúvidas respeita quem a teve.

Se concordarmos com a maneira pela qual Trilling interpreta e contextualiza este desconcertante livro de Conrad, podemos arrolá-lo, junto com Luiz Fernando Dias Duarte (2004), na reação romântica que tanto marcou as manifestações e discussões intelectuais, científicas, políticas e artísticas na Europa desde o século XVIII. Reação à instauração da 'dimensão moderna da nossa cultura', da qual 'seus mais ardentes defensores foram chamados justamente de iluministas, por acreditarem na derrota e no extermínio da sombra que teria obscurecido até então a 'marcha da humanidade'" (Duarte, 2004, p. 6-7). Pois bem, por ser uma novela, uma obra que se pretende artística e não filosófica, seria despropositado procurar em *Coração das Trevas* uma reação ponto a ponto ao iluminismo, ou, se preferirmos, ao mundo moderno. Todavia, a interpretação da gesta de Kurtz que nos oferece Trilling, permite-nos perceber no livro de Conrad aquele elemento que Duarte qualifica como o nódulo da reação romântica, a denúncia da perda da totalidade. Sendo o universalismo e o individualismo, por sua vez, cruciais no iluminismo, conhecimentos e/ou ideologias que enfatizam as partes articuladoras de um todo, a reação romântica, nos diz o autor, denunciaria a perda que esta fragmentação causaria, 'perda sobretudo do sentido específico que a co-presença dos elementos na totalidade acarretaria' (Duarte, 2004, p. 8). Ou seja, a denúncia romântica estaria defendendo, em contraposição ao iluminismo, que o todo se constitui em algo mais do que a soma das partes. Essa totalidade para além das partes, nos diz Duarte, foi encontrada pelos filósofos alemães, principais formuladores do romantismo, em vários níveis. No conceito de uma totalidade cultural, nas categorias de 'originalidade' e 'primordial' na ideia de 'vida' e, particularmente importante para nosso argumento, na de 'espírito' (Duarte, 2004, p. 8-9), esta noção de que, para além da matéria, haveria um 'espírito' não só animando, mas, sobretudo, garantindo a existência individual e coletiva. Este espírito poderia até estar se manifestando nas partes que o compõem, porém, reagiram os românticos, a sua qualidade última, a sua natureza, é, por definição, indecomponível.

Também é apropriado chamar atenção para uma outra dimensão da reação romântica apontada por Duarte, a da diferença, 'a ênfase no caráter não igualitário, hierárquico, propriamente distinto ou específico, dos entes entre si' (Duarte, 2004, p. 9-10). Em contraposição clara e direta à ideologia da igualdade, teríamos aqui não só a marcação da totalidade, mas também da sua especificidade, certamente comparável, mas, em última instância, não igualável.[27]

Estas dimensões da reação romântica podem ser localizadas no *Coração das Trevas* na maneira como Conrad se utiliza da ideia de natureza. A África "primitiva, bucólica e praticamente intocada", não só servirá como cenário, mas também será estrategicamente imbuída por Conrad de um protagonismo no desenrolar da novela. Ora, Kurtz empreende uma viagem pela natureza na busca pela sua natureza. Ao se tornar o líder de uma tribo no coração da floresta, Kurtz regride ao coração selvagem. A natureza é meio e fim na gesta de Kurtz. Ao mesmo tempo cenário e personagem, causa e efeito do desenrolar da trama, a natureza é um fundamental elemento narrativo no *Coração das Trevas*, denotando um anseio pelo retorno ao atávico momento da totalidade não-fragmentada, aquela que diferenciará o 'verdadeiro' Kurtz, tanto em relação aos outros indivíduos quanto aos "falsos" papéis sociais que Kurtz estaria se sentindo obrigado a cumprir. Sendo assim, pode-se dizer que a natureza na novela de Conrad, ou melhor, a 'revalorização da natureza', também apontada

---

27 Contudo, o próprio método da comparação, tão utilizado na antropologia, seria problematizado por esta marcação da diferença, principalmente, pelo fato de que ela demandaria do método comparativo, a inclusão da historicidade dos elementos comparados. Lembremos da celeuma de Boas com o responsável pela organização da disposição das coleções etnológicas nos museus norte-americanos, Otis Mason. Enquanto este queria dispor as coleções de acordo com os objetos (uma flauta Navaho ao lado de uma flauta Tinglit, por exemplo), Boas, alemão, pedia que elas fossem dispostas de acordo com a tribo da qual os objetos são produtos (uma flauta Navaho ficaria ao lado de um chocalho Navaho, por exemplo). Sobre o ponto ver Boas (1999).

por Duarte como característico da reação romântica (2004, p. 7), figura como a metáfora articuladora da crítica à civilização europeia para a qual Trilling nos chama atenção. Uma natureza que retornará enegrecida, envolta em trevas, como se quisesse dizer que a 'sombra que teria obscurecido a marcha da humanidade' não é tão descartável quanto os iluministas pensavam. O selvagem da floresta jogado sobre a civilização da cidade, do inexplicável sentimento ponderando a clara intelecção, do obscuro do coração que envolve a luz do cérebro. O próprio título do livro, ele mesmo ambíguo, joga o leitor tanto para o coração das trevas quanto para as trevas do coração.

É justamente a partir desse retorno sombrio da totalidade não fragmentada que podemos propor uma analogia entre a narrativa do *Coração das Trevas* e o estilo do *black metal underground* brasileiro. Enquanto no livro de Conrad tal retorno é referenciado pela revalorização da natureza, no *black metal* ele será denotado pelo mal.

Como vimos, algumas ramificações do *black metal* elaboram uma crítica do cristianismo a fim de buscar um passado e/ou uma "universalidade" que teriam sido perdidos com o advento desta religião. Também procuramos apontar como essa busca está embebida em uma sensibilidade romântica, na medida em que a perda com o esfacelamento desta totalidade é encarada como uma perda íntima, um esfacelamento de si mesmo. Com o *pagan* e o *folk black metal*, as ramificações aqui em questão, talvez estejamos muito próximos do conceito de totalidade cultural do filósofo alemão Herder, aquele que Duarte descreve como uma entidade '[...] menor que a Humanidade, mas certamente maior e mais expressiva que os entes individuais que (a) compunham [...]' (Duarte, 2004, p. 8). A busca estilizada por essas ramificações procura uma totalidade cultural da qual o praticante deseja se sentir como parte.

Mas podemos inverter o argumento e dizer que o *pagan* e o *folk black metal* elaboram uma busca pela totalidade cultural a fim de criticar o cristianismo. O acento da afirmação não estaria mais na busca e sim na vociferação direcionada às forças benéficas do cristianismo. Aqui está a particularidade do *black metal* enquanto um estilo musical brasileiro. Podemos encontrar nele uma "pegada" folclórica que o aproxima de uma série de estilos musicais nacionais preocupados em versar, divulgar ou mesmo celebrar alguma brasilidade que estaria escondida, "soterrada", nos recônditos do sempre famigerado estado atual da nação.[28] Porém, não podemos recortar da sua "pesquisa folclórica" a virulência ao cristianismo, sua vontade de mal-dizer o bem. Não podemos esquecer que a negritude do *black metal* é de outra natureza.

As bandas que se definem como propriamente satânicas também estão à procura de uma totalidade não fragmentada. Mas, ao invés da totalidade cultural, elas buscam uma totalidade pessoal. Com efeito, quando as bandas explicam do que se trata este assumido satanismo, procuram deixar claro que não se trata de uma crença em uma entidade divina, tal como, para elas, os cristãos concebem seus ídolos. A banda *Mordor* chega a diferenciar um satanismo "tradicional" e outro "moderno". No primeiro, como disseram em entrevista ao *Anaites zine*, satanás surge enquanto "uma entidade real, uma divindade, e não compactuamos com tal crença". Eles compactuam com o satanismo "moderno", através do qual "buscamos ser nossos próprios deuses". Eis o elemento propositivo do mal absoluto estilizado pelas bandas de *black metal* que acentuam o satanismo em suas identidades no *underground*. Sob a roupagem do mal, surge uma proposição de auto-desenvolvimento afetivo e intelectual que não se curvaria a nenhuma ideologia (além do *black metal*), a nenhuma instituição (além do *underground*) e a ninguém, além deles mesmos. Ser um satanista pelo *black metal* significa ser um indivíduo, eles prefeririam um guerreiro, autônomo, que parte em uma constante busca, eles prefeririam guerra, por si mesmo. *Brucolaques*, da mineira *Saevus*, resume claramente essa busca ao *Dark Gates zine*:

> O satanista é aquele que segue seus próprios códigos, destruindo padrões pré-estabelecidos para a criação de seus próprios padrões, criados por si para si, visando construir algo mais verdadeiro em sua vida, buscando a evolução para atingir a perfeição. Eu penso que para o satanista ser "sua própria divindade", ele precisa de conhecimento, sabedoria e auto-desenvolvimento, caso contrário, ele ficará na auto-ilusão.

---

28 A música caipira e sertaneja, tal como surgem no trabalho de Elizete dos Santos (2005), e os lançamentos da gravadora Marcus Pereira, como nos mostra João Sautchuk (2005), são exemplos.

Mais verdadeiro, pois os "padrões" adviriam de si mesmos, de suas intimidades, e não de algum outrem metafísico, como adviria na maneira que eles entendem o cristianismo, ou social, como adviria na maneira que eles entendem o mundo moderno. *Brucolaques* está certo em colocar entre aspas a frase "sua própria divindade". O satanismo do *black metal* propõe uma insurgência total do indivíduo para com qualquer possível dependência afetiva ou intelectual. Neste sentido, o "eu divino" é uma metáfora para caracterizar a ideia de um total controle que o praticante satanista possuiria sobre si mesmo.

Talhadura de si com buris próprios, a busca pela totalidade pessoal do *black metal* eleva o ser que a engendra, o faz ser melhor não apenas para si, mas em relação aos outros indivíduos que não a fazem. De fato, o praticante de *black metal* apreciador dessa ideia se sente não só diferente, mas superior. Super-homem, melhor-homem-do-que-o-outro.[29] Novamente com a palavra, *Brucolaques*, na mesma entrevista:

> O progresso de uma nova era só será possível com o extermínio de todos os fracos e submissos, permanecendo seres espiritualmente superiores, estabelecendo-se assim uma humanidade forte e consciente. O ser humano poderia ser perfeito, mas preferiu escolher um caminho inútil que o afasta de seus instintos e o condena a rastejar diante de deuses impotentes. A derrota destes será inevitável!

A ambivalência, agora no registro do *black metal*. Ao mesmo tempo em que encampa uma guerra contra o bem a partir de uma estilização de um mal absoluto, o *black metal* propõe a construção de uma pessoa íntegra e autônoma, comprometida com uma constante busca por auto-conhecimento. A construção pela destruição ou a destruição para a construção. O retorno a uma totalidade pessoal não fragmentada que toma o caminho da maldade

---

29 Não é por acaso que alguma leitura da filosofia de Nietzsche terá grande saída entre essas bandas. Uma leitura muito parecida com a que o nazismo alemão fez do filósofo seu conterrâneo, utilizando-o como legitimador de sua eugenia anti-semita, com a anuência de sua irmã, Elizabeth Vöster-Nietzsche (a qual, de fato, entregou a bengala do irmão a Hitler, em 1932, ato simbólico de transmissão da missão que o filósofo teria cunhado ao "homem de ação"). Contudo, deixemos de lado o espinhoso debate que procura esclarecer se a leitura nazista do filósofo seria ou não seria uma "deturpação" de suas ideias.

para encontrá-la, um caminho da mão esquerda que busca retornar ao que o praticante conceberia como uma pessoa "direita". A ambivalência está nesta denotação recíproca entre destruição e construção, estilizada, de alguma maneira, em todas as ramificações do *black metal*.

Estamos de volta ao coração das trevas, mas agora conduzidos pelo *black metal*. Com este, refizemos aquele mesmo retorno sombrio à totalidade não fragmentada referenciada pela narrativa de Conrad. A analogia entre ambos os estilos quase chega a ser uma semelhança. Se, no livro, a metáfora é o selvagem e, no *black metal*, os elementos maléficos do cristianismo, no entanto, em ambos a referência é a mesma, a "verdade e o autêntico". Até mesmo a revalorização da natureza, tão explícita em Conrad, está presente no *black metal* quando seus apreciadores falam em "instintos esquecidos pelos caminhos que a humanidade escolheu".[30] A principal diferença entre ambos estaria, além da óbvia sutileza narrativa, na intensidade da perturbação proposta. Enquanto o *Coração das Trevas* é passível de ser interpretado como uma ratificação da civilização europeia do XIX, o *black metal* chega a apontar como um problema, o próprio fato da vida humana. Isto posto, podemos arrolar tanto o livro quanto o estilo musical, novamente com Duarte, em um romantismo da sombra que, diferentemente do romantismo da luz, 'mais próximo da reflexividade da sua ideologia de origem', o próprio iluminismo, preferiria a 'intuição, essa *anschauung* tantas vezes invocada e citada' (Duarte, 2004, p. 12). Com intensidades diversas, tanto o livro de Conrad quanto o *black metal* estilizam essa intuição em detrimento da intelecção, o coração preeminente ao cérebro. Detrimento esse caracterizado pelo negro, pelas trevas. Ambos querem jogar trevas sobre a luz.

---

30 Aliás, muitas das fotos ilustrativas das gravações mostram os músicos na "floresta negra", como se fossem "animais selvagens noturnos" (talvez venha dessa revalorização da natureza como crítica a cidade, a evocação tão comum da figura do lobo no *black metal* norueguês, às vezes também celebrada no brasileiro, como em certas imagens do *Murder Rape*. Vale lembrar a dupla significação da palavra *varg* ou *vargr* em norueguês, utilizada como codinome por *Varg Vikernes*: lobo e fora-da-lei). Outro dado interessante, neste sentido, é o *hobby* de muitos apreciadores: acamparem nos parques nacionais do país, onde ficariam "longes da falsidade das cidades". *Doom-Rá* diz ir com frequência aos parques nacionais ao redor de Goiânia e eu mesmo acompanhei alguns músicos curitibanos em acampamentos no cânion do Guartelá, noroeste do Paraná.

Mas se é possível formular tal analogia entre os estilos da novela de Conrad e o do *black metal*, por outro lado, não podemos esquecer a diferença dos seus estatutos. O *Coração das Trevas* é um livro. Um grande livro para alguns críticos literários, como para o próprio Trilling e mesmo para Harold Bloom (1987); 'o mais intenso de todos os relatos que a imaginação humana jamais concebeu' segundo Jorge Luís Borges (1999); mas ainda assim, um livro. Sem dúvida, uma novela de poder narrativo assombroso, mas o *Coração das Trevas*, ao que nos consta, além da radical influência exercida em muitos intelectuais e escritores do mundo todo, durante todo o século xx, não se transformou em matéria além de livro.[31]

O *black metal*, por sua vez, é uma manifestação de uma prática urbana. Um estilo do *underground* do metal extremo nacional, certamente, mas um estilo que faz do *underground* um de seus principais motivos. A guerra do *black metal*, por mais que eleja uma série de inimigos externos ao *underground*, antes de qualquer coisa, encampa uma defesa de tudo aquilo que esta prática significa para seus praticantes. Assim como sua ideologia, essa "filosofia de vida extrema" composta pela celebração do reino do mal absoluto, antes de tudo, é uma filosofia de vida *underground*. Na medida em que essa ideologia é um elemento identitário do *black metal* no *underground*, ela funciona como uma espécie de pedido deste estilo para com seus congêneres, demandando-lhes que "levem mais a sério" esta prática urbana. Sim, a música é importante, reflete o *black metal*, mas ela perderá toda sua "força", toda sua autenticidade, se sair do *underground*. Portanto, ele demanda aos seus cognatos que sobreponham, assim como ele mesmo o faz, o *underground* à música. Daí seus músicos e apreciadores serem os mais críticos deste espaço, mas, ao mesmo tempo, serem os mais ativos. Eles são os mais preocupados com os "rumos que o *underground* toma".

Assim, pelas trevas do *black metal*, jogamos luz no *underground* enquanto um modo de vida. Tal estilo escancara um elemento que os outros tangenciam, qual seja, a inseparabilidade dos motivos trabalhados em suas imagens

---

31 E filme. Ele inspirou a produção do *Apocalypse Now* de Coppola. Aliás, as conexões românticas da novela de Conrad são belamente indicadas por Coppola quando, na sequência que abre o filme, ele a sonoriza com a sinfonia *Cavalgada das Valkírias*, do compositor romântico Wagner.

com a própria condição da prática urbana. De certa maneira, o *black metal* grita aquilo que os outros sussurram: metal extremo só é extremo se for *underground*. Todo o peso, agressão e brutalidade que eles tanto buscam em sua música se dissolvem se esta for composta, escutada, apresentada e comercializada fora do âmbito *underground*. Será menos "verdadeira", menos autêntica. Podemos formular este enunciado em termos mais antropológicos. É como se eles afirmassem: "olha, isto aqui é sim uma atuação, mas não a entendam como um fingimento, como se estivesse totalmente descolada das vidas dos seus atores ou, a pior das interpretações, não entendam como um mero entretenimento, como lazer e distração; não, nós não vamos sair por aí matando e sim, nós nos divertimos muito fazendo estas atuações. É por isso que fazer música extrema, e fazê-la no *underground*, é de extrema importância na construção das nossas noções de pessoa e das nossas maneiras de inserção na cidade". Sendo assim, através da vivência no *underground* dessas imagens perturbadas da perturbação que o metal extremo *underground* estiliza, desta brincadeira séria com imagens do mal, seus praticantes buscam construir um coletivo do qual se sentirão parte, buscam construir a si mesmos, buscam construir as suas verdades. O *underground*, por mais ficcional que seja sua matéria, é socialmente real para seus praticantes.

Capítulo 5

Trevas na Cidade

A BUSCA SOMBRIA POR UMA TOTALIDADE ESTILIZADA pelo metal extremo só será percebida como verdadeira pelos praticantes se for empreendida no âmbito do *underground*. Esta é uma das depreensões que podemos fazer a partir da etnografia das construções dos estilos. As imagens perturbadoras da perturbação serão menos perturbadoras se circularem naquilo que chamam de *mainstream*, na "grande mídia". Ou seja, a construção dos estilos está totalmente informada pelas condições de produção musical que o *underground* organiza. Daí nos referirmos a este espaço, no segundo capítulo, como uma "prótese auditiva" que será, ao longo da participação, instalada na percepção do praticante. O *underground* tem a capacidade de aumentar as qualidades musicais definidoras do metal extremo, peso, velocidade e agressão, e de deixar este tipo de música "mais sujo e menos limpo", "mais rítmico e menos melódico", "mais cru (adjetivo muito utilizado pelas bandas) e menos cozido".

O inverso também procede. O *underground* só será verdadeiro se for metal extremo. Como vimos, nas suas relações horizontais com as diversas práticas urbanas organizadas a partir de um tipo de música, com os diversos *undergrounds* que existem país afora, nossos praticantes julgam depreciativamente qualquer manifestação não-metal extremo. Com efeito, o *underground* punk é "muito político", o gótico "quer se mostrar" e o da música eletrônica é para pessoas "fracas e preguiçosas, que fazem música apertando botão e não se esforçando para dominar as técnicas de um instrumento". Diplomacia megalomaníaca. O "melhor" *underground* é aquele que abriga a mais "verdadeira" das músicas, o metal extremo.

Metal extremo só é extremo se for *underground*, e *underground* só é *underground* se for metal extremo. Temos, então, uma homologia entre a prática urbana e sua música. *Underground* e metal extremo, se denotando reciprocamente, constroem uma linguagem de comum acordo. Assim fazendo, constituindo uma prática urbana pela música e cantando nessa a prática urbana, a linguagem do *underground* do metal extremo brasileiro referencia um terceiro elemento, a autenticidade, uma verdade que não poderia ser alcançada por nenhum outro tipo de música e em nenhuma outra esfera social.

Importante esclarecermos do que se trata essa autenticidade e, para tanto, novamente, o livro *Sincerity and Authenticity* de Lionel Trilling (1972) é um sugestivo recurso. Segundo Richard Handler (1986, p. 2), neste ensaio o crítico literário norte-americano empreende uma análise hermenêutica de obras literárias e filosóficas a fim de interpretar culturalmente as noções de 'sinceridade' e 'autenticidade'. Para Trilling, estes dois termos representam elementos fundamentais da 'vida moral' ocidental, pelo menos, desde a renascença europeia (1972, p. 2-7).

A chave da interpretação de Trilling, justamente aquilo que faz esta obra de crítica literária ser aprazível para as ciências sociais, está na relação entre indivíduo e sociedade (podemos até arriscar e dizer que sua interpretação oferece uma forma de pensar o surgimento das noções de indivíduo e sociedade). A partir do século XVII, Trilling defende que uma franqueza nas relações sociais ou, como ele mesmo coloca, uma sinceridade enquanto 'uma ausência de dissimulação ou atuação ou fingimento'[1] (Trilling, 1972, p. 13) na esfera pública, começou a ser valorizada em alguns países europeus. Uma maneira de se apresentar para o outro, ser sincero é ocupar os papéis sociais da maneira mais honesta. Formulando de outro modo, ser sincero é se preocupar com a maneira pela qual o outro nos percebe. Para Trilling, o que está em jogo na noção de sinceridade não é 'quem você pensa que é', mas sim 'como você é pensado'. Sendo assim, o autor entende que a valorização da sinceridade na Europa a partir do XVII, além de refletir uma 'revisão dos modos tradicionais de organização comunal que ensejou o surgimento da entidade que figura nas mentes dos homens sob o nome de sociedade'[2] (Trilling, 1972, p. 26), permite

---

1 Tradução livre de: 'the absence of dissimulation or feigning or pretence'.
2 Tradução livre de: 'revision of traditional modes of communal organization which gave rise to the entity that now figures in men's minds under the name of society'.

pensar também que, sob sua prevalência, a noção de indivíduo era inseparável da noção de sociedade. Mesmo que o pêndulo dobre para o lado da segunda, ambos se realizam em consonância, sem qualquer atrito.

Com a noção de autenticidade irrompida em meados do XIX, Trilling entende que o pêndulo dobra para o lado do indivíduo. Ser autêntico é descobrir quem você é independentemente das posições e funções sociais, é ter 'um sentimento de ser'[3] (Trilling, 1972, p. 92) que não precisa corresponder à maneira pela qual o outro nos percebe. A preocupação da autenticidade está na descoberta de um ser para si, de um *self*, de um indivíduo que, descobrindo sua natureza, se sustenta existencialmente por si mesmo, como bem lembrou Richard Handler (1986, p. 3), comparando a noção de autenticidade em Trilling com a noção de natureza em Cassirer. Ao surgimento da noção de autenticidade, aí sim, Trilling conecta uma separação entre indivíduo e sociedade, ou melhor, entre indivíduo e papéis sociais. Pois a descoberta do ser para si é a descoberta do verdadeiro ser, o qual se realiza, sempre, insatisfatoriamente nos papéis sociais que ocupa, ou melhor, encena. Deste ponto de vista, a sociedade pode ser percebida como incompleta, em perspectiva branda, ou mesmo falsa, em acepções mais incisivas, como é, para o autor, o *Coração das Trevas*. O ensaio de Trilling corresponde às suas palestras proferidas em Harvard na primavera de 1970. Para ele, os ocidentais nessa época ainda 'viviam moralmente' sob a ânsia da autenticidade irrompida no XIX.

O *underground* do metal extremo parece buscar uma autenticidade similar a esta formulada por Trilling. O indivíduo é dono de si, pelo metal extremo como gênero musical, e a comunidade autêntica, pelo *underground* como forma de prática urbana. Não se trataria de um papel social a ser encenado, de constrangimentos a serem suportados. O *underground* seria o espaço social no qual o praticante pode dar vazão a quem ele realmente é, onde sua subjetividade verdadeira se sincronizaria com a objetividade das relações sociais.

A maneira como os praticantes se referem ao *underground* atesta a valoração desta prática urbana como a "mais verdadeira" das atividades que eles executam. Em conversa tida por programa digital de troca de mensagens

---

3   Tradução livre de: 'a sentiment of being'.

instantâneas (MSN) em 2006, o baixista e vocalista Moisés *Grinder*, da banda baiana de *death metal Incrust*, se referiu a sua inserção no *underground* assim:

> Pra mim, não ganhar grana com o *death metal* não é razão pra parar de fazer música e sumir da cena, como tantos falsos fazem. Sabe por quê? [nova mensagem] Porque eu ganho muito mais do que grana na cena, ganho o prazer que meu trabalho não dá, toco minha música, minha essência, que ninguém nessa cidade entende... na cena eu sou quem eu quero ser [nova mensagem] não preciso ficar obedecendo gente que me irrita só porque eles tão com a grana [nova mensagem] é um saco isso, na verdade... pra sobreviver, tenho que compactuar com toda essa alienação do trabalho e tal, tenho que viver nessa cidade alienada pela festa que não acaba nunca. Mas ainda bem que existe a cena forte e unida de Salvador... aí eu sou quem eu sou.

Onde não se é "alienado", onde a "grana" não prevalece sobre o "prazer", onde "eu sou quem eu sou". O *underground* se configura para seus praticantes como uma comunidade muito parecida com aquela *gemeinschaft* de Tönnies (1944) e Simmel[4] (2007), sobrepujada pela *gesselschaft*, a sociedade moderna impessoal na qual as relações sociais são, para Tönnies (1944), instrumentais e não espontâneas, para Simmel (2007), objetivas e não subjetivas.[5] E se lembrarmos da maneira como o músico Rodolfo vê o "mundo de hoje", em conversa transcrita no terceiro capítulo, percebemos que é justamente em contraposição a uma sociedade na qual "o individualismo e o egoísmo" preponderariam que a solidariedade da comunidade do *underground* é sentida:

---

4 Sobre as semelhanças entre as abordagens de Tönnies e Simmel no que tange a transformação da comunidade em sociedade, da *gemeinschaft* em *gesselschaft*, ver Vandenberghe (2001, p. 84-5).

5 No que tange particularmente à obra de Simmel (2007), a argumentação dos praticantes acerca da sociedade moderna ecoa e muito maneira com a qual o autor formulava esta *gesselschaft*. Pois, para Simmel (2007), esta nada mais é do que a objetificação de formas de relação social específicas em sistemas auto-regulados e auto-referenciados. A relação entre os indivíduos nessas esferas é, sempre, mediatizada pelo dinheiro, por sua vez, também uma objetificação do valor e do símbolo. Dessa maneira, para Simmel a sociedade moderna não só se caracteriza pela separação entre cultura objetiva e cultura subjetiva, mas também por um conflito entre ambas as esferas engendrado no indivíduo. Em razão do conflito entre executar as tarefas na sociedade com a ânsia de ser quem realmente se é, Simmel (1988) argumentará que a sociedade moderna é trágica. Vandenberghe (2001, p. 103) dirá que, para Simmel, a *gesselschaft* é, por definição, inautêntica.

olha pro mundo de hoje, guerra, ódio, briga, é só desunião, separação [...], ficam falando que estamos na era de aquário, essa conversa furada de *hippie* que tá tudo numa paz [...], eu só vejo individualismo e egoísmo, todo mundo querendo tirar o seu e foda-se o outro (...) não, aqui não, aqui nós trabalhamos em conjunto, essa é a mágica do metal, eu nunca vi a pessoa antes mas se ela tá pra valer no *underground* terá minha ajuda.

A "mágica do metal", para Rodolfo, está em uma espécie de resolução que o *underground* daria àquilo que ele percebe como os problemas do "mundo de hoje". Nessa contemporaneidade regida pela vontade de promoção individual e pela ânsia de acumulação de capital, o *underground* costuraria um mutualismo no qual todos trabalham e crescem juntos. A "mágica" estaria na transformação da função da relação social. Se, no "mundo de hoje", as relações seriam meios para se alcançar fins individuais, no *underground* elas seriam meios para se construir o todo social que este espaço representa para o praticante. O responsável por tal transformação, o "mágico", é o metal extremo. É para fazer metal extremo que essa espécie de comuna contraposta ao "mundo de hoje", que é o *underground*, é levantada.

Para Moisés, Rodolfo e tantos outros praticantes, nada no *underground* do metal extremo parece ser alienante. A música que traduziria a "essência" dessas pessoas seria feita por meio de relações essenciais. Os praticantes colocam o metal extremo como um ideal e um valor e percebem as relações de companheirismo e amizade do *underground* como a única maneira de vivenciá-lo plenamente, ou seja, sem haver qualquer corrupção ou falsificação, qualquer sujeira que deturpe o ideal e o valor. A busca pela autenticidade desta prática urbana, então, parece estar concentrada nessa tentativa de expressão coletiva de verdadeiros *selves*, onde os planos do social e do individual se harmonizariam.

Aí está o aspecto propositivo do *underground* do metal extremo nacional. Essa verdade plena constituída em um ajuste do indivíduo com a sociedade cumpre com a função construtiva e positiva desta prática urbana. Função importantíssima, pois, pode-se dizer que o *underground* só se sustenta em razão desse "eu sou quem eu realmente sou" que o praticante diz vivenciar nele. Afinal, se o montante de tempo e dinheiro que o praticante investe nele não é retribuído nessas mesmas moedas, contudo, retorna em forma de gozo pela vivência da verdade, logo reforço e manutenção dessa verdade. Ciclo de dádiva tipicamente maussiano: o praticante se doa pelo *underground* e este, por sua vez, retribui na moeda do *mana*, da "força" que o praticante diz sentir emanando deste "sub-mundo".

Todavia, a função construtiva e positiva é, ela mesma, dependente do enunciado destrutivo e negativo do *underground* do metal extremo nacional. A negação do *mainstream*, tanto no que tange a oposição do *underground* às relações do "mundo de hoje", quanto à oposição do metal extremo aos valores e afetos deste mundo "capitalista/democrático/cristão", contextualiza e significa o empreendimento propositivo desta prática urbana. Negando o mundo à sua volta e fruindo de estéticas do abjeto, do perverso e do mal, esta prática urbana constrói sua identidade. Desse modo, a relação entre os termos *underground* e *mainstream* não se conforma apenas em uma oposição classificatória simétrica, mas, sobretudo, em uma valoração assimétrica.[6] O *underground* está contra o *mainstream*, o *underground* é melhor que o *mainstream*.

* * *

Nos dois primeiros capítulos, essa relação fundamentalmente diacrítica entre *underground* e *mainstream* foi abordada no nível das práticas de produção musical. Procurou-se compreender como um espaço de composição, escuta, gravação, divulgação e apresentação de música se organiza a partir das representações de modos de produção musical distintos que *underground* e *mainstream* configuram. Pois bem. Com a etnografia das construções dos estilos, podemos inferir que a relação entre estes dois termos não se resume à diferenciação de modos de produção musical. A "luta", como os praticantes falam, do *underground* contra o *mainstream* se encontra no centro da formulação identitária desta prática urbana. Em um só movimento, ela articula a negação do outro e condiciona a proposição do mesmo. Uma "luta" pelo *underground* e uma "luta" do *underground*.

---

6   Sobre as diferenças entre a operação classificatória, distintiva e simétrica, e a operação valorativa, hierárquica e assimétrica, ver Duarte (1986).

É importante enfatizar que, nesse sentido, tomamos estes termos de maneira eminentemente simbólica. *Underground* e *mainstream* configuram, assim, distintas visões de mundo[7] concernentes única e exclusivamente aos praticantes. Seja lá qual for o elemento da vida humana, não é exagero formular dessa maneira, nossos praticantes possuem duas formas de percebê-lo. O *Mainstream*, prontamente inferiorizado e negado, e o *underground*, plenamente aceito.

Ora, a arena onde se realiza essa guerra simbólica é a cidade. Nos meandros do espaço urbano, ou se preferir, nos capítulos da trama urbana, esse exercício de identidade musical dará vazão às suas negações e construções. A cidade é o ambiente no qual a autenticidade dessa prática auto-denominada *underground* será buscada. Propomos, então, explorar em diante os significados do *underground* enquanto uma prática urbana procurando compreender como sua "luta" contra o *mainstream* se realiza não só como uma guerra simbólica, mas também como uma forma de experiência da cidade. Ou seja, se mantivemos durante toda nossa exposição um olhar propriamente interno ao *underground*, apontando como seus limites são estabelecidos, a seguir tentaremos deslocar nosso ponto de vista em alguns graus, procurando compreender como esses limites não só separam, mas também, ao mesmo tempo, inserem.

5.1 – O UNDERGROUND NA CIDADE

Em sua dissertação, Jeder Janotti (2004), na intenção de averiguar como a música se materializa no tecido urbano, parte para uma descrição daquilo que chama de 'cena *heavy metal*' da cidade de Salvador. Suas descobertas são muito interessantes, principalmente aquela em que mostra como 'assumir-se *headbanger*, em Salvador é, antes de tudo, operacionar valores diferenciais à *axé music*, marca registrada da cidade' (Janotti, 2004, p. 57). Para o autor, ser

---

7 Utilizamos a noção de 'visões de mundo' a partir de Velho (1981). Podemos dizer também que o binômio *underground/mainstream* pode ser apreendido a partir dos conceitos de 'ethos e visão de mundo' de Geertz (1989, p. 93-103) e mesmo de 'ethos e eidos' de Bateson (1965). Apesar das diferenças entre esses autores, suas conceituações são válidas para o nosso caso na medida em que todas enfatizam que, entre uma maneira de conduta e uma forma de aprender o mundo simbolicamente, antes de haver uma relação de causa e feito, ambas se articulam mutuamente.

um 'chacoalhador de cabeça' em Salvador significa, em boa medida, construir uma diferença em relação à 'marca registrada' da capital baiana, seja nas roupas pretas contrastando com a 'imagem colorida e feliz do carnaval baiano' (Janotti, 2004, p. 58), ou na marcação anti-comercial, *underground*, do *heavy metal* em relação ao 'papel mercadológico' (Janotti, 2004, p. 57), *mainstream*, do axé. Mas o autor defende que essa relação de diferenciação com o axé não é de confronto permanente, podendo mesmo se transformar em parceria. O crescimento do axé na cidade de Salvador, além de prover trabalho para os músicos de *heavy metal*, como instrumentistas de apoio nos trios elétricos, também fez com que uma série de estúdios de gravação surgisse na cidade. Mesmo com suas agendas lotadas com gravações de blocos de percussão e bandas estilo *É o tchan*, esses estúdios sempre tinham um horário ou outro, a preços módicos, para gravar os lançamentos independentes das bandas soteropolitanas de *heavy metal*.

Envolta neste contexto de enfrentamento simbólico ao axé, Janotti nos mostra como a 'cena metálica' de Salvador se apropriou do espaço urbano não da maneira que quis, mas do jeito que lhe foi possível. As lojas de discos se instalam no centro velho da cidade, pois,

> com o deslocamento do grande comércio e da classe média para áreas situadas longe dos prédios decadentes e da confusão das regiões centrais, o aluguel das lojas e galerias antigas caiu muito, o que permitiu que pequenos empreendedores, como das lojas de discos, pudessem alugar pontos comerciais nessas áreas (Janotti, 2004, p. 59).

Já os shows aconteciam em associações de moradores de bairros periféricos ou em salões de clubes, pois, segundo Janotti, as casas de show de Salvador 'não tinham interesse em um público que não consumia' (Janotti, 2004, p. 60). Ou melhor, ratifica o autor, um público que, preferindo pagar mais barato em suas bebidas, comprava suas garrafas de *vodka* e conhaque nos supermercados ao invés de consumir nos bares das casas de show. De qualquer forma, mesmo sob tais dificuldades, a 'cena metálica' soteropolitana floresceu, segundo Janotti. Um selo surgiu, apreciadores começaram a editar zines, várias bandas ganharam reconhecimento local e nacional e a 'cena' se consolidou como um circuito de informação, objetos e pessoas *heavy metal* no tecido urbano de Salvador. Todavia, na sombra do axé.

Sob perspectiva semelhante a de Janotti, mas se utilizando de outra terminologia, Pedro Alvim (2006) busca descrever em sua tese o 'mundo artístico do *heavy metal*' no Rio de Janeiro. Assim como o axé na capital baiana constrange a 'cena *heavy metal*' desta cidade, o autor observa que, na capital fluminense, os adeptos deste 'mundo artístico' dizem sentir 'intensa discriminação' (Alvim, 2006, p. 2) por parte dos não-adeptos. Partindo deste apontamento, Pedro Alvim levanta questão interessante: como que um 'mundo artístico' tão pujante na cidade como o do *heavy metal*, celeiro de inúmeras bandas, especialização de inúmeras lojas, estilo celebrado em todas as edições do maior festival de música do país, o *Rock in Rio*, é objeto de forte rejeição? O que faz do *heavy metal* no Rio de Janeiro ser um 'mundo artístico' tão praticado e, ao mesmo tempo, tão estigmatizado?

Se entendemos seu argumento, Alvim defende que a discriminação advém tanto da maneira que a 'temática e a estética' do *heavy metal* são construídas quanto da forma pela qual essa construção é percebida pelos não-adeptos:

> a temática e a estética do heavy metal, em parte sobre símbolos sagrados ícones do domínio cosmológico do "mal" no pensamento religioso de diversas tradições, sobretudo a cristã, converteriam esses símbolos tidos como dados (Wagner, 1981) em convenções artísticas (construídas), primeiro esvaziando-os de seu poder "tabu" de coerção e medo, em seguida questionando e/ou complexificando a bipartição cosmológica estanque de bem versus mal (alterando assim ethos e visão de mundo via símbolos sagrados), o que termina gerando as reações de demonização e acusações atribuindo poderes "maléficos" ao gênero e a seus fãs por parte de não adeptos (2004, p. 2).

Parece-nos que Alvim vê e escuta no *heavy metal* uma construção estética eminentemente crítica da religião, principalmente a cristã. Elaborando sua temática a partir de elementos religiosos do mal, o *heavy metal* estaria des-construindo o caráter 'dado' destes elementos transformando-os em arte, consequentemente, 'construídos'. Tal movimento, além de dissolver qualquer interdito associado a estes elementos, causaria um curto-circuito na dualidade bem-mal fundamental das religiões. Provocando um pouco, pode-se dizer que para Alvim, o *heavy metal* brinca com coisa séria. Esta brincadeira custa caro, contudo. A dissolução da verdade do mal que o *heavy metal* provoca é tomada pelo não-adepto, ironicamente, como uma maledicência, como uma espécie de obra do diabo e, assim, gerando a 'intensa discriminação' que os fãs deste tipo de música dizem sentir.

Porém, a rejeição não impede a prática do *heavy metal* na cidade do Rio de Janeiro. Ao mesmo tempo em que trata da estigmatização, Alvim mapeia em sua tese toda a apropriação dos equipamentos urbanos pelos adeptos e mostra como, assim, se organiza um verdadeiro circuito do *heavy metal* na cidade (Alvim, 2006, p. 29-56, 122-69). Segundo o autor, tal circuito se desenrola, sobretudo, na zona norte da cidade, como na rua Ceará, mesmo endereço da Vila Mimosa, famoso ponto de prostituição do Rio de Janeiro, ou nas cidades metropolitanas, como em Duque de Caxias e Belford Roxo.

Pensando a partir da descrição de Alvim, podemos dizer que o *heavy metal* no Rio de Janeiro se realiza enquanto uma prática urbana, e não apenas como uma música a ser consumida, longe da zona sul, região símbolo da normalidade carioca em algum senso comum, tanto da própria cidade quanto do país todo. Por este ponto de vista, o *heavy metal* enquanto prática pode ser aproximado do crime, do baixo meretrício e da pobreza, e distanciado da praia, dos "cartões postais" da cidade e do samba. Se, como Janotti aponta, o *heavy metal* em Salvador encontra no axé, 'marca registrada' da cidade, sua oposição, esta será dada no Rio pela "carioquice" estereotipada da zona sul.

Ou seja, pelo seu distanciamento das 'marcas registradas' de cidades metonímias do Brasil e pela sua aproximação com práticas percebidas como desviantes da normalidade, o *heavy metal* em nosso país dá margens para ser apreendido, tanto pelo apreciador, quanto pelo detrator, a partir de dualidades dicotômicas tais como colorido-monocromático, bonito-feio, alegre-triste, normal-anômalo, centro-periferia ou até mesmo dominante-dominado.

Denunciando sua herança roqueira, o *heavy metal* em geral, seja no Brasil seja em outros países, sempre incomodou padrões normais de comportamento.

Tomando a liberdade de discorrer a partir de algum senso comum sobre esse estilo musical, pode-se dizer que a presença em um show, mesmo das bandas mais consagradas na indústria fonográfica, sempre tem um gostinho de transgressão para o fã. O jovem adolescente se vê longe dos constrangimentos da família e da escola, "livre" para dar seus primeiros goles de cerveja e baforar seus primeiros cigarros, flertar e, assim, sentir-se mais homem, mais mulher, mais adulto. Já este, tem a chance de "lembrar de seus velhos tempos" da adolescência, tirar a poeira das roupas de couro, se esquecer do paletó e do tailleur e, pelo menos por uma noite, "ir à loucura" ao som dos seus ídolos de outrora. Além disso, se o rock incomodou por sua conotação sexual na década de 50 (lembremos das censuras na televisão aos rebolados de Elvis "the pelvis" Presley) e pelo seu engajamento político de esquerda nas décadas de 60 e 70 (todos os movimentos contestatórios dessas décadas, dos hippies, dos jovens, das mulheres e dos negros, por exemplo, fizeram do rock sua trilha sonora), o *heavy metal* perturbará principalmente o normal religioso, elencando como principais motivos do seu estilo, a magia, a morte e, sobretudo, o diabo. Se o rock nutriu uma *sympathy for the devil*,[8] o *heavy metal* encarna o diabo de tal maneira a ponto de cantar, na gravação que muitos fãs e críticos consideram sua estreia fonográfica, *my name is Lucifer, please take my hand*.[9] Todo esse incômodo que o *heavy metal* provoca, é importante salientar, é estimulado tanto pelos seus apreciadores quanto pelos seus detratores. O *heavy metal* sempre sofreu acusações das mais variadas estirpes. As detrações mais incisivas, como não poderia deixar de ser, ocorreram nos Estados Unidos, como a formação do PMRC[10] em 1985 e a acusação de que a banda *Marilyn Manson* teria influen-

---

8 Famosa canção da inglesa Rolling Stones, contida no disco Beggars Banquet, de 1968.

9 A frase está na canção N.I.B, contida no disco homônimo da inglesa Black Sabbath, lançado em uma sexta-feira, 13 de fevereiro de 1971.

10 *Parents Music Resource Center*. O Centro de apoio musical dos pais é uma comissão do senado federal norte-americano idealizado por Tipper Gore em 1985, esposa do então senador Al Gore. Essa comissão fez audições públicas com boa parte dos músicos de *heavy metal*, punk e pop, com a intenção de "esclarecer dúvidas" acerca das letras de algumas das suas canções. Como resultado, a comissão conseguiu aprovar um sistema de classificação da música vendida neste país e elegeu quinze canções consideradas inapropriadas para os jovens *yankees*, "as quinze fétidas" (*filthy fifteen*),

ciado, pela sua música, os jovens Dylan Klebold e Eric Harris a entrar em sua escola, em 1999, no estado do Colorado, fortemente armados e atirando em qualquer coisa que se mexia, até acabar sua munição com um atirando no outro, como haviam planejado na véspera.[11]

As análises de Janotti e Alvim mostram muito bem como essa característica opositora/transgressora do *heavy metal* se realiza no tecido urbano, tanto territorial quanto relacional, de duas capitais brasileiras. Em nossa leitura, a qualidade destes trabalhos está em apontar o quão complexo é a formação do espaço do *heavy metal* na cidade. Janotti (2004) nos mostra como essa oposição não pode ser pensada enquanto uma separação e Alvim (2006) nos esclarece que essa "discriminação" opera tanto no apreciador quanto no detrator. Além disso, ambas as análises em conjunto também nos fazem pensar que, no Brasil, o *heavy metal* possa conter algo de "anti-brasilidade" ou de uma "outra brasilidade", não contemplada pelos ritmos e identidades detentores da "marca registrada" de cidades metonímias do nosso país.[12] Sendo assim, o *heavy metal* no Brasil não seria só opositor e transgressor, mas também menor, em nossas palavras, *underground*. Contudo, são apenas especulações. Fato é que estes trabalhos, além de fornecerem belos exemplos de inserções urbanas

---

como ficou conhecida a lista lançada em 1985. Das quinze, nove são canções de *heavy metal* mas, infelizmente, perdemos o topo da lista para o *Prince*, com sua *Darling Nikki*, canção que estimulava, segundo a comissão, masturbação. Sobre a atuação da PMRC em relação ao *heavy metal*, ver Weinstein (2000, p. 265-70).

11 Ver Larkin (2007). Também remeto o leitor ao documentário de Micheal Moore sobre os acontecimentos que ficaram conhecidos como o "massacre de Columbine". No seu *Tiros em Columbine*, lançado em 2002, ele faz uma entrevista com o líder da banda *Marilyn Manson*.

12 Na verdade, tomando o *heavy metal* como um todo, ele parece ter uma relação ambígua em relação a certos ritmos e identidades tidos como genuinamente brasileiros. Se, por um lado, a mineira *Sepultura* se utiliza do berimbau e de cantos dos índios Xavante no seu álbum *Roots* (1996), celebrando assim, de certa maneira, um Brasil culturalmente miscigenado, bem ao tom de Gilberto Freire (2002), por outro, as bandas de metal extremo *underground* fazem uma severa crítica ao Brasil "alegre e harmônico", marcando em suas entrevistas a alienação pela qual o "futebol e o carnaval" seriam responsáveis. Ou seja, e essa é a ambiguidade, parece que o *heavy metal* nacional às vezes reclama uma designação de estilo popular, como se fosse uma sonoridade que emana das raízes culturais brasileiras, e em outras se aproxima do pop, de uma música transnacional que em nada espelha a cultura local.

por oposições, nos mostram que, não obstante todo o constrangimento e dificuldade, a 'cena', o 'mundo artístico', a prática urbana do heavy metal floresce, e floresce pujante, no Brasil. Para um fã (e ambos os autores também deixam claro em seus textos que são fãs), nada mais gratificante.

Mas, como já indicado anteriormente, ambos os trabalhos tratam do heavy metal em geral. Tanto Janotti quanto Alvim abordam o heavy metal como um só gênero e uma só prática urbana. O underground do metal extremo nacional, por sua vez, é uma das divisões internas do heavy metal. Seus praticantes soteropolitanos provavelmente frequentam as mesmas lojas especializadas que os fãs da 'cena' de Salvador frequentam, assim como os praticantes cariocas vão se divertir na rua Ceará, esse point do 'mundo do heavy metal' no Rio de Janeiro. Contudo, para além desses cruzamentos, o underground se constitui enquanto uma prática urbana específica se distanciando do heavy metal em geral, daquilo que seus praticantes definem como heavy metal mainstream. Na verdade, a primeira instância da luta pelo underground parece começar aí, dentro das 'cenas' e 'mundos artísticos' desse tipo de música que, por mais que contenha algo de opositor e transgressor, também está solidamente inserido no lucrativo mercado da produção fonográfica.[13] Em um show de death metal, em 2003, Curitiba, ouvimos o seguinte comentário de um presente:

> Se a pessoa curte mesmo a música, se tem o metal no sangue, ela não pode ficar na sua casa ouvindo seus CDs. Ela tem que ir lá no show das bandas daqui. Tem que mostrar a cara. Pô, você vê um monte de carinha andando por ai com camiseta de banda gringa,

---

13 Tão inserido que o heavy metal é uma espécie de menina dos olhos de algumas gravadoras devido à lealdade dos fãs para com suas bandas favoritas. O heavy metal pode vender pouco, mas vende sempre, não só os lançamentos, mas também o catálogo. Bandas como Metallica, Iron Maiden e Black Sabbath, medalhões do estilo, já venderam, ao longo de suas carreiras, dezenas de milhões de cópias das suas gravações. Menina dos olhos que fica mais brilhante ainda com as fortes quedas de vendagens que a pirataria digital vem causando à indústria fonográfica. A lealdade do fã de heavy metal, assim como sua preocupação com a "boa" qualidade do som da cópia, faz com que ele ostente as menores porcentagens de música ilegalmente adquirida pela internet. Alguns dados estatísticos sobre a música digital que especificam os downloads por gênero musical, podem ser achados nos seguintes sítios: no Brasil, www.abpd.org.br e, no mundo, www.ifpi.org (acessados pela última vez em 15/06/2008).

que gasta uma grana preta em CD gringo, mas na hora do show das bandas de Curitiba, que fazem um trabalho por amor a música, que ralam sem grana, sem lugar pra ensaiar, pra tocar, aparece 100, 200 pessoas. O metaleiro tem que virar *headbanger*.

Se articulando a partir de uma divisão entre bandas estrangeiras e bandas nacionais, o comentário reclama o apoio às bandas locais, essas sim, que fariam música "por amor", que não estariam interessadas em ganhar os famigerados "lucro e fama" que o *mainstream* proporcionaria, onde, certamente, o sujeito do comentário alocaria as bandas estrangeiras. O "metaleiro", designação depreciativa no *underground* por corresponder a um "consumidor passivo" de música que apreciaria o *heavy metal* apenas esteticamente, teria que se transformar em um *headbanger*, o "verdadeiro" apreciador que deixaria de ouvir seus CDs de banda "gringa" para comparecer nos eventos e atividades do *heavy metal* da sua cidade e, podemos dizer, num segundo momento, para ser um próprio promotor dessas atividades, um músico, zineiro ou um responsável por selos e distros. Se transformar em alguém que possui "o metal no sangue", que o faz e não apenas o recebe, que o pratica. Ou seja, o comentário parece demandar uma saída do *mainstream* metálico e uma entrada no *underground* do metal extremo. Duas práticas, segundo ele, distintas.

Coadunada a essa separação entre *underground* e *mainstream* dentro dos próprios 'mundos' e 'cenas' do *heavy metal*, não podemos esquecer da separação entre metal melódico e extremo, tão ou mais importante para nossos praticantes. Para eles, como vimos, o metal *mainstream* está baseado na melodia, no tom, nas notas agudas, "notas altas" na gíria musical. O metal deles é grave, sempre "para baixo", ao encontro do ritmo e do pulso.

Ressalta-se ainda que, dentre os nossos praticantes, diferentemente do que Alvim percebeu em seu campo, não notamos qualquer sensação de discriminação ou rejeição por serem apreciadores do metal extremo. "Isso existe", alguns deles dizem, se referindo ao preconceito, mas "não me importo", reiteram, "não me atinge". Percebendo por este prisma, o que notamos foi o contrário do sentimento de uma rejeição, uma ênfase na completa adoção da identidade do *underground* pelos seus praticantes. Não parece haver qualquer negatividade na maneira com que eles vivenciam suas participações. Ela é tida como uma vontade e uma intenção as quais, segundo eles, nenhuma "barreira" social tosará.

Desse modo, se concordarmos com Alvim e Janotti que essa rejeição, de certa maneira, constrange territorialmente a circulação do *heavy metal* no tecido urbano e o assemelha simbolicamente a certas práticas consideradas "sujas", como o crime a prostituição, então os praticantes do *underground*, antes de se ressentir, aceitam essa espécie de oclusão da cidade para suas práticas e transformam sua semelhança com o "sujo" em uma verdadeira celebração estética da "sujeira". Se a cidade não os quer, eles tampouco querem a cidade e, se ela quer os rebaixar, eles parecem aceitar de bom grado ser rebaixados. No caso do *underground* do metal extremo nacional, fica difícil afirmar quem rejeita e discrimina quem, se é o adepto ou o não-adepto. Pois aí, é como se houvesse uma glória em ser rebaixado, é como se houvesse um trono a ser conquistado quando se é considerado vil.

Mas a principal diferenciação entre o *underground* do metal extremo nacional em relação as 'cenas' e 'mundos' do *heavy metal* tal como analisados por Janotti e Alvim, é seu transbordamento dos limites de uma única cidade. Para usar um dos conceitos de Magnani (2002), pode-se dizer que o *underground* é um 'circuito' brasileiro de metal extremo que passa por diversas cidades do país, tanto capitais, como Rio de Janeiro e Salvador, quanto centros regionais, como Joinville, Teófilo Otoni e Jundiaí. Um 'circuito' que, por não se resumir aos contornos de uma cidade, não pode ser qualificado como efêmero. Como bem salienta Magnani, ele tem "existência objetiva e observável: pode ser levantado, descrito e localizado" (2002, p. 24). O *underground* passa por Curitiba, mas não fica apenas nela, assim como passa pelo Rio de Janeiro, mas também não fica só aí. O *underground* passa por São Paulo mas, apesar de se demorar um pouco mais, também não fica aí. Passa também por Belo Horizonte, aliás, podemos dizer que em boa medida seus movimentos começaram na capital mineira, com a "extrema ideologia satânica" do Sarcófago sendo propagada nos idos de 1985. Mas o *underground* na terra-mãe também não fica. Ele passa. Ele vai até Fortaleza, entra no computador do Hioderman em forma de entrevistas e sai diagramado em forma de *Anaites zine*, o qual chegará à caixa postal da *Countess Death*, em Lages, SC, saindo de lá pelo *Unholy Black Metal zine*, como um endereço indicado no meio de tantos outros endereços de zines, selos, distros e bandas. Ele será gravado, pelo *Pro-tools*, na casa do baterista do *Daimoth*, em Recife. Equalizado e mixado, sairá em forma de CD direto para Juiz de Fora, para as mãos de Yuri que, por sua vez, vende um dos exemplares para um curitibano em passagem pela sua cidade com fins de pesquisa. De Minas, o *underground* sai junto com Yuri e sua horda *Blasphemical Procreation* e vem "blasfemar" nos palcos do clube Mackenzie, Méier, Rio de Janeiro. Pelas cidades do Brasil, o *underground* passa e por estas passagens, ele se faz.

Feito de passagens, o *underground* do metal extremo é uma circulação de informações, objetos e pessoas operante em nível nacional. Observá-lo apenas dentro dos limites de uma cidade, além de possibilitar uma confusão entre ele e o 'mundo artístico' ou a 'cena' do *heavy metal*, pode nos fazer perder de vista que tal amplitude de circulação define o *underground* como uma prática social e musical. Observando-o em uma cidade, podemos avistar apenas um momento dessa passagem, quando, de fato, o espaço do *underground* a extravasa, ou melhor, sendo condizente com sua terminologia, quer se por "embaixo" dela. É daí que queremos notá-lo.

5.2 – O UNDERGROUND PELAS CIDADES: O SHOW COMO PRÁTICA RITUAL

> The kula is thus an extremely big and complex institution, both in its geographical extent, and in the manifoldness of its component pursuits. It welds together a considerable number of tribes, and it embraces a vast complex of activities, interconnected, and playing into one another, so as to form one organic whole.
>
> Malinowski, 1983, p. 83.

O Kula, tal como descrito por Malinowski, oferece uma imagem sugestiva para visualizarmos o caráter da circulação do *underground*. Assim como essa "complexa instituição social" trobriandesa, o *underground* é um composto social formado na confluência de diversas atividades que são realizadas por grupos que vivem geograficamente distantes uns dos outros. Se, no Kula, temos tribos circulando por ilhas a fim de trocar conchas, no *underground*, temos grupos locais, se preferirmos 'cenas' e 'mundos artísticos', circulando pelas cidades com o interesse de trocar metal extremo. Vimos nos dois primeiros capítulos como essas circulações e trocas acontecem. Seguimos os passos das gravações, observando como são feitas, distribuídas e vendidas, assim como seguimos a produção dos zines, focando a importância que as informações veiculadas por eles têm na organização de uma circulação circunscrita e relativamente autônoma.

Contudo, para o praticante, este circuito por si só não corresponde *ipsis litteris* ao *underground* ou, para continuar pensando junto com Malinowski, sua representação como um 'todo orgânico' que forma esta prática urbana é mais uma síntese sociológica nossa do que uma nítida percepção deles.[14] Com isso, não queremos dizer que os praticantes não sabem o que estão fazendo quando mandam seus zines e gravações para outros estados. Sabem muito bem que estão, assim, cremos que deixamos isso claro, "lutando pela chama do *underground*". Porém, para eles, o circuito só terá significado se ele confluir para o e emanar do show. Para o praticante, o *underground* como um 'todo orgânico' só é vivenciado neste evento. Pensando junto com eles, é no show que a "chama do *underground*" é acessa e é no show que ela brilhará com a maior intensidade.

* * *

É significativo que, no trecho do praticante citado algumas páginas acima, "o metaleiro vira *headbanger*" quando pára de ouvir as bandas "gringas" em casa e comparece aos shows das bandas locais. O momento de transformação do

---

14 Vale ressaltar que, na sequência do trecho citado, é justamente uma diferenciação entre análise sociológica e pensamento nativo que Malinowski esboça: 'Yet it must be remembered that what appears to us an extensive, complicated, and yet well ordered institution is the outcome of ever so many doings and pursuits, carried on by savages, who [...] have no knowledge of the total outline of any of their social structure. [...] The integration of all the details observed, the achievement of a sociological synthesis of all the various, relevant symptoms, is the task of the ethnographer' (1983, p. 83-4). Em que pese a total impossibilidade de auto-percepção que o autor confere ao conhecimento nativo, que soa tão datada aos nossos ouvidos, fazemos a mesma diferenciação para o caso do *underground* do metal extremo nacional.

"consumidor passivo" em alguém que nutriria "amor" pelo metal extremo, o momento no qual esta música seria "injetada nas veias" da pessoa, é o show. Já *Doom-Rá*, da *Uraeus*, em entrevista ao *Dark Gates* zine, vê no show um momento de descoberta:

> quando eu aprecio material (fita-demo, CD, LP) de hordas que não conheço, tento compreender se há alguma verdadeira ideologia no artefato, através dos hinos e das fotos [...], mas é no show que a horda tem a chance de interpretar a ideia defendida em vossos hinos e entrevistas, é no show onde se descobre que algumas hordas de black metal só tocam black metal e outras vivem o black metal.

Os praticantes se remetem ao show como o momento extraordinário de suas inserções no *underground*. Seria nele que a pessoa "mostraria a cara", o evento por onde ela se iniciaria nas relações *underground* e, à medida que seu comparecimento se repetisse em outros shows, paulatinamente se transformasse em um "verdadeiro praticante". O show seria também o principal momento para as bandas demonstrarem sua "ideologia" e para o público endossá-la como "verdadeira", ou seja, o momento no qual a ideia do *underground* seria apresentada, reforçada e celebrada. Enfim, os praticantes se remetem ao show como o momento crítico de suas filiações a esta prática urbana.

Temos assim, nas maneiras como os praticantes se referem ao show, alguns pontos que a literatura antropológica[15] enfatiza na prática ritual, sobretudo, sua dimensão propriamente reveladora do mundo social. Colocando em ato os principais elementos constituintes dessa prática urbana, em local e momento específicos, o show parece se constituir para o praticante como o lócus privilegiado de experiência do *underground* enquanto um todo, talvez não tanto orgânico, mas certamente concreto, como algo que existiria também fora de seus corpos e mentes. Para usar a seminal argumentação de Durkheim acerca do rito como "sociedade em ato" (1996, p. 209-50), para o praticante, no show, o *underground* como uma ideia de um coletivo social e musical se sincronizaria com a ação so-

---

15 DaMatta (1990); Douglas (2002); Gluckman (1963); Leach (1972); Radcliffe-Brown (1973); Tambiah (1985); Turner (1969).

cial e musical deste evento. Daí a revelação que propiciaria o show ao praticante. Ele comunicaria o *underground*, digamos, em versão cheia.

Dada sua excepcionalidade apontada pelos próprios praticantes, o evento do show pode ser também um extraordinário momento heurístico para a análise da prática urbana em questão. Pois, se o *underground* surge nele como um todo, o 'circuito' deve estar surgindo nele também. Além disso, se o show comunica o *underground*, ele deve necessariamente falar sobre sua inexorável "luta". Desse modo, se os próprios praticantes se referem ao show como um ritual, seguiremos essa indicação e faremos a nossa análise ritual desse evento que de modo algum se resume às apresentações das bandas.

Cartaz digitalizado do show II *Hellmaster Ritual*, realizado em Sorocaba, 2008.

5.2.1 – *Preparando o ritual: organização e vivência do 'circuito'*

CADERNO DE CAMPO, MAIO/2004, CURITIBA:

Show no Lino's. Bandas locais convidando algumas bandas catarinenses. Afora o som das bandas, que conheço pouco, já dá para imaginar o "tom" da noite. Muito grind e death metal no volume máximo, num recinto mínimo. Qualidade acústica deprimente, equipamento de amplificação precário, zumbido nos ouvidos pelo fim de semana inteiro. O ar sempre úmido dessa cidade chega a ficar pegajoso em dia de show no Lino's, com aquela fumaça do cigarro, aquele cheiro de couro velho das jaquetas e o cheiro de neutrox que tomam conta do ambiente quando a moçada começa a "agitar" as cabeças... é, vejo que não estou em bom dia. Gosto muito disso tudo, mas tem horas que cansa. Eu fico achando que já sei de tudo, a noite já aconteceu na minha imaginação... hoje é uma dessas "horas". Força.

Bom, o que dizer do Lino's? O boteco mais frequentado da cidade pelos punks, pelos headbangers, pelos psychos e, de vez em quando, uns motoqueiros ainda estacionam por lá (mas nada de Harley, é CB 750 mesmo). Toda essa movimentação *underground* rola no Lino's desde o começo dos anos 80, quando o pessoal do punk "descobriu" sua pinga barata e sua mesa de sinuca com feltro rasgado. Dois ambientes, mais um outro que alguns teimam em chamar de "banheiro", respondem pelo espaço do bar do seu Lino. No primeiro, por onde se entra, o balcão do bar, na frente das prateleiras de bebidas, fica à esquerda, e a mesa de sinuca à direita. Um corredor, com a largura equivalente do corpo de um adulto, separa os dois. Logo após esta sala central, chegamos na "salinha", um micro-ambiente onde ficam as mesas, quatro ou cinco no máximo, em dias "normais" e onde acontecem os shows, como o de hoje. Não há janelas e a luz artificial está sempre naquele tom de "prestes a queimar". Também não há palco. Os músicos se encolhem em um dos cantos da sala, colocam os amplificadores em cima de engradados de cerveja e tocam. Sendo generoso, este ambiente é confortável para vinte pessoas. Já rolaram shows com mais de cem, não contabilizados banda e a proporcionalmente gigantesca bateria.

O show no Bar Lino's de Curitiba, realizado no começo de 2004,[16] é um exemplo da maneira circunscrita e pessoal pela qual o show *underground* se constitui, desde sua organização. Esse show pode ser considerado como

---

16 O trecho inteiro do caderno de campo no qual descrevo esse show encontra-se no Anexo II.

uma festa de amigos realizada em um bar. Um músico se responsabilizou por organizar um show para sua banda tocar, para mostrar pro "pessoal" suas novas composições que estarão presentes numa futura gravação.[17] Inicialmente, ele contatou seus colegas de cidades próximas à sua na intenção de saber se podem vir tocar em tal data. Ter bandas de outras cidades tocando, apesar de não ser uma necessidade, dá ao show um atrativo a mais para o praticante comparecer, não só pelas apresentações em si, mas também pela certeza do encontro com o "pessoal" de fora, para conversar, para trocar gravações e zines, para saber o que está acontecendo "lá" e reportar o que está acontecendo "aqui". Além de toda essa troca de informações, possíveis parceiras visando futuros shows podem ser fechadas na noite. Para o responsável pelo show, por sua vez, convidar bandas de fora pode ser uma maneira de retribuir um convite feito anteriormente ou pode ser uma forma de ganhar créditos com essas bandas, quase uma espécie de auto-convite para a sua ir tocar na cidade delas num futuro próximo.

Em shows pequenos como esse, como os custos com transporte, possível estadia, alimentação e, o mais importante, bebidas e substâncias ilícitas, serão pagos pelos próprios integrantes; as bandas "estrangeiras" convidadas são, geralmente, de cidades próximas. Sendo assim, como os shows pequenos são os mais comuns, o 'circuito' brasileiro do *underground* do metal extremo acaba tendo eixos de circulação mais movimentados. Curitiba com o norte e Porto Alegre com o sul de Santa Catarina, Belo Horizonte com o interior mineiro, Rio de Janeiro em uma triangulação com Vitória, no Espírito Santo, e Juiz de Fora, no sudeste mineiro, São Paulo capital com as diversas cidades do interior paulista, como Campinas, Jundiaí, Piracicaba e mesmo com cidades mais distantes, como Bauru e São José do Rio Preto, Fortaleza com Teresina, Natal e São Luis do Maranhão, Salvador com o

---

17 Se essa era a motivação da banda *Necrotério* para organizar o show, todavia, inúmeras podem ser as razões de um show como esse. O aniversário de um dos integrantes, o nascimento de um filho de alguém do "pessoal" ou mesmo a Páscoa (data preferida dos shows de *black metal*, a sexta-feira, quando Cristo morre, e não o domingo, quando ele ressuscita) podem motivar a organização de um show.

interior baiano, assim como Recife com Campina Grande e o resto do interior pernambucano: todas essas "pernas" são muito mais movimentadas do que, por exemplo, Porto Alegre e Fortaleza ou Brasília e Florianópolis. Movimentação em mão dupla, tanto das cidades pequenas em direção as maiores, quanto das segundas para as primeiras. Contudo, vale ressaltar, isso não descaracteriza a amplitude nacional do *underground*, uma vez que a maior movimentação desses eixos se aplica somente ao deslocamento de pessoas. Os objetos e informações movimentam-se velozmente pelo Brasil todo por correio e, quando alguma gravação ou zine não chega a uma dada cidade por carta, são trazidas pelas pessoas que já o receberam, justamente, pelas movimentações mais curtas que os shows engendram.

Bandas arranjadas, o organizador precisa agora decidir onde o show acontecerá. Casas de shows preparadas para receber grande quantidade de público, mais de mil pessoas, geralmente localizadas em regiões da cidade reconhecidas como pontos de divertimento noturno, são, de saída, descartadas, tanto pela visibilidade que elas dão aos eventos aí alocados, quanto pelo preço do aluguel que cobram. A preferência do *underground* recairá sobre bares e espaços os mais diversos, como clubes e associações de moradores, geralmente localizados nos centros velhos da cidade ou em bairros distantes do centro, na "periferia". A partir do show de Curitiba, podemos entender como se dá a negociação do organizador com o proprietário do local quando o evento é realizado em um bar. O Lino's, já inativo, desde a década de 80 abrigou shows de punk, *psychobilly* (estilo formado na confluência entre o punk e o *rockabilly*) e metal extremo. A convivência com o proprietário do local durante esses vinte anos sempre foi amistosa. Seu Lino pedia 20% da entrada para o bar, um real no caso do show organizado pelo *Necrotério*, mais a garantia de que o público consumiria sua bebida. Para seu Lino, uma boa maneira de manter seu bar movimentado, um boteco de esquina vazio em dias sem shows. Para os praticantes, são valores acessíveis para utilizar um espaço que, por mais que não ofereça a mínima qualidade acústica, é ideal para um evento *underground*. Afastado dos locais de "agito" noturno da capital paranaense, cravado no centro histórico da cidade, bem perto de pontos de prostituição, o Lino's sempre estava meio sujo, com o feltro da mesa de sinuca rasgado e frequentado por mendigos, prostitutas e travestis atrás de uma pinga barata. O Lino's era tosco, a meia-luz, bem ao gosto *underground*.

Ter sido uma referência espacial por mais de vinte anos para diversos *undergrounds* faz do Lino's uma exceção. A regra, em qualquer cidade, é um constante atrito entre praticantes e proprietários dos bares. Este pode pedir uma porcentagem do valor de entrada maior do que o valor que aqueles acham justo e assim, a parceria não se efetiva. Também pode acontecer que, julgando que o consumo de bebidas não foi lucrativo durante o show, o proprietário fecha suas portas para o *underground* realizar em seu bar outros eventos. Sempre há também a possibilidade de que o proprietário não se anime com a ideia de ter seu local utilizado por "satanistas e pervertidos". Certa vez, durante um show em Vila Velha, Espírito Santo, 2006, quando o vocalista da banda *Catacumba* iniciou o show gritando "satanás está aqui conosco", o proprietário do bar subiu no palco e obrigou que a banda parasse de tocar imediatamente, causando certo tumulto entre o público. Ou, em outra ocasião, em Campinas, no ano de 2002, o impacto causado no dono do John's bar pelo *strip-tease* de uma "vampira", que finalizou a apresentação da banda soteropolitana *Mystifier*, foi de tal ordem que ele proibiu a realização das outras duas apresentações que ainda estavam para acontecer naquela noite. A essas ações dos proprietários, os praticantes reagem adulterando o número de pagantes, levando bebidas das suas casas e até mesmo promovendo "quebra-quebras" dentro do bar, como de fato ocorreu em Vila Velha. Esses constantes atritos fazem com que o *underground* não só circule pelo país, como também pelo próprio espaço das cidades, procurando um proprietário que aceite abrigar os shows em seu bar, algum seu Lino que não veja problemas em cruzes invertidas e "vampiras" nuas e que tenha em seu estoque uma pinga oferecida a preços módicos.

Não é exagero afirmar que boa parte dos shows *underground* é organizada em moldes semelhantes à maneira que foi o show no Lino's. Como efeito de uma organização gerenciada fundamentalmente na base da "conversa" e do "contato", esses shows se caracterizam pela falta de garantia que se realizem tal como foram planejados. No dia do show, as bandas podem aparecer ou não e os locais podem estar disponíveis ou não. De modo que, como o *underground* é um sistema de trocas, os praticantes confiam na efetividade das suas "conversas" e "contatos" por entenderem que faltar aos compromissos acordados significa desrespeitar a própria maneira de dar, receber e retribuir desta prática urbana. Não comparecer ao show, como banda ou mesmo como público, demonstra falta de comprometimento, "falsidade" até, colocando em risco, assim, suas inserções no *underground*. Pode-se dizer, então, que o constrangimento que esse sistema de prestações e contraprestações provoca nos praticantes é forte: afinal, as bandas, na maioria das vezes, aparecem e o "pessoal" está por lá. Só não é tão forte assim, compreensivelmente, com os proprietários dos bares, alheios aos mecanismos articuladores do *underground*.

CADERNO DE CAMPO, NOVEMBRO, 2007, RIO DE JANEIRO:

Setembro, 2007. Festival *underground* no Rio, intitulado Aliança Negra. Dez bandas, quase todas de *black metal*, tocando por mais de doze horas neste domingo ensolarado, no clube Mackenzie, Méier. Sete bandas cariocas, duas mineiras e uma alemã, esta última, Grafenstein, fechando sua turnê de seis ou sete shows pelo Brasil. Apesar de ser "gringa", pelo que pude levantar sobre a banda, na internet, ela faz parte da rede *underground* europeia. Suponho que seja por isso que ela está presente neste festival. Uma banda internacional com certo reconhecimento pelos fãs de heavy metal em geral dificilmente seria convidada para um festival como esse de hoje. Vamos lá ver "qualé". Vou acompanhado pela Cláudia, musicóloga que também estuda o metal extremo em seu doutorado em musicologia, e pelo Grind Stressor que, figura carismática e frequentador da cena carioca por pelo menos uns vinte anos, baterista e vocalista de algumas bandas, segundo ele, "conhece geral".

O local do show é um clube de recreação. Tem piscinas, quadras, lanchonete e toda a estrutura para um dia de lazer e esporte com os amigos e a família. Como é domingo, o evento começava às duas horas da tarde e, como o show se realizaria em dois palcos distantes um do outro, fazendo com que o pessoal percorresse quase toda a extensão do clube entre uma apresentação e outra, as dependências do local foram divididas por dois grupos muito distintos. Banhistas e esportistas de fim de semana viram seu clube ser tomado por quase mil apreciadores de *black metal* devidamente vestidos para um evento importante como é o de hoje. Além da compreensível estranheza que alguns olhares dos sócios do clube denunciavam, não houve qualquer atrito entre nós e eles. Talvez eles já estejam acostumados com a "invasão". O clube Mackenzie, já há alguns anos, recebe shows do *underground* do metal extremo carioca. Seu salão social, o recinto onde foi montado o palco principal do evento, apesar de ficar devendo em sua acústica, tem plena capacidade para abrigar um palco de médias proporções e um público de mil pessoas confortavelmente.

A organização de shows maiores do *underground* também se dá por este sistema, mesmo que sobreponha às "conversas" e "contatos", o dinheiro e o contrato, como aconteceu na organização do show *Aliança Negra*, realizado em setembro de 2007, no clube Mackenzie, Méier, Rio de Janeiro.[18] O tamanho deste show é raríssimo. Dez bandas se revezando em dois palcos montados em recintos distintos do clube, o principal no salão central e o secundário em uma quadra coberta. Um público de, no mínimo, mil pessoas para assistir dez horas de apresentações de metal extremo praticamente ininterruptas, pois quando uma acabava no palco principal, em cinco minutos outra estava começando no secundário. Como o show ocorreu em um clube recreativo, boa parte da estrutura necessária para as apresentações, palco, amplificação, luzes e bateria, precisou ser alugada, assim como foi necessário contratar mão-de-obra especializada para montar e operar todos esses equipamentos. Além do porte estrutural diferenciado, o *Aliança Negra* tinha como principal atração uma banda alemã de *war black metal* (aquele estilo que encaixa o nacional-socialismo em motivos pagãos), *Grafenstein*, em turnê pelo Brasil durante os meses de setembro e outubro de 2007.

---

18   O trecho inteiro do caderno de campo no qual descrevo esse show também se encontra no Anexo II.

Cartaz digitalizado do show *Aliança Negra*.

A realização de um evento deste porte no *underground*, com todo o planejamento e capital financeiro que ele demanda, só é possível quando o seu organizador é um profissional, um promotor de eventos. Não se trata de organizar uma festa para os amigos, onde o não-comparecimento pode "pegar mal" ou se um amplificador estoura durante as apresentações, o show simplesmente acaba. No *Aliança Negra*, qualquer falha dos equipamentos ou a falta de alguma das bandas previamente convidadas colocaria em risco a "boa" imagem dos seus organizadores, todos com alguns anos de atuação na cena carioca, e obviamente, influenciaria negativamente naquilo que é um dos principais objetivos deles, lucrar com os eventos que realizam.[19] Portanto, para garantir que tudo dê "certo", as bandas convidadas, além de terem seus custos arcados pela organização, recebem cachês e assinam contratos nos quais multas rescisórias estão estipuladas. A insegurança quanto à realização do show organizado pelas "conversas e contatos", tão presente nos shows *underground*, é assim, com os contratos e os pagamentos, amainada.

Eis aí um dos únicos agentes que consegue lucrar no *underground* e, ao mesmo tempo, ser "bem" visto pelos praticantes, o promotor de eventos. Se os shows que organiza têm "boas" qualidades acústicas, se ele promove a apresentação de bandas que nunca tinham tocado na sua cidade e cobra pelo ingresso um preço relativamente barato,[20] o praticante só terá respeito por ele. O lucro de modo algum coloca em xeque sua reputação. Afinal, dado todo o trabalho que teve em organizar o evento, o praticante entende que nada mais é justo do que ele ganhar para tanto. Além disso, o promotor de eventos profissional não é um agente externo ao *underground*. Antes, ele é um praticante que percebeu a possibilidade de, para colocar de modo simples, unir o útil ao agradável. Espécie de empreendedor do *underground*, ele soube encontrar uma forma de organizar "bem" o principal evento desta prática urbana, o qual ele certamente terá grande prazer em participar, mas que também se transformará em um meio de subsistência. Por isso que o capital financeiro que ele movimenta e os contratos que assina, antes de substituírem os "contatos e as conversas", os complementa.

---

19 Lucro que vem essencialmente dos ingressos. Não há patrocínio de qualquer empresa em shows *underground*.

20 Doze reais (2007) foi o preço do ingresso para o Aliança Negra.

A lista de bandas convidadas para tocar no *Aliança Negra* foi totalmente montada a partir dos "contatos e conversas" que movimentam o circuito *underground* no eixo Juiz de Fora - Rio de Janeiro. Vejamos: o promotor de eventos que trouxe a banda alemã para o Brasil é de Minas, Belo Horizonte. O contato que Yuri D'Ávila tinha com este promotor fez com que ele, agora não só um responsável por selo, mas também promotor, trouxesse o *Grafenstein* para tocar em sua cidade, Juiz de Fora, no show onde suas bandas também tocariam, *Sepulcro* e *Blasphemical Procreation*. Não custa nada, pensou Yuri, avisar seus contatos no Rio, o pessoal do *Rio Metal Works*, sobre a possibilidade de levar a banda alemã para tocar na capital fluminense um ou dois dias depois do show de Juiz de Fora. Além de reforçar suas ligações com o Rio de Janeiro como promotor e responsável por selo, Yuri também viu nesse aviso uma ótima chance para pegar carona com a banda alemã e arranjar mais uma apresentação para suas bandas na cidade que mantém relações tão estreitas com a sua. Para o pessoal do Rio, ótima chance para realizar um "evento como o *underground* carioca nunca tinha visto antes". Mais alguns convites a banda cariocas e o *cast* do *Aliança Negra* estava pronto. Fechado o contrato com o clube Mackenzie pelo aluguel do seu espaço e equipamentos reservados com as agências de eventos, agora é partir para a divulgação.

O show *underground* é divulgado por aquele velhíssimo meio de comunicação que podemos chamar de boca-a-boca. O organizador fala sobre os shows para os seus colegas os quais, por sua vez, falam para seus conhecidos e, assim, as informações acerca do lugar, horário e bandas que tocam na noite são conhecidas por quem quer saber dessas informações. Esse foi o único meio de divulgação do show no Lino's e esse é sem dúvida o meio mais veloz, mais eficiente e consequentemente, o mais utilizado para divulgar um show *underground*. Muitas vezes, o boca-a-boca é complementado pela confecção e distribuição de *flyers* (ou, como os cariocas dizem, filipetas) e cartazes, como aconteceu no *Aliança Negra*. Eles são deixados para distribuição nos e colados nas paredes dos locais mais frequentados pelos praticantes, basicamente bares e lojas especializadas em *heavy metal*. Os cartazes podem também ser pregados em muros e postes localizados em ruas centrais das cidades. Contudo, na prática, esses meios impressos de divulgação servem mais para lembrar o praticante do show sobre o qual ele já tinha sabido através de algum conhecido seu.[21] Além destes, um show *underground* pode ainda ser divulgado pelas rádios rock do país, não como uma inserção no horário comercial, mas como um lembrete dado pelo locutor anfitrião do programa *heavy metal*, geralmente veiculado nas madrugadas. Se os lembretes feitos pelo rádio são raros e em termos de divulgação, muito pouco eficientes, na televisão, por onde, atualmente, não é veiculado nenhum programa de *heavy metal* no país, são inexistentes. Ou seja, os mesmos "contatos e conversas" que estão na base da organização dos shows, são também os meios pelos quais os shows são divulgados. Se o *underground* não extravasa sua rede de relações em nenhum momento da sua circulação, não seria diferente no momento da divulgação do seu principal evento.

CADERNO DE CAMPO, NOVEMBRO, 2007, RIO DE JANEIRO:

> No show, essa pessoalidade é gritante (será que eu não percebia isso tão nitidamente em Curitiba por, justamente, conhecer todo mundo?). Parece que todos se conhecem, ficam trocando de roda de conversa a toda hora, falam sobre tudo, mas principalmente sobre metal extremo. As próprias piadas são relacionadas ao *underground*. Aparece uma menina vestida em trajes vampirescos, com um espartilho de látex justíssimo, saia negra de couro que desce rente ao seu corpo, botas vermelhas de salto alto e, o melhor, uma mecha grisalha no começo do seu cabelo longo, liso e negro, e uns cinco ou seis que conversavam em roda brincam: "caraca, saca a Mortícia, tá real hoje", "aí, sinistro, a Mortícia vai blasfemar muito hoje". Levando à boca um cigarro, manchando-o com seu batom negro, ela responde, com um leve sorriso no rosto: "meu homem, ele, Belzebu, me espera", e todos, "Mortícia" inclusa, desfazendo toda sua pose de *Marilyn Monroe* do mal, riem muito. E o *Grind Stressor*, de fato, "conhece geral". O cara passou dos quarenta e, durante o evento, parece uma criança hiper-ativa de cinco. Não pára de ir pra lá e pra cá, dessa roda para aquela roda, sempre falando e gesticulando muito, contando suas histórias para quem ainda não as ouviu e relembrando de outras com colegas "das antigas".

---

21 Os cartazes terão uma importância divulgadora maior com o advento da internet. Mesmo que muitos praticantes, principalmente os apreciadores de *black metal*, sejam avessos a "teia mundial", por ela ser "aberta demais", as artes digitalizadas dos meios impressos são amplamente divulgadas nos sítios eletrônicos do *underground* do metal extremo. Todavia, temos os "contatos e conversas" modelando a comunicação *underground* na internet também, pois os endereços desses sítios, mesmo que, a princípio, possam ser acessados por qualquer um, só são divulgados entre os praticantes.

Assim como não seria diferente ao longo do evento. Antes, durante e depois das apresentações das bandas, os "contatos" são vivenciados face-a-face e estimulados nas conversas, sem aspas, das rodas. Os organizadores finalmente se encontram, se atualizam mutuamente com as informações sobre os shows que vão acontecer nas suas cidades e com outras, um tanto supérfluas para se transmitir em uma ligação de telefone ou por carta, como a saída de tal pessoa dessa banda e a entrada daquela em outra. Os responsáveis por selos e distros fecham seus acordos com integrantes de bandas com os quais vinham se comunicando anteriormente. Os zineiros, além de trocarem seus "artefatos" entre si, fecham acordos para futuramente fazer, ou fazem no local mesmo, novas entrevistas com integrantes de bandas para os próximos números. Sem esquecer das conversas sem fins práticos, coloquemos assim, por onde os "veteranos reais" constroem suas imagens de "veteranos reais" e acusam outros "veteranos reais" de "falsos", por onde se fazem piadas sobre os amigos e por onde se constroem as aproximações e diferenças dos estilos de metal extremo, elaborando analogias entre e traçando as histórias do *death*, *doom*, *trash*, *gore* e *black metal*. Qualquer show *underground* propicia esses momentos de feira nos quais produtos são comercializados e trocados, acordos são firmados e informações, fundamentais e banais, são transmitidas.

Dessa maneira, pode-se dizer que o show, desde sua organização até sua vivência, é o momento no qual a rede de comunicação pessoal e circunscrita, matéria-prima do 'circuito', é tecida. Engendrando, estimulando e imbricando as diversas práticas e interesses constituintes dessa prática urbana, o show é a principal referência relacional e territorial do *underground*. Pois, se nele os praticantes se encontram, trocam e demonstram seus comprometimentos, é nele também que encontram o *underground* no espaço público da cidade. Localização territorial importantíssima, na medida em que os praticantes não estabelecem locais de encontros em praças de bairros, como os skatistas fazem, ou em pontos específicos dos centros das cidades, como os punks geralmente fazem, ou faziam. Também não costumam fazer visitas noturnas aos cemitérios, como os góticos fariam. É verdade que os praticantes do *underground* do metal extremo brasileiro vão a alguns locais frequentados pelos apreciadores de *heavy metal* em geral. Eles passam pelas lojas especializadas, como na galeria do rock em São Paulo e também vão beber e se divertir nos bares onde o fã de *heavy metal* costuma ir, como no *Garage*, na rua Ceará, Rio de Janeiro. Contudo, apesar de não se sentirem estranhos e de serem vistos como familiares pelos *habitués*, estes não são os seus 'pedaços', para se utilizar de outro conceito de Magnani, aquele "tipo particular de sociabilidade (face-a-face) e apropriação do espaço urbano" (2002, p. 21). Suas idas a estes locais, frequentes ou não, antes de corresponder a uma vontade de dar vazão social aos seus gostos pelo *heavy metal*, resulta de necessidades, como o trabalho e reuniões com o responsável pelo selo que irá lançar suas gravações, ou de escolhas pelo "menos pior" divertimento possível fora de casa (já que vamos sair de casa para nos divertir, que seja no bar *heavy metal* ao invés de ser na *rave*, no *forró* ou no *samba*). O show, este sim, é o 'pedaço' do *underground*. O show transforma o bar, o clube ou a associação de moradores no espaço onde as práticas do *underground* se realizarão por uma noite. Nos dias de show, o praticante não ficará em casa fazendo o *underground*, ouvindo gravações, escrevendo cartas e e-mails ou diagramando zines. Ele vai ao show para viver o *underground*, para ver e ouvir as bandas ao vivo, para coletar gravações, vender e trocar zines e conhecer os amigos de carta ou MSN. Enfim, se o *underground* é uma espécie de comunidade imaginada (Anderson, 2008), no show essa comunidade se encontra efetivamente para construir as formas e celebrar todos os conteúdos da sua imaginação.

* * *

A partir dessa espécie de nó que o show dá no 'circuito' nacional, conseguimos localizar o *underground* na cidade. Seja em suas apropriações do espaço, seja nas interações que engendra, o show nos permite tomar o *underground* do metal extremo no Brasil como um roteiro traçado no mapa da cidade, um drama tramado em meio ao contexto da trama urbana. Contudo, um modo de estar na cidade circunscrito e pessoal. As relações *underground* parecem ser sempre, "restritas", como os praticantes falam.

Certamente, a precariedade financeira influencia a maneira como as relações *underground* se constituem. Em uma prática urbana amadora na qual grande parte dos custos das suas atividades é financiada pelos próprios praticantes: a falta de dinheiro constantemente imporá restrições em todos os níveis, nas possibilidades tecnológicas de gravação dos CDs e confecção dos zines, na distribuição desses produtos, na escolha dos locais onde os shows se realizam assim como na sua divulgação.

Outra falta, a de demanda externa, também pode ser arrolada como um fator de manutenção da pessoalidade e circunscrição da rede de relações *underground*. Afinal, é lícito perguntar: quem, além dos praticantes, quer ouvir esse tipo de música, ler esses zines e ir aos shows? Para quê imprimir cartazes maiores, comprar inserções em canais de rádio e tevê ou mesmo promover panfletagem em pontos de agito noturno da cidade, pensam os organizadores que dispõem de maior quantidade de capital financeiro para divulgar seus shows, se as pessoas que serão atingidas por essa publicidade não estão interessadas em metal extremo? Essa insignificância, digamos assim, do metal extremo para o consumidor de música em geral pesa para que suas produção e consumo se restrinjam, basicamente, ao *underground*.[22]

Porém, salta aos olhos a maneira como os praticantes zelam pelas relações circunscritas e pessoais que definem o *underground* como uma prática urbana. Salta aos olhos suas insistências, práticas e discursivas, na busca por uma efetiva "restrição" de seus fazeres em relação a quem lhes é estranho. Não obstante essas faltas que constrangem o *underground* a ser do jeito que é, não há como não notar a vontade de seus praticantes em mantê-lo do jeito que ele é.[23] Pois, a filiação a esta prática urbana parece fazer sentido ao praticante somente se for mantida no nível circunscrito e pessoal. Para o praticante, é

---

22 Dando maior peso a esta falta de demanda, assinalemos que as duas bandas do *underground* do metal extremo nacional que foram alvo de demandas externas, Sepultura e Krisiun, aceitaram satisfatoriamente o maior apelo a sua música e assinaram contratos com gravadoras profissionais.

23 Dando maior peso a essa vontade, assinalemos que Sepultura e Krisiun, a partir do momento em que começaram a ficar conhecidas para fora do *underground*, foram classificadas aí como "falsas", como bandas do *mainstream*.

como se o *underground* fosse um segredo que só é transmitido aos sussurros para quem ele tem certeza que será capaz de mantê-lo secreto.

Uma comparação entre o show e os desfiles das escolas de samba do Rio de Janeiro pode nos ajudar a compreender um pouco mais do que se trata tal "restrição". No desfile, a escola de samba se abre para a cidade quando sai na avenida e apresenta o trabalho de bastidores. Um ano todo de criação de enredo, escolha de samba-enredo, confecção de alegorias, fantasias, adereços e ensaios para brilhar na avenida nesse único dia de desfile. Parte do significado deste espetáculo, tanto para quem o faz quanto para quem o assiste, está nessa revelação do trabalho anual na passagem pela avenida, nessa abertura que a cidade dá para as escolas e as escolas dão para a cidade. Os olhos e as luzes da cidade voltam-se às escolas e elas buscam corresponder a esta centralidade brilhando e empolgando (Cavalcanti, 2002, 2006). Já o show, mesmo que seja aberto para qualquer um, só o localiza quem já está inserido na rede de relações *underground*. Todo o trabalho de bastidores, de organização do evento, só se abre para quem está nos bastidores. As luzes e os amplificadores estão voltados para dentro, para os olhos e ouvidos de quem tem alguma responsabilidade na sua produção. Soma-se a isso a distância do local do show de pontos de agito noturno da cidade e temos assim a "restrição" da qual o praticante fala, ou mesmo uma "oclusão" do *underground* em relação à cidade.

Diferentemente daquilo que alguns dos seus praticantes reclamam e para surpresa de alguns que não tinham conhecimento de sua existência, o *underground* não só faz parte da cidade como também, traçando seu mapa e encenando seu drama, contribui com sua parcela para a construção das realidades urbanas deste país. Contudo, ficando apenas com essa constatação, corremos o risco de relegar a vivência que as pessoas que participam dessa prática urbana têm dela. Para elas, o roteiro do *underground* é traçado contra o mapa da cidade, seu drama protagoniza o papel de inimigo na trama urbana. Eis aí a especificidade do *underground* enquanto uma prática urbana: ele é um modo de estar na cidade que valoriza simbolicamente a negação da cidade.

Ora, agora em uma classificação espacial, estamos novamente diante daquele movimento de distinção do mundo em duas partes antagônicas. Fazendo e participando do show, adentra-se no âmbito familiar do *underground*, onde 'não é preciso nenhuma interpelação: todos sabem quem são, de onde vêm, do que gostam e o que se pode ou não fazer' (Magnani, 2002, p. 21). Mas esse âmbito familiar só se constitui a partir da classificação da cidade como o estranho espaço "aberto e impessoal" do *mainstream*, regido pela busca de "fama e lucro".

Percebe-se, então, como é importante para o praticante que as relações *underground* se mantenham circunscritas e pessoais. Independentemente se são resultados de faltas ou produtos da vontade, comunicar-se nesse registro, digamos, discreto, dá condições para que a classificação *underground* versus *mainstream* se articule também a partir de uma dimensão espacial. As relações fornecem um ponto de apoio familiar ao praticante, como se configurassem uma "aldeia", permitindo que ele tome a cidade como um terreno estranho, como uma espécie de "floresta". A partir dessa dualidade entre interno/familiar e externo/estranho, os praticantes elaboram as mais variadas experiências da cidade, como "restrição", "oclusão" ou mesmo, no limite, "separação". De qualquer forma, o que combusta essas elaborações internas é o desconhecimento do público, no sentido forte da palavra, das atividades pessoais e circunscritas do *underground*, notadamente o show.

* * *

Tudo acontece nessa prática urbana a partir da "luta" do *underground* com o *mainstream*. Nos modos de produção musical, nas temáticas dos estilos de metal extremo, na relação com o *heavy metal* em geral, na experiência da cidade, em todas as suas dimensões, trata-se de articular a construção de um "real sub-mundo" em oposição aos "falsos fluxos centrais". Dois valores opostos, de naturezas distintas, em constante conflito e, sobretudo, concernentes única e exclusivamente aos praticantes.

Essa "luta" pode ser traduzida, em parte, como um esforço do praticante pela construção dessa prática urbana, ou seja, uma "luta" pelo *underground*. Os praticantes constantemente se reportam ao "sacrifício" que fazem para manter a "chama do *underground* acesa": uma abnegação para financiar suas gravações, um dispêndio de tempo para preparar seus zines, um zelo para manter a circunscrição e a pessoalidade de suas práticas, enfim, uma auto-doação pelo *underground*.

Nas apresentações das bandas todo esse esforço é recompensado. Mais precisamente, as apresentações das bandas são os momentos nos quais a "luta" não se resume a um esforço, mas abarca também uma conquista.

5.2.2 – *Dramatização da negação:* **quando o underground *vence* o mainstream**

Aqui sim, nas apresentações, o *underground* se comunica como um todo. Seu enunciado destrutivo é celebrado através do meio que é a razão de ser dessa prática urbana: o metal extremo. Nas apresentações, o *mainstream* não é mais a indústria fonográfica ou a cidade. Ele se transforma, agora, nos afetos e valores dessa "sociedade cristã/democrática/capitalista" tão desprezada nos discursos dos praticantes. Quando é momento de apresentação, é hora de desprezar esse *mainstream*, é hora de denegrir e repudiar esse "mundo" odiado. É hora de "profanação", de "vociferar contra as almas cristãs", de se encantar com a guerra e de imaginar a destruição do "mundo" ao invés de se desencantar com ele. Consequentemente, é hora de trazer o "verdadeiro" *self* à luz das trevas e alimentá-lo com intuição ao invés de soterrá-lo com racionalização. É hora de substituir a multiplicidade dos papéis sociais pela totalidade do indivíduo dono-de-si. Dramatizando a negação, a apresentação é o ponto culminante da "verdade", de vivência da "autenticidade" que transforma os outros papéis sociais em "falsos".

A primeira nota tocada por uma guitarra é como a corneta que coloca os soldados e guerreiros em alerta, avisando que o conflito está instaurado. O vestuário se transforma em "armadura" de couro, adornada pelos cinturões de bala e cruzes invertidas. A imitação de sangue e o *corpsepaint* mascaram seus rostos. O músico já não responde pelo seu nome de batismo. No show, ele ostenta seu codinome de guerra *underground*. As armas/instrumentos foram afiadas/afinados. Os soldados que serão liderados por estes bravos guerreiros que tomaram o front já estão a postos, na frente do palco, esperando os comandos de ataque serem transmitidos. Todos conhecem as estratégias e todos sabem qual é o objetivo do embate. Tudo está pronto para que o roteiro do metal extremo *underground* seja encenado. Tudo está pronto para que as representações perturbadoras das perturbações sejam celebradas.

Cenário montado, as bandas começam suas evoluções. É interessante notar aqui que, se o enredo da luta é o mesmo para todas as bandas; no entanto, cada uma o encena de maneira própria. *Agathodemon*, nas apresentações da curitibana *Murder Rape*, sempre tem consigo o "cálice belial" cheio de hóstias. Em dado momento do show, ele enche sua boca com essas hóstias, mastiga-as por alguns segundos para depois cuspi-las pelo palco. Já a catarinense *Goatpenis*, no final da sua apresentação, incinera uma estrutura metálica em forma de símbolo da paz.

Se não são evoluções performáticas, são evoluções discursivas. Com efeito, a banda de *black metal Catacumba*, do Espírito Santo, tem nos discursos do seu vocalista *Gordoroth Vomit Noise*, o ápice dos seus shows. Às vezes feitos no início, em outras, no meio das apresentações, seus discursos são evocações da figura de satanás, uma espécie de chamado da entidade para que ela se faça presente no recinto onde está acontecendo o show. As bandas de *grind/splatter/gore*, por sua vez, geralmente projetam no alto da parede de trás do palco filmes de violência gráfica

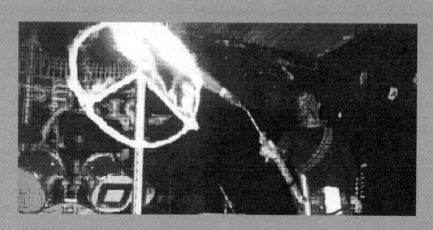

Sabbaoth, guitarrista da *Goatpenis*, incinerando o símbolo da paz em show de 2002, em Blumenau.

explícita, como que oferecendo uma trilha imagética ao som que tocam. O *Flesh grinder*, de Joinville, por exemplo, sempre projeta os filmes do seu colega Petter Baiestorf, renomado diretor de filmes *gore* do Brasil, também da mesma cidade.

Adereços, cenários, performances. Os shows das bandas *underground* cumprem com todos os quesitos de uma apresentação cênica. Até o lugar é o mesmo para ambos, o palco italiano, de três paredes e frente aberta para a plateia. E é disto mesmo que se trata. A apresentação de uma banda dramatiza a guerra do *underground* contra o *mainstream*. Ela coloca em ato estético toda a negação dos valores e afetos do "mundo cristão/democrático/capitalista" que o metal extremo subscreve. Porém, o show de metal extremo *underground* é uma apresentação de música complementada por elementos cênicos. Estes, oferecendo uma tradução visual dos sons, ajudam as bandas a contar suas histórias. Ajudam muito, é verdade, na medida em que a sinestesia entre visão e audição, no show, permite uma cognição mais certeira da mensagem. Contudo, a música se sustém como o principal veículo narrativo do show, não só por ser a linha mestra da dramatização da negação (afinal, trata-se de uma apresentação de música), mas por ser também o principal elemento organizacional dessa prática urbana. Nenhuma banda de metal extremo *underground* conseguirá dramatizar a negação se não a fizer por meio de um metal extremo "pesado, agressivo e brutal".

Um argumento da filósofa norte-americana Suzanne Langer (1942) pode nos ajudar a elucidar a função narrativa da música no show. Segundo Langer,

> Se a música tem alguma significância, essa é semântica e não sintomática. Seu 'significado' não é, evidentemente, um estímulo para evocar emoções, nem uma sinalização que anuncia essas emoções; se a música 'tem' algum conteúdo emocional, ela tem no mesmo sentido que a linguagem 'tem' seu conteúdo conceitual – simbolicamente. A música não deriva dos afetos, nem se destina a eles; mas nós podemos dizer, com certas reservas, que ela é sobre eles. Música não é a causa ou a cura dos sentimentos, mas sua expressão lógica[24] (Langer, 1942, p. 218, aspas da autora).

---

24 Tradução livre de: "If music has any significance, it is semantic, not symptomatic. Its 'meaning' is evidently not that of a stimulus to evoke emotions, nor that of a signal to announce them; if it has an emotional content, it 'has' it in the same sense that language 'has' its conceptual content – sym-

Langer, dando continuidade ao topos acerca da música constituído por alguns filósofos alemães,[25] enfatiza a condição eminentemente arbitrária dessa arte. Para Langer, a música é uma forma simbólica que, como qualquer linguagem, denota conteúdos não definidos previamente. Porém, se a música é aproximada da língua, em outro texto Langer (1977, p. 110) também percebe diferenças entre ambas. Diferentemente das palavras, que denotariam conceitos, o âmbito denotativo da música seria a 'vida afetiva' (*inner life*) do humano. Mesmo negando qualquer relação de emulação entre música e sentimento, para a autora nossos afetos guardariam semelhanças de propriedades formais com a música, pois ambas se baseariam em padrões de movimento e pausa, tensão e relaxamento, concordância e discordância, excitação e fúria, longas durações e mudanças súbitas. Sendo assim, Langer conceitua a música como um símbolo 'presentacional' (*presentational*) do tempo, espécie de símbolo sinestésico, diferente da simbolização representacional linguística. Para a autora, 'música faz o tempo ser audível'[26] (1977).

Retendo essa dimensão da música como 'expressão lógica' dos sentimentos para a qual Langer aponta, podemos dizer que não há qualquer violência, maldade ou mesmo agressão, inerentes nessa música que os praticantes definem como "pesada e brutal". Essas propriedades afetivas são imbuídas ao metal extremo de acordo com a semântica simbólica do contexto no qual ele é produzido, o *underground*. Aí sim, a violência, a maldade e a agressão serão escutadas nessa música por ela estar sendo feita em oposição aos afetos e valores considerados *mainstream*.[27] É precisamente a denotação dessa oposição à 'vida afetiva' do *mainstream* que a música dramatiza no show. Apoiada por elemen-

---

bolically. It is not usually derived from affects nor intended for them; but we may say, with certain reservations, that it is about them. Music is not the cause or cure of feelings, but their logical expression".

25 Sobre a filosofia da música de Langer em relação à tradição filosófica alemã sobre essa arte, ver Sheperd & Wicke (1997) e Videira (2007).

26 Tradução livre de: 'music makes time audible'.

27 O musicólogo Ronald Bogue (2004) argumenta que essa oposição se expressa no próprio plano das técnicas e práticas musicais do metal extremo, quando seus músicos procuram compor se distanciando de conformações muito utilizadas da música popular.

tos cênicos,[28] toda essa negação do bem, do corpo são e da mente sã, da alegria e da vida, não só é escutada como é vivenciada pelos praticantes juntos.

Aqui está a "força" do show, como os praticantes falam. Por piores que sejam as qualidades acústicas do recinto e dos amplificadores, como usualmente são, ressoará do palco, em alto volume, aquele som que eles tanto amam, que chamam de metal extremo "pesado e agressivo", de "brutalidade em forma de som". Com seus corpos agarram esses sons totalmente. Os digerem se abraçando e chacoalhando a cabeça para frente e para trás juntos, se arremessando uns nos outros ou mesmo ficando parados, de braços cruzados, comentando as particularidades musicais da banda que se apresenta. Ouvem juntos, vivem juntos a música que os aproxima, que os liga e os assemelha. Neste sentido, a avaliação "boa" da música que está sendo apresentada, de certa maneira, já está garantida. Pois, a avaliação estética da música tocada no show está envolta por este movimento de produção de um ambiente comunal pelo som. Tudo concorre para tanto. As pessoas estão lá, o volume está no "talo", é noite e estão afastados dos seus papéis sociais encenados no *mainstream*. À banda cabe "descer o braço" nos instrumentos e fazer aquilo que ensaiou a semana toda: sua música. O resultado desses elementos em conjunto é aquilo que os praticantes chamam de "força" do show: viver o *underground* sem restrições e celebrar a perturbação do "mundo" sem contradições.

Portanto, não é sem razão que os praticantes se referem ao show como uma celebração. Este momento é outro, diferente das vidas ordinárias que levam além do *underground* e diferente mesmo em relação às outras atividades desta prática urbana. Seu caráter extraordinário se encontra justamente naquilo que DaMatta (1979) aponta como uma das qualidades do ritual, o deslocamento de perspectivas em relação ao cotidiano, espécie de instalação momentânea de um outro tempo.[29]

---

28 Na escuta fora do show, a música será apoiada pelas letras e iconografias das gravações.

29 Tal deslocamento de perspectivas que o ritual faria em relação ao ordinário proposto por DaMatta, arma aquela tipologia dos rituais brasileiros que o autor trabalhará: carnaval como inversão, paradas militares como reforço e procissões como neutralização. Não pretendemos arrolar o show em qualquer um desses tipos, apesar de que ele poderia ser visto como uma inversão. Retemos apenas esse sugestivo movimento de deslocamento e instalação de outro tempo que a teoria do ritual de DaMatta, seguindo os passos de Durkheim (1996) e Evans-Pritchard (2004), oferece.

Pois, nas apresentações, quem conta o tempo não é o relógio. É uma baqueta, uma palheta e uma garganta. No show, é tempo de *underground*, é tempo de música.

Uma música que os faz viajar no tempo, para sermos mais precisos. Por meio dela, vivenciam um instante atávico de totalidade, quando o *mainstream* ainda não tinha se lançado no curso irreversível da multiplicação. Uma música que os faz viajar para dentro de si mesmos e, junto com ela, trazer lá de dentro aquele ser "verdadeiro", cheio de valores e princípios. Uma música que, ouvida por muitos ao mesmo instante, instala, por algumas dezenas de minutos, a eternidade da comunidade solidária do metal extremo brasileiro. Dramatizando a negação, a música permite que os praticantes saboreiem, por uma noite, a vitória sobre o *mainstream*. Em um mesmo movimento, rompendo para fora e unindo para dentro, a música apresenta o *underground* como um todo para o praticante. Para falar junto com eles, ela é a brasa que mantém a "chama do *underground* acesa".

* * *

O *underground* do metal extremo tem a destruição como valor, a perversão como padrão de normalidade e a glorificação da morte. Eis aí um coletivo que estaria tomando O *Caminho da Mão Esquerda*, para usar a imagem do título da gravação da brasiliense *Vulturine*, em detrimento do *mainstream*, do valor direito, este que segundo Hertz (1928), rege e conserva a "boa" criação.[30]

Contudo, a virada à esquerda que esta prática urbana faz se refere, menos a uma valoração positiva do mal absoluto, e mais a uma espécie de ataque, a um movimento de transgressão em relação a tudo aquilo que, sob sua ótica, recai sob

---

30 Ainda pensando a partir de Hertz, no *underground* do metal extremo se esboça, literalmente, uma preeminência da mão esquerda. É quase uma regra social, independentemente se o praticante é canhoto ou não, que se apertem as mãos esquerdas no momento de cumprimento. Comecei perceber isso quando fui cumprimentar *Agathodemon*, baixista do *Murder Rape*, estendendo a mão direita e ele virou sua mão esquerda para me cumprimentar. Ele é destro, qualquer show da sua banda atesta. Mas cumprimenta com a esquerda. A partir deste ocorrido, comecei a cumprimentar os praticantes com a mão esquerda e não seria exagero dizer que essa postura desarmava, de saída, algumas desconfianças com minha pessoa que o praticante poderia ter.

TREVAS SOBRE A LUZ 279

Cartaz digitalizado do show *quinta celebração das negras legiões de guerra*, realizado em Teresina, Piauí, em 2005.

Doom-Rá, mantendo a chama do *underground* literalmente acesa em show de 2005, Goiânia.

a égide do *mainstream*. As fotos de troncos humanos abertos, com o intestino delgado à mostra, repulsam? O coito anal com o pulso parece uma perversão? As letras que glorificam o diabo como o senhor do mal parecem demoníacas? O vício cantado como virtude parece vil? E, sobretudo, a música que embala esses motivos incomoda com sua velocidade, com sua distorção e com o privilégio dado ao pulso? Tudo isso agride? Pela perspectiva do *underground*, claro que sim. Agride o *mainstream*, e tudo que o fere está no rol dos motivos a serem tematizados pelo estilo musical que é a razão de ser desta prática urbana.

Mas esta agressão musical explícita e extrema fere a quem? Agride o *mainstream*, mas quem é o *mainstream*? Para sermos mais precisos, quem está ouvindo essa música? Absolutamente ninguém além dos próprios praticantes. Sublinhemos novamente: *underground* e *mainstream* são valorações concernentes única e exclusivamente às pessoas que ingressam nessa prática urbana. O primeiro termo indica a "aldeia", o "espírito", a magnânima identidade, o mesmo, enquanto o segundo, a "floresta", o "fantasma", a pusilânime alteridade, o outro. Portanto, a luta do primeiro com o segundo, antes de almejar, de fato, a destruição do outro, se traduz, na prática, em uma construção do mesmo. Os ataques são, sobretudo, uma defesa da "filosofia de vida extrema", desta "ideologia" que os praticantes estão constantemente a colocar acima da música.

É verdade que alguns praticantes afirmam a prevalência da "ideologia" sobre a música na chave de uma crença religiosa. Chegamos a coletar depoimentos, e preferimos não indicar de quem, nos quais o praticante diz acreditar na existência de um local metafísico chamado inferno, governado por uma entidade chamada satanás, onde a tortura das almas pauta o cotidiano. Ele quer ir para lá quando morrer. Também chegamos a visitar casas de alguns praticantes, e preferimos não dizer onde, que tinham um de seus cômodos transformado em altar satânico, repleto de velas vermelhas e pretas, com a cruz católica invertida pendurada na parede e crânios, reais ou não, espalhados pelo recinto. Assim como participamos de um show fechado de *black metal*, que preferimos não indicar quando, onde uma das bandas, de fato, matou um porco durante sua apresentação. Ou seja, essa "filosofia de vida extrema", dependendo do praticante, pode sim resultar em práticas que não se explicam totalmente pela música. Podem ser concebidas como religiosas ou mesmo como práticas paramilitares, como parece ter acontecido nos países nórdicos, notadamente Noruega.[31] Contudo, no Brasil, como um coletivo, esta prática urbana faz música. Uma música plena de significados subjetivos, sociais e morais para quem a faz, uma música que é causa e condição de uma maneira de ser concernente aos seus músicos e apreciadores. O *underground* do metal extremo no Brasil é uma "filosofia de vida extrema", mas composta e veiculada pela música. O elo dessas pessoas não é a religião, a família, a escola, o trabalho ou o esporte. É a prática de um gênero musical.

É isso que os praticantes reclamam quando colocam a "ideologia" no primeiro degrau de importância. Dizendo que o metal extremo *underground* é uma "filosofia de vida extrema", antes de significar certa funcionalidade da música para se buscar outros fins, os praticantes estão afirmando que a música que eles fazem não pode ser compreendida como uma mera fruição estética, como uma arte contemplativa que serve unicamente à abstração, à reflexão ou ao deleite dos ouvidos. Não. Essa é a maneira que o *mainstream* ouve música. Eles entendem que ouvem metal extremo com seus corpos, eles fazem dessa música uma relação social. Compondo e ouvindo metal extremo no *underground*, eles engendram maneiras de sentir, de ser, de se mover e de pensar, eles se animam e saem da apatia, esse "problema" que os praticantes detectam na pessoa do *mainstream*. Pois a pessoa "preguiçosa e fraca" que relega a ação social às máquinas e a fonte da sua vontade ao divino, também é a pessoa que "ouve a música com o cérebro". Eles não, eles são artesãos que fazem dos seus instrumentos, apêndices dos seus corpos, dos seus corpos, a fonte de suas vontades e das suas vísceras, fazem ouvidos.

Por entenderem que superaram a apatia tão presente neste mundo "cristão/democrático/capitalista", eles se vêem como seres autênticos. Eles acharam seus "verdadeiros" *selves* se afastando dos "falsos fluxos centrais". Eles se

---

31 Aliás, que ainda acontecem. Países como Polônia e Ucrânia assistiram em 2006 e 2007, respectivamente, queimas de igrejas históricas realizadas por pessoas ligadas ao *black metal*. No Brasil, ao que sabemos, o único fato semelhante foi a depredação de uma igreja em Criciúma, em 2003, pelos membros do *Murder Rape*. Eles foram presos na mesma noite do ocorrido e respondem, até o momento, 2008, processo judicial por vandalismo.

acharam em um "sub-mundo" onde concebem o fluxo do tempo como menos civilizatório e fragmentado, mais atávico e total, sincronizado com seus "verdadeiros" ser para si. Neste sentido, podemos comparar o *underground* do metal extremo com o movimento punk, tal como Caiafa (1985) os percebe. Para a autora, se é que a entendemos, o punk desafia maneiras de ser, estar e de agir "normais" acelerando seus exercícios de ser, estar e agir: "no exercício de suas estratégias, acionam uma velocidade que ultrapassa os limiares da percepção" (Caiafa, 1985, p. 142). Daí seu caráter de nômades. Eles aparecem para desaparecer e vice-versa: "porque os punks trabalham mesmo esse interstício absoluto da iminência pela aceleração que imprimem a tudo de que lançam mão. O punk se realiza aí, no súbito dessa tensão" (Caiafa, 1985, p. 142). O punk aparece, mas quando se tenta flagrá-lo, ele não está mais lá. Este é o desafio punk, agir em uma espécie de *overground*. Em constante movimento veloz, não oferecer possibilidades de definições do que fazem, não se deixar representar. Para a autora, este movimento punk lhe pareceu de tal maneira contundente que sua própria escrita, a princípio uma tarefa de definição, ela mesma reconhece, precisou ser um tanto quanto punk: "E também os contornos que foi preciso fazer enquanto eles me provocavam a pensar levaram-me a evitar a luz de uma explicação sem mistérios, e a aceitar que fosse noite também na escritura" (Caiafa, 1985 p. 143).

No *underground* do metal extremo, o tempo foi freado, o tempo foi retornado até alcançar a totalidade de uma comunidade solidária na qual todos os membros, mesmo que não se conheçam, imaginam uma comunhão a partir de uma oposição básica. Ora, nada mais sedentário do que uma comunidade de metal extremamente pesado que quer parar o tempo. Mas se, ao invés de acelerar, o *underground* freia, é nessa mesma manipulação do tempo e/ou do movimento que o punk faz, que ele concentra aquilo que podemos também definir como um desafio ao seu inimigo, o *mainstream*. Na verdade, um desafio de negação. O *underground* quer se separar do contexto que o circunda. Ele não encara, ele foge para o "sub-mundo" e daí "luta" com seu inimigo. As relações circunscritas e pessoais por onde ele se realiza, sendo percebidas pelos praticantes como um contrário das relações *mainstream*, permite que essa "luta" seja vivenciada, contudo, de certa maneira, latente. Sua contundência, quando ela atinge a possibilidade de ser vivenciada como uma vitória, acontece nas apresentações das bandas.

Mas, ao mesmo tempo em que confiam na eficácia das suas campanhas, os guerreiros do *underground* sabem que quando as luzes acenderem e o sol raiar, as armas serão depostas e o conflito cessará. Dormirão e, como provavelmente o dia seguinte será um sábado ou domingo, acordarão para terminar as tarefas dos seus trabalhos não cumpridas durante a semana. Levarão seus filhos e seus cachorros ao parque. Ligarão para seus pais e almoçarão na casa dos seus avós. Voltarão a viver seus papéis no *mainstream* até o próximo final de semana, quando dramatizarão, mais uma vez, aquilo que Roudinesco (2007) chama de 'parte obscura de nós mesmos'.

Posfácio

Para salir del sueño en el que estoy, por decir así, enredado, debo hacer fuerza con todo mi cuerpo, porque es todo mi cuerpo el que está enredado en él.

Juan José Saer

DEVE TER SIDO COM 5 OU 6 ANOS, quando minha mãe me deixava com uma babá rockeira enquanto ia trabalhar, a Rose, fã de Janis Joplin e Jimi Hendrix, que gostava de "brincar de show" comigo. Vestia-me com roupas rasgadas, colocava uns óculos escuros no meu rosto e imaginávamos ser *rockstars* tocando para uma multidão a tarde toda. A Rose sabia criar um clima de rock tão bem que apelidou as reclamações do morador do andar de baixo de censura, a velha inimiga dos rockeiros. Não tenho certeza. Talvez foi com uns 7 anos, quando, por falta de dinheiro, fomos morar no pensionato da minha vó, em Londrina. Um dos hóspedes, o Lee, me deu um disco do *Whitesnake*; tenho-o em minhas mãos agora, o qual escutei, literalmente, por uns dois meses seguidos, até o momento em que ganhei um outro disco dele, do AC/DC. Não sei ao certo. Talvez começou com a minha mãe mesmo que, apesar de não tocar nenhum instrumento, era grande apreciadora de música, de Elis Regina (meu nome, se tivesse nascido uma menina) a *Rolling Stones*. Ela sempre estimulou minha inclinação pela arte do som em geral, me matriculando em aulas de canto e me dando discos e revistas sobre música, e pelo rock em si, deixando meus cabelos crescerem quando eu tinha uns oito anos, por exemplo. Decisão corajosa. Em Londrina, na década de 80, ter um filho de 8 anos com os cabelos chegando ao meio das costas era quase um ato de vandalismo e, obviamente, a vândala era ela e não eu.

É, foi tudo isso, e algo mais que não sei explicar, que fez com que a música pesada se enredasse em meu corpo desde a infância. Minha memória não consegue avistar um momento, uma época da minha vida na qual ela não esteja presente. Eu sempre a quis perto, e os adultos que cuidavam de mim sempre a deixaram se aproximar. Havia certo excesso, mas a música pesada não chegava a ser um vício, algo que me fizesse pular certos procedimentos comuns de um menino de classe média baixa morando no interior do Paraná na década de 80. Fora os cabelos longos e a estatura um tanto acima da média dos meus colegas, tive uma infância passível de ser considerada "normal". Uma infância com uma trilha sonora que alegrava e acalmava, que dava material para brincadeiras e amizades; enfim, uma infância com uma paixão. Se alguns meninos tiveram como paixão os carros, os livros, os esportes ou mesmo as brigas, eu tive pelo rock.

Não deu outra. Na adolescência, já em Curitiba, essa paixão foi alçada ao estatuto de identidade. Eu quis, eu precisava dizer para todo mundo que curtia aquela música, agora mais pesada, menos pedras e mais metal; menos rolantes e mais estanques. Eu tinha que estar vestido de preto, minhas camisetas tinham que trazer nomes de bandas nas suas estampas e para qualquer lugar que eu fosse, o *walkman* e um estojo com vinte fitas, cheio de adesivos colados, tinham que estar juntos comigo. Para usar alguma doxa psicológica, o *heavy metal* foi o meio pelo qual me objetivei na adolescência: foi o elemento pelo qual afirmei minha identidade, tanto para mim quanto para os outros. No colégio onde estudei, uma escola laica sem nenhuma propensão humanística (meu amigos se tornaram engenheiros, advogados e médicos), logo fui apelidado de "metaleiro", em boa medida um apelido carinhoso, plenamente aceito por mim, mas com uma leve depreciação implícita. Não fui um adolescente "depré", muito menos solitário ou introspectivo acima da média, mas com o apelido eu começava a sentir o atrito que o gosto pelo *heavy metal* pode causar. Eu era um daqueles caras "estranhos", mas bem aceito, do colégio. Em casa, novamente, a anuência da mãe. Mesmo achando um tanto insípida aquela música que ressoava do meu quarto e de vez em quando puxando umas conversas comigo sobre o que significava aquela "história de *heavy metal*" para mim, ela, jornalista "moderninha", sempre com seu ideal de uma educação liberal, deixava a minha relação com a música pesada seguir nos seus próprios termos. Até dava uma mãozinha para a relação continuar fértil. Eu tinha 12anos nessa época e, no meu aniversário, ganhei dela minha jaqueta de couro. Pronto, agora sim eu era um verdadeiro "metaleiro".

Mas ainda não era o suficiente. O reconhecimento da minha identidade "metaleira" pelos meus conhecidos não bastou. Eu queria mais *heavy metal*, mais peso, mais volume, mais força; eu queria ver até onde essa relação poderia ir. Ela foi fundo com os shows. Ah, como eram legais os primeiros shows. Saber que haviam outras pessoas no mundo como eu, ouvir aquele som ao vivo, com meus ídolos bem perto. As filas imensas não desanimavam e as esperas intermináveis não cansavam, nenhum sol escaldante e nenhuma chuva fria, nada tirava o gosto doce daqueles momentos. Lembro de um show em particular, do Sepultura, em 1994, quando choveu torrencialmente durante a apresentação ocorrida a céu-aberto. Show? Aquilo foi um batizado. Dali em diante não havia mais volta. Urrando e "se quebrando" com mais de 35 pessoas, sob uma tempestade, ao som do Sepultura, me transformou em alguém que eu ainda não conhecia muito bem. Para ser mais exato, aquilo dissipou alguém de mim. Junto com meu par de tênis e minha camiseta do *Ramones*, lá na pedreira (pedreira Paulo Leminski, local onde aconteceu o show) ficaram minhas dúvidas e hesitações. O alguém que sobrou queria mais *heavy metal* ainda. Na verdade, esse alguém queria ser o *heavy metal*.

Foi então que comecei a frequentar os shows da cena local de *heavy metal*, as apresentações de bandas brasileiras das quais pouco se lia nas revistas e quase nada se ouvia falar nas rádios. Descobri a existência dessas apresentações junto com meu primo Carlos, quase um irmão que, quatro anos mais velho do que eu, com seu ingresso no curso de Letras, estava conhecendo os músicos de *heavy metal* da cidade na universidade. Recém-chegado de Londrina, meu primo teve seu catolicismo descascado pelas ciências humanas, e assim, músico como seu pai, começou a curtir música pesada e a querer tocá-la com seus novos amigos. Eu acabei entrando no vácuo dessa inserção dele nas relações metálicas curitibanas e, em pouco tempo, já tinha criado certa autonomia no grupo. Em poucos meses eu passei da posição de primo do Carlos à de Leozão. Eu era, agora, com 14 anos, reconhecido como um frequentador do *underground* da música pesada na minha cidade.

Bem pesada, vale notar. Não se tratava mais do *heavy metal* bem assentado na indústria fonográfica, tipo *Iron Maiden* e *Black Sabbath*. Nem do Sepultura eu gostava mais. Foi nessa época que comecei a ouvir metal extremo, música muito rápida e muito grave a qual, de certa maneira, correspondia à minha incessante busca pelo limite que a minha relação com a música pesada poderia ter. O metal extremo aplacou minha ânsia, minha sede pelo limite. Em geral, nunca gostei de metades, de meios-termos, e o metal extremo preencheu totalmente minha paixão pela música. Some-se a isso o fato de que essa plenitude aconteceu não como um consumo de música, mas em meio a um grupo de pessoas que estavam fazendo esse tipo de música. O meu tempo livre era gasto totalmente nos ensaios da "galera", nas tardes em frente à *Jukebox*, loja de discos da cidade, e nas festas de fim de semana na casa de alguém do grupo. Como esse grupo não se limitava a Curitiba, quando me era possível ainda viajava para outras cidades, principalmente em Santa Catarina, para encontrar outra "galera" amiga ou para assistir o show de alguma banda da qual tinha ouvido a fita demo e gostado muito. Subjetivamente, o impacto dessa forte interação metálica me fez sentir que, sim, eu estava sendo *heavy metal*, eu estava realizando aquela já ancestral paixão pela música. Mas ainda faltava o passo mais importante: fazer esse tipo de música.

Contudo, quando minha constante presença no *underground* dava a entender que a entrada em alguma banda, como vocalista, era iminente, fui obrigado a romper minhas relações metálicas no Brasil. Eu estava com 15 anos, minha mãe havia falecido dois anos antes e, como filho único criado de certa maneira distante do pai,[1] estava difícil aguentar a "barra pesada" da perda, principalmente porque minha vó, então com 77 anos, já morando em

---

1 Apesar de nunca terem se casado, meus pais tentaram morar juntos algumas vezes durante minha infância, sempre sem sucesso. Eu acabava ficando com minha mãe e, como meu pai era cinegrafista, sempre estava se mudando atrás de uma produtora ou rede de televisão que pagasse melhor. Contudo, nunca se ausentou da sua "função paterna". Por telefone, me proibiu de fazer a tão desejada

Curitiba, estava sofrendo muito com a perda da cria mais nova de sua prole de seis filhos. Retrospectivamente, acho que, mesmo tendo já tendo alguma maturidade afetiva, eu não estava suportando tal contexto lúgubre e desolador. Vivia irritadiço e, devo confessar, "perdido". Sabendo que minha vó teria no meu primo e na minha tia um suporte escapei: fugi por meio de um intercâmbio nos Estados Unidos.

Mas o destino conspirava, os "deuses do metal" intervieram, obviamente, em favor deles. Explico: nesses intercâmbios culturais, o jovem escolhe o país, mas não escolhe a cidade para onde vai. Esta é decidida na medida em que as vagas nas escolas vão surgindo e qual agência, de diversos países, está na vez para receber tal vaga. Escolhido os EUA, era muito provável que eu fosse estudar em alguma cidadezinha de algum estado rural, tipo Idaho ou Arkansas. Afinal, a política do intercâmbio para este país aconselha não mandar os jovens para estados "agitados", como Nova York ou Flórida. Muito bem. Onde eu fui parar? No estado mais metal dos Estados Unidos, na sua cidade mais metal, Califórnia, Los Angeles. Não sendo o caso de adentrar pormenorizadamente na minha estada, vale sublinhar dois efeitos que ela teve em mim. Primeiro, quando os norte-americanos me diziam que eu era "estranho" por ser brasileiro e, ao mesmo tempo, branco, fui levado a compreender que ser branco aqui e ser branco lá eram coisas diferentes; a semente do interesse pela antropologia foi plantada. Segundo, sim, eu me acalmei e consegui "achar-me" morando por um ano longe de um contexto familiar pesado e dolorido, mas, de modo algum fiquei longe da música pesada. Pelo contrário. Os shows quase todo fim de semana, as dúzias de CDs e fitas do metal extremo norte-americano e uma convivência tão intensa com o *underground* de lá quanto o daqui, fizeram com que eu voltasse sedento por mais pancadaria musical. Eu não iria sossegar totalmente até subir em um palco, vestido de couro preto, pra urrar toda a minha paixão pela música pesada.

---

tatuagem de quatro demônios dilacerando um padre, quando eu tinha 10 anos, coisa que minha mãe, liberal demais, deixaria.

Em 1997, com menos de dois meses no Brasil, eu já estava ensaiando como vocalista de uma banda[2] que se propunha a fazer um *doom metal*, estilo cadenciado, explorador da verve melancólica do *heavy metal*. Já nos primeiros encontros, nós cinco achamos que a banda tinha "química". Os guitarristas apareciam com ideias de melodias, o baterista e o baixista logo encaixavam o ritmo e, por fim, eu achava uma textura vocal e uma letra para as composições. Em alguns meses, tínhamos cinco canções prontas, número ideal para fazer nossa estreia nos palcos. Com uma apresentação arranjada com um conhecido pra dali umas duas semanas, tocaríamos em um show com mais quatro bandas. Espera interminável. Lembro que dormi muito mal nesses dias, não tinha fome nem atenção nas aulas do meu segundo ano do Segundo Grau. No dia do show, eu literalmente tremia, não de medo, mas de ansiedade. Este era o dia em que a minha relação com a música pesada seria testada, eu estaria colocando à prova minha aptidão como um "verdadeiro" *headbanger* (o "metaleiro" já tinha ficado pra trás, junto com a música pesada da indústria fonográfica).

Sobre a apresentação em si, não tenho lembrança alguma. Espécie de transe no qual minha memória para no momento em que subi no palco e volta na hora em que desci dele. Diz meu primo que a apresentação foi boa e eu parecia estar "incorporado" por algum demônio. Depois desse show, além de Leozão, fiquei conhecido no *underground* curitibano como diabo albino, devido à cor da minha pele e à minha *performance* no palco. Passei no teste, creio eu: suportei as demandas específicas deste rito de iniciação. Agora eu não era mais um mero frequentador do *underground*. Eu cantava em uma banda, eu já tinha subido no palco, eu estava fazendo *heavy metal*, o meu *heavy metal*.

Com nossa estreia nos palcos, também começou aquela interminável troca de cartas com zines do país todo, a fim de divulgar nossa banda por meio de entrevistas e distribuição de *releases* (espécie de peça publicitária *underground* montada com um pequeno texto informativo sobreposto à foto da banda). Também começamos a procurar um estúdio onde poderíamos gravar duas ou três canções para nossa primeira fita demo, a qual, de fato, ficou pronta seis meses após nosso

---

2 Omito o nome da banda, ainda ativa, a pedidos do seu único membro original remanescente.

primeiro ensaio. E, claro, essas atividades eram pontuadas pelos ensaios, duas ou três vezes por semana, e shows, muitos shows, quase um por mês, nos quais, vale dizer, realizava meu desempenho com muito mais confiança e consciência. Se, no primeiro show, o diabo albino me "incorporou", nos seguintes, paulatinamente eu fui aprendendo a "incorporá-lo", a ser o sujeito da ação.

Em meados de 2000, tanto eu quanto os outros integrantes achamos que o melhor seria a minha saída. Pela parte deles, disseram que o meu vocal não estava se encaixava mais na proposta da banda. Eu concordei. Após três anos de imersão no *underground*, de dedicação diária à banda e ajuda pontual a outras bandas, como promotor de shows, ajudante de palco, letrista e até vocalista, alguma coisa tinha se amainado em mim. A "chama" do *underground*, como definíamos a vontade de colocar em curso nossa paixão pelo metal extremo, para mim, perdeu seu brilho. Até hoje não sei dizer bem o que aconteceu. Por um lado, o que eu percebia nitidamente na época, um cansaço, por outro, algo que percebo só hoje, outros gostos artísticos além do metal extremo e a vontade de ingressar em outras atividades além do *underground* estavam surgindo em mim. Não que eles fossem contrários mas, de certa maneira, eu não via como buscá-los, esses gostos e vontades, dentro do metal extremo *underground*, uma prática urbana que, como vimos ao longo do texto deste livro, exerce forte constrangimento no gosto dos seus agentes. Eu estava lendo Marx, Machado de Assis e Manuel Bandeira; eu estava indo a museus e teatros; no cinema, outros filmes além de *O Exorcista* e *O Bebê de Rosemary* estavam chamando minha atenção; eu estava pensando em entrar para o curso de Ciências Sociais para entender melhor as diferenças, enquanto no *underground* era sempre mais do mesmo, era sempre mais e mais metal extremo. Minha paixão por essa música ainda era forte, mas certo sufoco travou minha glote, o *underground* não descia mais, ficava engasgado. É óbvio, o meu vocal não encaixava mais na proposta da banda porque eu não encaixava mais naquela proposta de vida. Eu queria mais ainda, mais do que o *underground* podia me dar. Por essa época, com 19 anos, eu já podia me considerar um veterano do metal extremo *underground*. Estava na hora de sair de cena e aposentar o diabo albino.

Em 2001, de fato, entrei para o curso de Ciências Sociais na Universidade Federal do Paraná e, querendo encontrar maneiras de me afastar do *underground*, impregnei-me com tudo aquilo que estava presente no cotidiano de um aluno desse curso. Imbuído de boa dose de ingenuidade, entrei para o movimento estudantil, tanto no centro acadêmico do curso quanto no diretório da universidade. Porém, irritado com a postura de "esquerda festiva" do movimento, não demorou seis meses para eu me afastar dos "estudantes profissionais" e me aproximar dos livros. Já no segundo semestre do curso eu consegui uma bolsa de iniciação científica e comecei a me dedicar "pra valer" às aulas. Todas elas. Até o momento da monografia, apesar de ter entrado no curso para estudar antropologia, a ciência política e a sociologia me interessavam tanto quanto. Minha primeira bolsa de iniciação era com um professor de política clássica e a segunda, com uma professora feminista (ela fazia questão de deixar sua postura bem clara) de sociologia do gênero.

Entrementes, devo confessar que, apesar de estar gostando muito do curso, aquele senso comum de "vamos mudar o mundo e ao mesmo tempo ser felizes e sem preconceitos" que pairava no ar das conversas dos alunos de modo algum me apetecia. Eu não conseguia tragar esse clima lânguido, aberto e democrático dos nossos encontros. Assim como tentei me requebrar ao som do forró, do maracatu e do samba que animavam nossas festas, mas meu corpo só tinha aprendido a chacoalhar a cabeça para frente e para trás ou a se arremessar violentamente ao encontro de outro. Enfim, todas as categorias que operam nas relações dos alunos de Ciências Sociais me eram estranhas. O *underground* do metal extremo tinha me ensinado a repudiá-las. E claro, eu acusava e eles me acusavam. O apelido de diabo albino deu lugar aos de "reaça", "mão forte (do Estado)" e até mesmo "polícia"... "iihh, lá vem o polícia", meus ouvidos detectaram quando me aproximava de uma roda de colegas. Se não era acusação, era estranhamento. Ao longo do curso, ouvi muitas vezes a pergunta "escuta, o que você tá fazendo aqui no curso?" e também ouvi essa, de uma professora, quando fui perguntar se, no próximo semestre, ela ofertaria a cadeira de sociologia da comunicação: "mas você não é da Educação Física?".

Como deu pra perceber, mesmo comparecendo pouco aos shows e só convivendo com quem do grupo considerava amigo, não me desliguei totalmente do *underground* durante o curso de Ciências Sociais. E isso me incomodava, avaliação que faço hoje. Sim, eu ainda escutava e adorava metal extremo, mas deste tipo de música só o gosto estético eu queria manter. Todos os valores e percepções de mundo que vinham junto com ele (esses que acabamos de analisar no livro), e certamente em mim incutidos, eu tomava como um ranço que não sabia como lavar, como um claustro invisível de onde não sabia me libertar. Afinal, como fazer antropologia, como perceber as diferenças se utilizando em boa medida do corpo como instrumento de coleta de dados, se seu corpo quer esmagá-las? Como apreender o ponto de vista do outro quando você quer destruir o outro? O metal extremo, assim o julgo, quando é levado a sério pelo seu apreciador, ou seja, quando é acatado não só como um gosto estético, faz com que você se torne um ser um tanto quanto arrogante e presunçoso. Eu não gostava disso e compreendi esse desgosto, mais ou menos conscientemente, em meio ao curso de Ciências Sociais, uma realidade totalmente dicotômica daquela que ajudava a construir dois, três anos antes.

Enfim, havia pendências íntimas a resolver com o *underground* do metal extremo. Eu não mais participava das suas atividades e encontros; mas, mesmo assim, ele ainda se manifestava em mim, contra a minha vontade. Então nossa separação não tinha sido bem assimilada. Será que eu ainda o queria? Será que eu me arrependia de ter me afastado dele? Ou será que, independentemente dele, a concepção que eu tinha das Ciências Sociais não me apetecia? Sim, pois o desgosto com ele surgiu em grande medida pelas leituras dos textos que eu fazia nos cursos e pela convivência, por mais conturbada que fosse, com os colegas. Talvez, se eu tivesse no curso de Educação Física, ou qualquer outro, o desgosto não teria se levantado. Essas questões passavam pela minha cabeça naquele momento, questões que podem ser resumidas em uma só: será que eu queria e conseguiria resolver minha relação com o *underground* do metal extremo ao mesmo tempo em que encaminharia uma formação em Ciências Sociais? Eu realmente não saberia respondê-la naqueles anos. Mas meu orgulho não me deixaria largar o curso faltando pouco para terminá-lo e meu sossego não viria se eu não assentasse a relação com o *underground*. Foi nesse contexto que eu decidi estudar na minha monografia de conclusão de curso, pela antropologia, o *underground* do metal extremo em Curitiba.

Talvez o leitor possa estar achando que eu fui estudar o *underground* na monografia de graduação unicamente por questões subjetivas. Não é bem assim. Meus maiores interesses durante o curso foram a antropologia urbana, naquilo que tange a construção espacial e relacional das identidades coletivas na urbe, e a antropologia da música, no aporte da questão dos afetos e significados transmitidos pelos sons. O *underground* do metal extremo, pensava eu, poderia ser tema privilegiado para discutir ambas as questões em uma monografia só. Mas não há como negar que aquele plano da pesquisa que Roberto DaMatta, no seu clássico texto sobre o *"anthropological blues"*, chama de pessoal ou existencial (1978, p. 25) teria forte influência no andamento do meu trabalho. Por mais intelectualmente preparado que eu estivesse para a empreitada e por mais *insights* que eu tivesse para formular o *underground* enquanto um tema antropológico, nada poderia conter minha radical familiaridade com ele, nada poderia me imunizar da avalanche de sentimentos e lembranças ambivalentes, dos prazeres e ódios que a pesquisa prestes a ser iniciada provocaria. Na verdade, sendo a minha intenção elaborar algum texto que pudesse ser considerado antropológico, eu precisava suscitar em mim o *"anthropological blues"*, essa transformação emocional que nos coloca a meio caminho entre o que está sendo estudado e os meios pelos quais estamos estudando. Para tanto, minha pesquisa teria que ter, necessariamente, algum contorno de terapia. Uma terapia que analisasse minha relação com ambos os termos do caminho. Afinal, eu estava encarando tanto o *underground* quanto a antropologia de modo sintomático. Aquele me irritava por eu ter avaliado que ele se arraigava em mim para além do plano consciente; esta, por sua vez, como causa e efeito de tantas dúvidas que eu tinha acerca da possibilidade de vir a ser um antropólogo, enfrentava imperialistas, beligerantes e autoritários mecanismos de defesa. Enfim, a pesquisa precisaria compor em mim alguma melodia mais suave, pois, nos momentos precedentes a ela, minha carne não criava nenhuma antropologia e muitíssimo menos *blues*.

E lá fui eu, de caderno e caneta nas mãos, voltar ao *underground*, agora fantasiado de campo. Voltei a frequentar os shows, a ler os zines e a ouvir as gravações, assim como reatei minhas relações com o "pessoal". Ia aos bares beber com eles, passava tardes inteiras nas lojas de discos e roupas de metal da cidade conversando com eles, voltei a trocar cartas com o "pessoal" de fora e até mesmo, de vez em quando, ia às suas cidades revê-los e assistir aos seus shows. Embebi-me de *underground* uma vez mais. Contudo, antes de estranhá-lo, estranhei a mim mesmo naquela situação, tentando estudá-lo. Pois, se a transformação do familiar em exótico começa com a adoção de uma outra atitude de conhecimento para com aquilo que se quer des-familiarizar, então eu calculei que precisava achar tais atitudes e testá-las no campo. Quanta ingenuidade! Eu achava que essas atitudes eram práticas, materiais, por assim dizer, e a minha volta ao *underground* começou a beirar a comicidade. Uma das estratégias que adotei para construir algum distanciamento foi a de ir aos shows de bermuda e camiseta branca, simplesmente o vestuário mais execrado pelos praticantes, sempre em calças, jaquetas e coletes pretos. Eu era um ponto branco em um mar negro. No momento em que mais precisava de discrição, consegui virar alvo de piada por várias noites. Parecia que tinha uma placa de néon em cima da minha cabeça, na qual piscava em letras maiúsculas: IDIOTA, IDIOTA, IDIOTA.

Se não era cômico, era trágico. Com o objetivo de "coletar as representações acerca do fenômeno que seus atores possuem", marquei várias entrevistas com o "pessoal", com pessoas com quem, alguns anos atrás, eu tocava junto, que riam e choravam junto comigo, que iam à minha casa e eu ia à deles, com pessoas que eu convivi, na acepção mais plena que esse verbo tem. Antes de elas acontecerem, eu já sabia que as entrevistas não seriam nem um pouco formais. Mas eu não pensava que elas aconteceriam do jeito que todas aconteceram: começavam em um café, no finalzinho da tarde, e acabavam em mesas de boteco, no raiar do sol, depois de ter passado um longo desfile de lembranças nostálgicas pelas nossas mentes, prontamente verbalizadas e resgatadas do passado com a ajuda de muito álcool e cigarro. Não tinha como evitar, e pra ser sincero eu nem queria, o desfecho saudosista e etílico que minhas "entrevistas" tiveram. Porém, no dia seguinte, junto com a ressaca batia o arrependimento, ou melhor, eu me punia com o seguinte flagelo: "e o estranhamento, senhor Leozão, estava aonde?". Em dias de castigos mais brandos, o açoite chicoteava assim: "cadê seu senso de responsabilidade?". Então, tal como o poeta Gregório de Matos, expoente do barroco baiano do século XVII, que passava suas noites em casas de meretrício de Salvador e amanhecia na frente da igreja para confessar seus pecados ao padre, eu procurava minha orientadora, professora Selma Baptista, dizendo: "eu não sirvo para isso, eu não sei estranhar". Ela ria, tentava me acalmar dizendo que eu estava "viajando", que não era por aí, querendo transformar instantaneamente uma paixão em objeto de estudo, que eu conseguiria vivenciar antropologicamente o *underground* do metal extremo. Com toda a minha teimosia, eu saía pio do seu gabinete de que ela não me entendia. Só hoje, quatro anos distante, consigo lembrar desse período inicial, e rocambolesco, de pesquisa e avaliar: quanta dramaticidade, quantas frustrações supérfluas, quantas noites mal dormidas por bobagens, por forçar um estranhamento estereotipado goela abaixo, por tentar me desligar emocionalmente de uma dimensão da minha história pela qual eu visivelmente tinha, no mínimo, ótimas lembranças, no máximo, uma imensa saudade, na média, uma paixão incontestável.

Foi justamente isso que compreendi ao longo dessa espécie de ópera-bufa que foi meu retorno ao *underground*. Não adiantava lutar contra essa paixão; eu continuaria dando murros em pontas de faca se tentasse extirpá-la completamente do meu corpo. Sobretudo, eu queria que nós continuássemos enredados. Contudo, era preciso maturidade para compreender que, primeiro, a paixão pelo metal extremo não demandava acatar todo o pacote de preconceitos e romantismos que geralmente vinha com ela. Eu poderia muito bem selecionar aquilo que queria manter e aquilo que queria descartar, sem prejuízo algum. Segundo, gostar de metal extremo poderia sim ser conciliado com outros gostos artísticos e interesses sociais. Para tanto, bastaria que eu soubesse conviver com esses gostos e interesses aparentemente contraditórios, mas que em mim, se conciliavam. Para ser claro, o problema era meu e de ninguém mais. Ou seja, que se lixe o *underground* e suas barreiras ideológicas: eu não as aceito e meu gosto pela música extrema não depende da minha inserção nesse meio.

Foi nessa tentativa de encarar o *underground* como um campo que compreendi que eu não dependia afetiva e emocionalmente dele. Eu poderia muito bem manter o que dele me agradava e repudiar o que me desagradava. Assim como aquelas pessoas que conheci por meio dele e compreendiam minha postura, valeriam à amizade; as outras continuariam como conhecidos, meros conhecidos. Nada como um bom campo para relaxar angústias existenciais. Minha relação com o *underground* estava se pacificando, me sentia mais livre e mais calmo para com o meio no qual aprendi a amar uma música claustrofóbica e violenta. Mas ainda havia uma monografia a ser escrita e angústias com a antropologia a serem resolvidas.

Tendo a achar que a escrita da monografia de graduação foi o momento onde, de fato, eu comecei a ver na antropologia uma interessante possibilidade de profissão. Durante o campo, por mais conturbado com minhas dúvidas que fosse e por mais carregado com minhas afetividades que tivesse sido, alguma maneira de falar antropologicamente sobre o *underground* foi se delineando, principalmente quando eu escrevia minhas anotações no caderno de campo. Relendo alguns trechos do caderno, vejo que sob assaltos íntimos de vontade e repulsa, alguns eixos interpretativos iam surgindo, chaves de compreensão iam se modelando. Será que estava aí, nos esboços do caderno, o início do meu famigerado estranhamento? Pode ser. De qualquer modo, naquela época eu achava que não. Eu sentei pra escrever a monografia com certa noção do que ia deitar no papel; contudo, às vezes ainda irritado por não ter achado o maldito estranhamento, outras maldizendo esses autores que falam de estranhamento. Na verdade, a escrita só deslanchou quando eu parei de pensar sobre a postura que devo tomar frente ao objeto e comecei a construir essa postura no texto. Toda a reflexão de que eu era capaz já tinha sido feita, todo o pensar no *underground* já tinha sido pensado e, além disso, com o prazo de entrega se aproximando, o melhor que eu poderia fazer era escrever.

Tento descrever uma experiência para a qual alguns antropólogos já apontaram e, presumo, todos os antropólogos já tiveram, uma experiência que definiria, hoje, como o poder arrebatador da escrita. Geertz, em texto que pode ser considerado referência para o debate acerca da problematização da escrita na antropologia, nos diz que:

> A capacidade dos antropólogos de nos fazer levar a sério o que dizem tem menos a ver com uma aparência factual, ou com um ar de elegância conceitual, do que com sua capacidade de nos convencer de que o que eles dizem resulta de haverem realmente penetrado numa outra forma de vida (ou, se você preferir, de terem sido penetrados por ela) – de realmente haverem, de um modo ou de outro, "estado lá". E é aí, ao nos convencer de que esse milagre dos bastidores ocorreu, que entra a escrita (2002 [1988], p. 15).

Concordo totalmente que a escrita antropológica é, em alguma media, uma retórica – de convencimento, como quer Geertz neste parágrafo tão desconfiado – no limite, uma relação de fingimento ou atuação, entre o escritor e o leitor. Mas será que essa retórica não vale para ambos? Ou seja, será que a escrita antropológica não só convence o leitor como convence também o escritor de que ele, realmente, 'esteve lá'? Como eu sou menos desconfiado, menos experiente e mais ingênuo do que o Geertz do *Obras e Vidas*, prefiro pensar em transformação ao invés de convencimento. Pois tendo a achar que a pesquisa antropológica é um *road movie* às avessas. Os personagens se lançam, em um clima de "se deixar levar", num caminho por onde certamente passarão por experiências intelectuais, emocionais e afetivas intensas, para só depois de ter terminado o trajeto, escrever o roteiro da viagem. Ora, se concordarmos que a graça de um *road movie* está no fim que revela a transformação que a viagem causou nos personagens, então no *road movie* antropológico a graça está no texto, quando o personagem, agora também roteirista, revelando a transformação pela qual passou ao leitor, completa, finalmente, a sua transformação. O fim revelador do nosso *road movie* é o texto, obviamente para quem o "assiste", mas, sobretudo, para quem o protagonizou e o roteirizou.

De qualquer modo, se não apreciam minha analogia com os filmes, foi como um fim que encarei a escrita da monografia. Um fim que não parava de abrir começos. Não seria um exagero dizer que a cada parágrafo que escrevia, uma nova maneira de desenrolar o *underground* pelas palavras se apresentava. A cada tentativa de enquadrá-lo no verbo, ele extravasava pelo verbo, escapulia do texto mancomunado com as mesmas palavras com as quais tentava prendê-lo, como que dizendo, "eu não estou só aí". Que força ambivalente as palavras têm, eu pensava. Ao mesmo tempo em que elas me ajudavam a estancar esse "fluxo constante", para usar uma das definições de Simmel para vida, elas me mostravam que esse fluxo é muito mais ágil, veloz e múltiplo do que eu pensava. As palavras eram o meio pelo qual procurava concertar uma imagem das experiências e relações que tive no *underground*, mas também o meio pelo qual essas experiências e relações eram desconcertadas. Uma imagem de modo algum passiva. O reflexo que o texto oferecia, exigia reflexão. Foi dessa maneira, eu brincando de pega-pega e o *underground* brincando de esconde-esconde, no pátio do texto, que eu ia entrevendo outra forma de perceber esse amigo íntimo.

Em uma de suas raras entrevistas, o poeta mato-grossense Manoel de Barros diz que uma das principais funções da poesia é o 'arejamento das palavras, inventando para elas novos relacionamentos, para que os idiomas não morram a morte por fórmulas, por lugares comuns'. Mas logo depois ele esclarece que essa função, antes de ser resultado de um altruísmo do poeta que se doa pela renovação constante da sua língua-mãe, é uma consequência de uma necessidade íntima do artista:

> Sou pela metade sempre, ou menos da metade. A outra metade tenho que desforrar nas palavras. Ficar montando em versos, pedacinhos de mim, ressentidos, caídos por aí, para que tudo afinal não se disperse. Um esforço para ficar inteiro é que é essa atividade poética. Minha poesia é hoje e foi sempre uma catação de eus perdidos e ofendidos. Sinto quase orgasmo nessa tarefa de refazer-me. Pegar certas palavras já muito usadas, como as velhas prostitutas, decaídas, sujas de sangue e esterco – pegar essas palavras e arrumá-las num poema, de forma que adquiram nova virgindade. Salvá-las, assim, da morte por clichê. Não tenho outro gosto maior do que descobrir para algumas palavras relações dessuetas e até anômalas (1990, p. 308).

Foi por ter tido uma experiência análoga a esta descrita por Manoel de Barros, que defino a escrita da monografia como arrebatadora. A tentativa de montar um texto antropológico sobre o *underground* correspondeu a uma remontagem de mim mesmo, demandou uma 'catação de eus perdidos' os quais, trazidos à palavra, pediam a construção de 'relações dessuetas e até anômalas', de percepções do *underground* não-familiares, impensadas antes da escrita.

Sendo assim, muito mais do que ter voltado a interagir no *underground*, ter escrito sobre ele transformou minha maneira de encará-lo; mais ainda, transformando minha maneira de sê-lo, transformou minha maneira de ser. Com o prazer do refazer-me que a escrita trouxe ainda latejando, eu avaliei que não seria uma má ideia fazer mais disso, continuar praticando esse ofício até o ponto em que eu possa chamá-lo de profissão.

Bom, mas esse relato é do ponto de vista de quem viveu a escrita da monografia de graduação. Tenho certeza que quem a leu dificilmente compreendeu essa transformação. No máximo, o texto confuso, hesitante e em muitas passagens reificador, permitia entrever os esboços de alguns eixos investigativos do *underground* do metal extremo os quais, se melhor explorados, poderiam se mostrar férteis em uma antropologia urbana e em uma antropologia da música. Creio que foi esse o tom dos comentários das duas arguidoras da minha banca de defesa, Sandra Stoll e Ana Luisa Fayet Sallas. Sim, elas gostaram do texto e acharam que, para uma monografia de graduação, ele cumpria com os requisitos necessários. Mas também disseram que parte do seu conteúdo, aquele no qual tentava apresentar uma história do rock no Brasil e do *heavy metal* em Curitiba, era descartável, pois, além de não ter conexão alguma com o tema da monografia, parecia mais jornalismo do que antropologia. Quanto à etnografia do *underground* em si, disseram que ela poderia ser mais "densa" e que as análises poderiam estar mais vinculadas ao material etnográfico. Ou seja, demandaram aquilo que geralmente se pede de um estudante de antropologia um tanto obcecado com teoria: "esqueça os modelos e descreva, descreva mais e melhor, você vai ver que é neste trabalho de descrição que a teoria se faz ou se concatena". De qualquer modo, depois das etapas masoquistas do ritual de defesa, me disseram que o texto estava muito bom e que eu deveria continuar estudando esse tema no mestrado, para "cozinhá-lo mais". Pois é, eu entrei na sala onde a defesa aconteceu certo da vontade de prosseguir meus estudos em antropologia. Porém, mais certo ainda de que eu poderia estudar no mestrado tudo menos o *underground*. O processo da monografia tinha sido intenso demais para continuar com ele. Além do mais, pensava eu, uma monografia de graduação sobre o *underground* do metal extremo até passa, mas uma dissertação? Será que valeria a pena? Como eu queria sair de Curitiba para o mestrado, ainda me perguntava: onde? Quem pode orientar esse trabalho? Estudar o *underground* de novo? Será?

O que apresento neste texto – fruto da minha dissertação de mestrado – é o mais recente desdobramento dessas minhas experiências de *underground* e antropologia. Com certeza, o percurso mais difícil de cumprir em todos os aspectos. Acredito que sua elaboração sacramentou o desenredamento do *underground* e da antropologia do meu corpo. A afirmação pode soar estranha depois de todo esse relato subjetivo e passional. Mas entendo que, como a frase do escritor argentino Juan José Saer – que serve de epígrafe a este posfácio – aponta, eu não os encaro mais como sonhos, no sentido de abordá-los com hesitações, obsessões ou mesmo esperanças desmedidas. Eu não os tomo mais como os únicos objetos responsáveis pelas minhas realizações pessoais. Com sua feitura, eu acho que percebi quais são os pontos de cruzamento dos meus interesses com a antropologia e com o *underground*. Contudo, pontos, partes se tocando e não todos se englobando. Enfim, eu acho, é sempre bom salientar a incerteza da afirmação, eu acho que encontrei certas divisões entre mim, o *underground* e a antropologia. Daí a dificuldade em realizar a dissertação:'para sair do sonho em que estou, por assim dizer, enredado, devo fazer força com todo o meu corpo, porque é todo o meu corpo que está enredado nele'.

Não se trata de um distanciamento completo. Não quero dizer que, de agora em diante, estou livre deles, ou ainda, de agora em diante me afastarei deles. Pelo contrário. Se não são mais sonhos apaixonados, são realidades apaixonantes com as quais quero continuar me enredando, agora de maneira menos sintomática, espero eu, de maneira menos extrema. Sendo assim, apesar de precisar de um pouco de distância momentânea dos livros e do computador, alguma dose de antropologia logo, logo vou querer. E o *underground* do metal extremo? Será que é possível ter uma relação homeopática com algo que se define pelo extremismo? Estou tentando, mas devo confessar que ter escrito este livro acendeu a vontade de ressuscitar o diabo albino.

Eu, o diabo albino e a jaqueta de couro, presente de aniversário de 12 anos, em algum palco do sul do país, em 1999.

Bibliografia

ABRAMO, Helena Wendel. *Cenas Juvenis: Punks e Darks no Espetáculo Urbano*. São Paulo: Scritta, 1994.

ADORNO, Theodor W. *Introducción a la Sociologia de la Música*. Madrid: Taurus, 1975.

_____ & HORKHEIMER, Max. *Dialética do Esclarecimento*. Rio de Janeiro: Jorge Zahar, 1985.

ALMEIDA, Alexandre de. *Skinheads: os "Mitos Ordenadores" do Poder Branco Paulista*. Dissertação de mestrado apresentada ao Programa de Estudos Pós-Graduados em Ciências Sociais da Pontifícia Universidade Católica de São Paulo. São Paulo, 2004.

ALMEIDA, Mauro W. B. "Simetria e Entropia: Sobre a Noção de Estrutura de Lévi-Strauss". *Revista de Antropologia*, São Paulo, v. 42, nº 1-2, p. 163-97, 1999.

ALVIM LEITE LOPES, Pedro. *Heavy Metal no Rio de Janeiro e Dessacralização de Símbolos Religiosos: a Música do Demônio na Cidade de São Sebastião das Terras de Vera Cruz*. Tese de doutorado apresentada ao Programa de Pós-Graduação em Antropologia Social da UFRJ. Rio de Janeiro, 2006.

ANDERSON, Benedict. *Comunidades Imaginadas*. São Paulo: Companhia das Letras, 2008.

AZEVEDO, Cláudia. "Subgêneros de Metal no Rio de Janeiro a partir da Década de 80". *Cadernos do Colóquio 2004-2005*. Programa de Pós-Graduação em Música, Unirio, ano v, p. 18-30, maio de 2007.

BAKHTIN, Mikhail. *A Cultura Popular na Idade Média e no Renascimento: o Contexto de François Rabelais*. São Paulo: Hucitec, 1993.

Barros, Manoel de. *Gramática Expositiva do Chão.* Rio de Janeiro: Civilização Brasileira, 1990.

Bateson, Gregory. *Naven.* Stanford: Stanford University Press, 1965.

Baumann, Max Peter. "The Ear as Organ of Cognition: Prolegomenon to the Anthropology of Listening". In: Baumann, Max Peter; Simon, Artur, Wegner, Ulrich (orgs.). *European Studies in Ethnomusicology: Historical Developments and Recent Trends.* Wilhemshaven: Florian Noetzel Verlag, 1992.

Becker, Howard. *Art Worlds.* Berkeley: University of California Press, 1982.

Benjamin, Walter. *Magia e Técnica, Arte e Política.* São Paulo: Brasiliense, 1994.

Berger, Harris. "Death Metal and the Act of Listening". *Popular Music,* vol. 18, nº 2, p. 161-79, 1999a.

_____. *Metal, Rock and Jazz. Perception and the Phenomenology of Musical Experience.* Hanover: University Press of New England, 1999b.

Berlin, Isaiah. *The Roots of Romanticism.* Princeton: Princeton University Press, 2001.

Bloom, Harold (org.). *Joseph Conrad's Heart of Darkness: Modern Critical Interpretations.* Nova York/Philadelphia: Chelsea House Publishers, 1987.

Boas, F. *Franz Boas: a Formação da Antropologia Americana.* Stocking, G. (org.) Rio de Janeiro: Contraponto/Ed. ufrj, 1999.

Bogue, Ronald. "Violence in Three Shades of Metal: Death, Doom and Black". In: Buchanan, Ian/ Swiboda, Marcel (orgs.). *Deleuze and Music.* Edinburgo: Edinburgh University Press, 2004.

Caiafa, Janice. *Movimento Punk na Cidade.* Rio de Janeiro: Zahar, 1985.

Cunha Cardoso Filho, Jorge Luiz. *Música Popular Massiva na Perspectiva Mediática: Estratégias de Agenciamento e Configuração Empregadas no Heavy Metal.* Dissertação de Mestrado apresentada ao Programa em Comunicação e Cultura Contemporânea da ufba. Salvador, 2006.

Campoy, Leonardo Carbonieri. *Trevas Sobre a Luz.* Monografia de Graduação apresentada ao curso de Ciências Sociais da ufpr. Curitiba, 2005.

Cavalcanti, Maria Laura Viveiros de Castro. "Os Sentidos no Espetáculo". *Revista de Antropologia,* vol. 45, nº 1, p. 37-80, 2002.

_____. "Cultura popular e sensibilidade romântica: as danças dramáticas de Mário de Andrade". *Revista Brasileira de Ciências Sociais*, vol. 19, n° 54, p. 57-78, fev. 2004.

_____. *Carnaval Carioca: dos Bastidores ao Desfile* (3ª ed). Rio de Janeiro: Editora UFRJ, 2006.

CERTEAU, Michel de. *A Invenção do Cotidiano*. Petrópolis: Vozes, 1994.

DAMATTA, Roberto. *O Ofício do Etnólogo, ou como ter "Anthropological Blues"*. In: NUNES, Edson (org.). *Aventura Sociológica*. Rio de Janeiro: Zahar, 1978.

_____. *Carnavais, Malandros e Heróis*. Rio de Janeiro: Editora Guanabara, 1990.

DENORA, Tia. *Music in Everyday Life*. Cambridge: Cambridge University Press, 2000.

DOUGLAS, Mary. *Purity and Danger*. Nova York: Routledge, 2002.

DUARTE, Luis Fernando Dias. "Classificação e Valor na Reflexão sobre Identidade Social". In: CARDOSO, Ruth (org.). *A Aventura Antropológica*. Rio de Janeiro: Paz e Terra, 1986.

_____. "A Pulsão Romântica e as Ciências Sociais no Ocidente". *Revista Brasileira de Ciências Sociais*, vol. 19, n° 55, p. 5-18, jun. 2004.

DURKHEIM, Émile. *As Formas Elementares da Vida Religiosa*. São Paulo: Martins Fontes, 1996.

EVANS-PRITCHARD, Edward E. *The Nuer: a Description of the Modes of Livelihood and Political Institutions of a Nilotic People*. Nova York/Oxford: Oxford University Press, 1969.

_____. *Bruxaria, Oráculos e Magia entre os Azande*. Rio de Janeiro: Jorge Zahar, 2004.

FELD, Steven. *Sound and Sentiment*. Philadelphia: University of Pennsylvania Press, 1990.

FERREIRA, Pedro Peixoto. *Música Eletrônica e Xamanismo: Técnicas Contemporâneas do Êxtase*. Tese de Doutorado apresentada ao programa de Pós-Graduação em Sociologia da Unicamp. Campinas, 2006.

FREIRE, Gilberto. *Casa-grande e Senzala*. Rio de Janeiro: Record, 2002.

FRITH, Simon. *Music for Pleasure: Essays in the Sociology of Pop*. Nova York: Routledge, 1988.

GEERTZ, Clifford. *A Interpretação das Culturas*. Rio de Janeiro: Zahar, 1989.

_____. *Obras e Vidas*. Rio de Janeiro: Ed. UFRJ, 2002.

GLUCKMAN, Max. *Order and Rebellion in Tribal Africa*. Nova York: Free Press of Glencoe, 1963.

GOLDMAN, Marcio. Lévi-Strauss e os Sentidos da História. *Revista de Antropologia*, vol. 42, n° 1-2, p. 223-38, 1999.

GONCALVES, José Reginaldo Santos. *A Retórica da Perda: os Discursos do Patrimônio Cultural no Brasil*. Rio de Janeiro: Ed.UFRJ, 1996.

HALL, Stuart & JEFFERSON, Tony. *Resistance Through Rituals: Youth Cultures in Post-War Britain*. Nova York: Harper and Collins, 1976.

HALBWACHS, Maurice. *The Collective Memory*. Nova York: Harper & Row Colophon, 1980.

HANDLER, Richard. Authenticity. *Anthropology Today*, vol. 2, n° 1, p. 2-4, fev. 1986.

HANSLICK, Eduard. *Do Belo Musical*. Campinas: Editora da Unicamp, 1989.

HEBDIGE, Dick. *Subculture: the Meaning of Style*. Londres: Routledge, 1979.

HERTZ, Robert. "La Prééminence de la Main Droite" In: *Sociologie Religieuse et Folklore*. Paris: PUF, 1928.

KAHN-HARRIS, Keith. "The 'Failure' of Youth Culture: Reflexivity, Music and Politics in the Black Metal Scene". *European Journal of Cultural Studies*, vol. 7, n° 2, p. 95-111, 2004.

_____. *Extreme Metal: Music and Culture on the Edge*. Oxford/ Nova York: Berg, 2007.

KRISTEVA, Julia. *Pouvoirs de l`Horreur: essai sur l`Abjection*. Paris: Éditions du Seuil, 1980.

LANGER, Susanne. *Philosophy in a New Key: a Study in the Symbolism of Reason, Rite, and Art*. Cambridge: Harvard University Press, 1942.

_____. *Feeling and Form*. Upper Saddle River: Prentice Hall, 1977.

LARKIN, Ralph W. *Comprehending Columbine*. Philadelphia: Temple University Press, 2007.

LEACH, Edmund. *Ritual*, In: DARITY, William A (ed.). *International Encyclopedia of Social Science*, vol. 13-14. Nova York/ The Macmillan Company & The Free Press, 1972.

LÉVI-STRAUSS, Claude. *As Estruturas Elementares do Parentesco*. Petrópolis: Vozes, 1976.

_____. "Histoire et Ethnologie". *Annales E.S.C*. Ano 6, n 38, p. 1217-31. 1983.

_____. *O Cru e o Cozido* (1964). São Paulo: Cosac & Naify, 2004.

LIMA, Luiz Costa. *O Redemunho do Horror*. São Paulo: Planeta, 2003.

LINK, Luther. *O Diabo*. São Paulo: Companhia das Letras, 1998.

MAGNANI, José Guilherme Cantor. "Tribos Urbanas: Metáfora ou Categoria?" *Cadernos de Campo*. Revista dos alunos de pós-graduação em Antropologia. Ano 2, n 2, p. 48-51, 1992.

_____. "De perto e de Dentro: Notas Para uma Etnografia Urbana". *Revista Brasileira de Ciências Sociais*, v. 17, nº 49, p. 11-29, 2002.

MALINOWSKI, Bronislaw. *Argonauts of the Western Pacific* (1922). Londres: Routledge, 1983.

MARTIN, Peter J. *Sounds and Society*. Manchester: Manchester University Press, 1995.

MARTIN-BARBERO, Jésus. *Dos Meios às Mediações: Comunicação, Cultura e Hegemonia*. Rio de Janeiro: UFRJ, 2003.

MAUSS, Marcel. *Sociologia e Antropologia* (1950). São Paulo: Cosac & Naify, 2003.

MENEZES BASTOS, R. J. de. "Esboço de Uma Teoria da Musica: Para Além de Uma Antropologia Sem Música e de Uma Musicologia Sem Homem". *Anuário Antropológico*, v. 1993, p. 9-73, 1995.

MOYNIHAN, Michael & SODERLIND, Didrik. *Lords of Chaos*. Los Angeles: Feral House, 1998.

NIETZSCHE, Friedrich Wilhelm. *O Nascimento da Tragédia* (1872). São Paulo: Companhia das Letras, 1999.

PURCELL, Natalie J. *Death Metal Music*. Jefferson: McFarland, 2003.

RADCLIFFE-BROWN, Alfred Reginald. "As Relações Jocosas". In: *Estrutura e Função na Sociedade Primitiva*. Petrópolis: Vozes, 1973.

ROUDINESCO, Elisabeth. *La Part Obscure de nous-mêmes*. Paris: Albin Michel, 2007.

SAHLINS, Marshall. *Culture and Pratical Reason*. Chicago: University of Chicago Press, 1976.

SANTOS, Elizete Ignácio dos. *Música Caipira e Música Sertaneja. Classificações e Discursos sobre Autenticidades na Perspectiva de Críticos e Artistas*. Dissertação de mestrado apresentada ao Programa de Pós-graduação em Antropologia e Sociologia da UFRJ. Rio de Janeiro, 2005.

SAPIR, Edward. "Cultura 'autêntica' e 'espúria'". In: Pierson, D. (org). *Estudos de Organização Social*. São Paulo: Martins Fontes, 1970, p. 282-311.

SAUTCHUK, João Miguel. *O Brasil em Discos: Nação, Povo e Música na Produção da Gravadora Marcus Pereira*. Dissertação de mestrado apresentada ao programa de Pós-graduação em Antropologia Social da UnB. Brasília, 2005.

SCARPA, Paulo. *Transgressão, Mercado e Distinção: A Violência Extrema no Cinema*. Dissertação de mestrado apresentada ao Programa de Pós-graduação em Sociologia da UFPR. Curitiba, 2007.

SCHULTZ, Alfred. "Making Music Together". In: *Collected Papers II*. Den Haag: Martinus Nijhof, 1964.

SCHWARCZ, Lilia K. Moritz. História e Etnologia. Lévi-Strauss e os Embates em Região de Fronteira. *Revista de Antropologia*, vol. 42, n°1-2, p. 199-222, 1999.

SEEGER, Anthony. *Os Índios e Nós. Estudos sobre Sociedades Tribais Brasileiras*. Rio de Janeiro: Campus, 1980.

SHEPHERD, John & WICKE, Peter. *Music and Cultural Theory*. Malden: Blackwell Publishers, 1997.

SIMMEL, Georg. *La Tragédie de la Culture et autres essais*. Paris: Rivages, 1988.

_____. *Georg Simmel Gesamtausgabe*. Frankfurt: Suhrkamp, 1989.

_____. *Philosophie de L'Argent*. Paris: Presse Universitaire de France, 2007.

STRAW, Will. "Characterizing Rock Music Culture: the Case of Heavy Metal". *Canadian University Music Review*, vol. 5, p. 104-21, 1984.

_____."Characterizing Rock Music Culture: the Case of Heavy Metal". In: DURING, Simon (org.). *The Cultural Studies Reader*. Londres: Routledge, 1993.

SZENDY, Peter. *Escucha: una Historia del Oído Melómano*. Barcelona: Paidós, 2003.

TAMBIAH, Stanley. *Culture Thought and social action. An anthropological perspective*. Cambridge/Massachussets: Havard University Press, 1985.

TÖNNIES, Ferdinand. *Communauté et Société*. Paris: PUF, 1944.

TRILLING, Lionel. *Sincerity and Authenticity*. Nova York: Harcourt Brace Jovanovich, 1972.

TURNER, Victor. *The Ritual Process*. Nova York: Cornell University Press, 1969.

VANDERBERGHE, Frédéric. *La Sociologie de Georg Simmel*. Paris: La Découverte, 2001.

VELHO, Gilberto. *Projeto e Metamorfose. Antropologia das Sociedades Complexas*. Rio de Janeiro: Zahar, 1994.

_____. *Individualismo e Cultura. Notas para uma Antropologia da Sociedade Contemporânea*. Rio de Janeiro: Zahar, 1981.

VERNANT, Jean Pierre. *A Morte nos Olhos*. Rio de Janeiro: Zahar, 1988.

VIDEIRA, Mario. *Romantismo e o Belo Musical*. São Paulo: Unesp, 2007.

WAIZBORT, Leopoldo. *As Aventuras de Georg Simmel*. São Paulo: Editora 34, 2000.

WALSER, Robert. *Running with the Devil: Power, Gender, and Madness in Heavy Metal Music*. Hanover: University Press of New England, 1993.

WEINSTEIN, Deena. *Heavy Metal: the Music and its Culture*. Cambridge: Da Capo Press, 2000.

WISNIK, José Miguel. *O Som e o Sentido*. São Paulo: Companhia das Letras, 1989.

Esta obra foi impressa em Santa Catarina pela Nova Letra Gráfica & Editora na primavera de 2010. No texto foi utilizada a fonte Adobe Jenson Pro, em corpo 10,5, com entrelinha de 15 pontos.